KB244396

과학과 신학의 새로운 논쟁

과학과 신학의 새로운 논쟁

초판 1쇄 찍은 날 · 2006년 3월 22일 | 초판 2쇄 펴낸 날 · 2006년 3월 27일

지은이 · 조덕영 | **펴낸이** · 김승태

편집장 · 김은주 | **편집** · 박지영, 윤구영 | **디자인** · 이승희, 이훈혜 | **제작** · 한정수
영업본부장 · 오상섭 | **영업** · 변미영, 장완철 | **홍보** · 주진호 | **물류** · 조용환, 송승철
드림빌더스 · 고종원, 노지현

등록번호 · 제2-1349호(1992. 3. 31.) | **펴낸 곳** · 예영커뮤니케이션
주소 · (110-616) 서울 광화문우체국 사서함 1661호 | **홈페이지** www.jeyoung.com
출판사업부 · T. (02)766-8931 F. (02)766-8934 e-mail: jeyoungedit@chol.com
출판유통사업부 · T. (02)766-7912 F. (02)766-8934 e-mail: jeyoungsales@chol.com

copyright ⓒ 2006, 조덕영

ISBN 89-8350-386-6 03230

값 12,000원

과학과 신학의 새로운 논쟁

과학과 신학의 최근 주요 논쟁점에 대한 복음주의적 해석

An Evangelical Consideration of Contemporary Issues

on Science and Theology

조덕영 지음

예영커뮤니케이션

"너희 속에 착한 일을 시작하신 이가 그리스도 예수의 날까지 이루실 줄을 우리가 확신하노라"(빌 1:6).

기독교 신앙은 하나님께서 이 세상을 창조하셨다는 창조 신앙에 근거합니다. 하지만 첨단 과학 시대를 살고 있는 현대인들 가운데 하나님의 창조 사역을 단순한 신화처럼 생각하고 신앙과 과학을 별개로 여기는 사람들이 여전히 존재합니다.

조덕영 목사님은 지난 20여년 간 창조과학회에서 일하면서 창조를 증거하는 수많은 강연를 해 오셨고, 여러 귀한 책들을 번역·출판하신 분입니다.

이 분의 땀과 노고가 하나님 나라의 확장에 크게 쓰이고 있음을 항상 감사하고 기쁘게 생각합니다. 그런 가운데 이번에 과학과 신학의 새로운 논쟁에 대한 탁월한 신학 서적을 출판케 됨을 하나님께 감사합니다. 이 책의 출판이 과학과 신학의 관계에 대한 우리나라의 학문적 능력을 한 단계 올려놓는데 크게 기여하리라 생각합니다.

21세기에는 우리 한 민족이 전세계 복음 사역에 있어서 등불의 역할을 감당하게 될 것입니다. 그만큼 우리 민족은 비록 작지만 지금 모든 방면에서 세계를 놀라게 하고 있습니다. 더욱이 놀랍게도 현재 우리 민족은 170여 개 이상의 나라에 널리 퍼져 살고 있습니다. 우리가 인식 못하는 사이에 우리는 전 세계에 큰 영향력을 미칠 수 있는 중요한 존재가 된 것입니다.

하지만 그동안 창조를 변증하는 책들은 가끔 있었으나 과학과 신학의 문제를 본격적으로 다룬 국내 서적은 없었습니다. 이번에 이 방면을 오랫동안 연구하고 정통한 조 목사님의 이 책이 과학과 신학에 있어서도 새로운 지평을 열고 21세기 과학 기술 시대의 우리나라의 신학과 신앙을 더욱 공고히 하고 확장하는 귀한 결실의 계기가 됨을 감사하며 적극 추천합니다.

원동연 박사 (몽골 국제대(MIU) 총장, 미국 DIA 및 DIA University 이사장)

제 1 장

총론:
과학과 신학의 논쟁점에 대한
복음주의적 해석

1. 포스트 모던의 시대적 상황과 논쟁

본서는 복음주의의 눈으로 바라본 과학과 신학의 입장에 대한 새로운 논쟁을 제시한다. 오늘날 국내적으로 자연과학(이하 과학)과 신학의 관계를 본격적으로 다룬 연구는 그리 많지 않다. 하지만 조금만 시야를 밖으로 돌리면 다양한 논문과 책들이 눈에 띈다.

그럼에도 불구하고 다양한 과학적 논쟁에 있어 무엇이 성경적 복음주의의 입장인지를 밝히는 것은 쉽지 않다. 이 문제에 대해 복음주의 안에도 일치되지 않는 여러 스펙트럼이 존재하기 때문이다. 복음주의의 영역이 근본주의, 복음주의, 신복음주의, 개혁주의, 정통주의, 신정통주의 등 다양한 색깔로 구분되면서 과연 복음주의는 어디까지이며 무엇을 말하는지 그 해석과 범위를 규정한다는 것이 쉽지 않게 되었다. 그래서 칼 헨리(Carl F. Henry)는 1970년대 들어 복음주의 사이의 연합은 이제 사실상 실현 불가능하다고까지 단정하였다.[1]

이런 가운데 포스트모던의 시대적 상황은 과학 자체의 정의에 대한 혼돈까지 겹쳐지면서 과학과 신학과 복음주의가 서로간의 관계를 정립하는 데 있어 어려움을 느끼며 함께 몸살을 앓고 있는 형국이다. 하지만 과학과 신학의 관계에 대해 복음주의의 입장을 정리하는 데 어려움을 가중시키고 있는 이와 같은 시대적 상황이 오히려 역설적으로 과학에 대한 복음주의적 해석의 필요성을 요구하게 만들고 있다.

기독교와 과학이 본격적으로 서로 대면(對面)의 관계를 가지게 된 것은 근대 과학이 발전하면서부터였다. 화이트헤드(A. N. Whitehead)는 자신의 책 「과학과 근대 세계」(Science and the Modern World)에서 근대 과학은 16세기 서양 기독교의 분열로부터 발효되었다고 분석했다.[2] 근대 과학의 태동 이후 이들 둘 간의 관계는 긴장과 공존, 때로는 충돌과 분리 및 조화와 융합의 다양한 스펙트럼을 만들어오면서 오늘의 포스트모던 시대로 넘어오게 되었다. 최근의 포스트모더니즘은 과학주의와 이성주의, 인간주의로 대표되는 모더니즘의 반성에서 시작되었다. 그것은 좁게는 1960년대 미국에서 일어나 문학, 예술, 건축이나 철학뿐 아니라 과학과 종교 대중적인 모드에 이르기까지 학문과 문화의 전 분야에 걸쳐 전 세계적으로 확산되고 있는 일종의 지성적 경향을 띤 문화 운동이다.[3] 따라서 포스트모더니즘의 토대는 분명 근대 과학에 대해서도 새로운 평가와 반성이 뒤따르게 하였다.

본래 근대 과학은 객관적으로 입증할 수 있는 보편적인 사실의 세계가 참된 세계라는 뉴턴(Isaac Newton, 1642-1727)의 기계론적 사고가 꾸준히 지배하여 왔다. 그러나 양자 역학(量子 力學, quantum mechanics)이 등장하고 빛이나 전자, 원자, 분자, 원자핵 등의 현상이 파동과 입자의 현상을 동시에 갖고 있다는 사실이 알려지면서 이들 개개의 관측 결과를 일의적(一義的)으로 예측한다는 것은 원칙적으로 불가능하다는 것이 밝혀졌다. 즉 양자 역학의 대상이 되는 세계에서는 위치와 운동량(질량 × 속도)을 동시에 정확하게 결정할 수가 없다. 이것이 바로 유명한 하이젠베르그(Werner Karl Heisenberg, 1901-1976)의 불확정성의 원리(uncertainty principle, 1927)이다. 사람들은 비로소 물질의 본질 문제로 접근하면서 과학적 명제란 정답이 존재하지 않으며 겨우 근사치만을 보여준다는 것을 알게 되었다.

이때를 전후하여 과학의 세계 안에도 절대 진리에 대한 회의(懷疑)가 들어오기 시작했다. 즉 자연과학도 더 이상 보편적이고 객관적인 언어일 수 없다는 점을 사람들이 깨닫게 된 것이다. 과학의 통일성은 자연스럽게 거부되었고 진실의 여부를 가리는 문제에 대해 병적인 혐오감을 가지고 있는 포스트모더니즘은 과학의 영역에도 예외는 아니었다.

과학의 객관성이 무너지면서 사람들은 과학 안에서도 합리가 아닌 자유와 비논리의 영역이 존재함을 깨달았다. 그래서 과학 해석에 있어 새로운 자유와 창조적 상상의 날개를 펴기 시작했다. 과학 철학자 포퍼(Karl R. Popper)는 기대와 추측이 오히려 이론 구성에 있어 본질적 역할을 한다는 사실을 간파했다.[4] 포퍼의 이론을 따른다면, 우리는 진리를 말하는 것이 아니라 오직 개연적 진리를 말할 수 있을 뿐이다.[5] 토마스 쿤(Thomas S. Kuhn)은 과학적 활동이 진리보다는 패러다임(paradigm)이라고 하는 일종의 선택적 동기에 의해 수행됨을 주장하였다.[6] 종교적 신념이나 점진적 발전을 통해 진리가 역사를 이끌어 온 것이 아니라 과학도 한 시대의 과학의 틀이 그 한계에 봉착하게 되면 다른 체계가 그 공동체의 믿음과 가치, 기술과 결합하여 새로운 패러다임을 만들어낸다는 것이다.[7] 이들의 주장처럼 과학의 영역도 다른 영역과 마찬가지로 진리 자체가 학문의 토대가 아니었다. 오히려 과학의 세계도 불안정과 불합리가 지배할 수 있다는 강한 동기를 학자들은 끊임없이 불어넣어왔다고 볼 수 있다.

이와 같은 포스트모던의 상황은 진리는 애당초 없는 것으로 여기므로 진리라고 주장되는 것들에 대해 무관심하고 알려고도 하지 않으려는 경향이 있다. 진리의 객관성을 전제하는 복음주의 입장에서 볼 때 대단히 우려스러운 일이 아닐 수 없다. 그러므로 포스트모던의 시대는 과학에 대해 복음주의 안에서도 부정과 긍정, 수동과 능동의 두 가지 서로 다른 입장과 견해를 가질 수 있게 하였다.

한편, 이 같은 포스트모던의 입장에 동조하여 실제로 진리를 모르는 이 시대가 진리를 향한 대화마저 차단할지 모른다는 매우 우울하고도 부정적인 상황 판단이 있다. 또 다른 한편, 진리는 결국 하나요 우주적 진리이므로 진실과 진리를 애써 가리려하는 포스트모더니즘의 바다에 적극적으로 뛰어들어 복음주의의 관점에서 대화와 변혁을 유도해야만 된다는 입장이다. 그렇게 함으로써 결국은 이 시대를 신앙과 진리 안에서 긍정적으로 견인할 수 있다는 희망적 판단이다.

본 연구는 이 가운데 긍정과 능동의 입장에 선다. 세례 요한처럼 세상을 향해 외쳐야 한다는 입장이다. 그렇다면 무엇으로 어떻게 외칠 것인가. 이와 같은 포스트모던의 시대적 상황과 논쟁은 과학의 현대적 이슈들에 대한 복음주의의 해석적 틀의 필요성을 강력하게 인식하게 만든다. 그리고 그 해석의 틀을 가지고 변화하는 시대적 과학 이슈들에 적극적으로 적용할 것을 요구한다.

2. 과학과 신학의 논쟁

본서는 복음주의적 관점에서 시대적 상황의 과학 논쟁점들을 적극적으로 해석하고 변혁을 유도해야 된다는 문제 제기를 통해 기독교와 과학이 역사적으로 어떤 관계를 맺어 왔는지를 살펴보는 것으로 탐색을 시작한다. 그렇게 함으로써 과학에 대한 복음주의의 입장이 무엇이었는지를 추적하고 밝혀내는 일이 가능해진다고 보기 때문이다.

지금까지 과학과 신학의 관련성에 대해서는 다양한 연구가 진행되어 왔다.[8] 하지만 국내에서는 이와 같은 연구가 대단히 걸음마 단계에 불과한 실정이다. 더욱이 복음주의적 관점에서의 통합적 연구는 대단히 미진한 형편이다. 그러므로 포스트모던 상황 하에서 과학과 신학적 관심사에 있어 과연 무엇이 바람직한 판단이며 해석인지에 대해 일치된 목소리가 나오지 않는 형편이다. 정형(定型)을 상실해버린 시대적 상황은 분명 기독교 신앙에 큰 위협으로 다가온다. 기준이 사라진 과학의 영역을 파고들어온 현대의 도전과 위기는 다양한 포스트모던적 경향이 과학의 이름으로 혼잡하게 자리 잡고 있다. 창조와 진화로 대변되는 해묵은 기원 논쟁뿐 아니라 과학에 대한 새로운 관점과 개념[9]의 등장으로 인해 전에 없던 윤리적 문제와 논쟁들을 만들어내기 시작했다. 윤리적 자유 또는 윤리적 혼돈, 충돌이 새롭게 일어났다. 이런 가운데 최근 지적 설계 (Intelligent Design) 운동의 등장은 신(神)과 자연의 문제에 대해 새로운 파문과 충격을 던지고 있다.

본서는 단순히 외면하거나 무조건 수용만 할 수도 없는 포스트모던의 현대적 상황을 주목한다. 그리고 이들 포스트모던 속에서 가장 큰 세 가지 이슈인 기원 논쟁과 윤리 논쟁, 그리고 지적 설계 논쟁의 성격을 복음주의 과학관의 눈으로 탐색하고 해석을 시도함을 목적으로 한다. 즉 시대적 상황 아래에서 신학과 과학의 논쟁점에 대해 침묵하지 않고 적극적으로 복음의 의미를 찾는데 그 목적을 두었다.

3. 논쟁 해석에 대한 한계

이와 같은 목적을 위해 본서에서는 포스트모던의 특징과 방식 (context)은 학문적으로 적극적으로 검증하되 이를 바탕으로 복음의 정당성의 토대를 세우는 작업을 시도했다. 하지만 연구를 시도함에 있어 몇 가지 그 범위의 제한을 두지 않을 수 없다.

이 연구는 먼저, 복음주의 가운데서도 과학의 이슈만을 다룸으로써 시야를 일정 부분 좁혀 놓음에 따른 한계가 존재한다. 과학이라는 복음주의의 한 측면만을 다룸으로써 태생적으로 가지게 되는 좁은 시야는 논문의 한계가 될 수 있다.

둘째, 과학은 복합적인 함축을 지닌 학문이다. 본서에서는 복음주의의 관점에서 찾아낸 특정한 해석의 도구를 가지고 시대적 상황의 문제를 다루었다. 종합 학문인 과학의 복잡하면서도 복합적인 문제를 모두 다룬다는 것은 본 연구의 논제를 벗어난다.

셋째, 무엇보다 연구를 제한하는 한계의 중심에는 과학 자체의 한계가 있다. 과학적 해석의 유용성과 필요성에도 불구하고 여전히 과학은 과학적 방법의 틀 안에서 성서 해석의 한계를 갖는다. 기원에 대한 과학적 입증 자체는 가능한 일이 아니다.[10] 과학은 관측과 그에 따른 가정과 실험을 통해 진행된다. 기원 논쟁은 관측으로부터 출발할 수 있는 논제가 아니다. 관측은 불가능하다. 그러므로 모의실험 자체에 대해서도 설득력을 가질 수 없다.[11] 과학은 결과에 대한 증명을 제공할 능력이 없는 것이다.[12] 그것은 여전히 성경이 말하듯 믿음의 영역으로 남는다.[13] 기원의 문제로서의 창조와 진화도 입증될 수 있는 영역이 아니다.[14] 성경 해석에 있어 과학은 분명 제한적이다. 그러므로 필히 창조와 구속 사역의 양면에 대해 자연과학적 도구들은 제한성을 가짐을 전제하지 않을 수 없다. 과학이 피조 세계의 영역의 일부이기는 하나 모든 것을 해석할 수는 없으며 제한적 도구인 것이다.

마지막으로 기원 논쟁과 윤리적 이슈, 지적 설계 모두 진행되고 있는 이슈이거나 현재 진행형 무브먼트(movement)의 성격을 지니고 있다. 그러기에 그 풍성한 변화와 방향을 예측하기란 쉽지 않다. 물론 진리(text)의 틀이 변하는 것은 아니나 현대적 이슈마다 변화를 예측하고 그 방향성을 제시한다는 것은 여전히 용이한 일이 아니다. 이것도 본서의 한계임을 지적하지 않을 수 없다.

하지만 기원론과 윤리적 논쟁 그리고 지적 설계 논쟁, 이 세 가지 이슈 안에는 분명 설계와 그에 따른 설계자를 함축하고 있다. 성경 텍스트와 그 안의 창조와 구속의 신앙을 믿고 고백하는 기독교의 입장에서 이들 이슈들은 가만히 방치하거나 단순히 지나칠 수 있는 주제가 분명 아니다. 무엇이 신앙의 우군이고 적군인가. 새로운 시도들이 그 취지는 좋으나 혹시 성경과 믿음을 훼손하는 것은 아닌가. 설득의 도구는 무엇이며 무엇이 되어야 하는가. 지적 설계는 자연신학의 전철을 밟는 것은 아닌가. 이런 것들을 본격적으로 물을 때가 되었다. 이들 물음에 대해 복음주

의 과학관의 관점을 제시하고 그로부터의 신학적 검토 작업은 나름대로
의미가 있다고 보았다.

4. 복음주의의 역사에 대한 이해

복음주의 과학관을 살펴보기 위해서는 필연적으로 복음주의의 역사에
대한 이해와 접근이 필요하다. 이에 대한 많은 선행 연구들이 있어왔
다.[15] 복음주의는 주로 신학적 자유주의에 대한 반동으로 형성되었는데,
실제로 복음주의 신학을 형성하는 데 어느 정도 기여한 것이 사실이다.
하지만 그 근본 내용의 중심은 정통 기독교 신학의 유산에서 나왔다. 그
러므로 복음주의는 신학적 방법과 전통에 따른 신조(信條)들과 초·중세
교회 그리고 개신교 종교개혁의 특징들과 연결된다. 본서에서는 복음주
의의 과학적 특징만을 다루므로 이들 각론을 세밀히 다루지는 않았다.
복음주의는 또한 종교개혁 시대와 계몽주의 시대, 18세기 대각성 운동
을 지나 19세기 신학적 자유주의와 만나게 된다. 이때 자유주의는 복음
주의와 동행할 수 없는 충돌을 일으키게 되는데 그중에서도 근대 과학의
발달은 복음주의와 자유주의 사이에 늘 긴장을 촉발하는 근원적 도구 중
하나가 되어 왔다. 즉 그 긴장의 대부분은 두 진영 사이의 성경과 과학의
해석상 차이에서 나타났다.[16] 이런 관계에 대해 과학의 성격은 어떠한 도
구의 역할을 했는가를 다룬다.
두 번째, 과학과 종교의 관계가 역사적으로 어떤 역할을 해왔는지에
대해서 살펴볼 필요가 있다. 여기에는 여러 가지 모델이 있다. 먼저 과학
과 종교의 관계에 있어 사람들은 자연스럽게 두 영역 사이의 갈등 관계
를 떠올린다. 갈등 모델(Conflict model)은 19세기 말(1875년) 존 드래퍼
(John W. Draper)에 의해서 출간된 「종교와 과학의 갈등사」(*History of*

the Conflict between Religion and Science)에 잘 나타나 있다. 드래퍼는 1860년, 옥스퍼드 회의(Advancement of Science)에서 일어난 다윈의 진화론에 대한 월버포스(Wilberforce) 주교와 줄리앙 헉슬러(J. Huxley) 사이의 유명한 전설적 대립을 직접 관찰했던 사람이다. 드래퍼의 주장은 그와 비슷한 계통의 수많은 책을 낳게 하는 계기가 되었다고 할 수 있다. 그중에서 가장 탁월한 저서로 앤드류 딕슨 화이트(Andrew Dixon White)의 「기독교권에서의 신학과 과학의 전쟁사」(*A Hitory of the Warfare of Science With Theology in Christendom*, 1896)[17]와 제임스 심프슨(James Y. Simpson)의 「과학과 종교의 투쟁의 이정표」(*Landmarks in the Struggle between Science and Religion*, 1925) 등 많은 학자들이 종교와 과학의 갈등 연구에 관여해 왔다.

그러나 과거 과학의 문서들이 자세하게 검토되면서 이런 "갈등" 모델은 일단의 수정주의 역사가들(historical revisionists)에 의해 비판받게 되었다.[18] 이들 학자들은 과학과 종교가 애초부터 긴장 관계를 가진 것은 아님을 간파하였다. 오히려 근대 과학의 역사는 유대–기독교적인 성서적 자연관과 헬라적인 합리적 자연관이 만나면서 발달하기 시작했음을 찾아냈다. 그러면서 과학과 신학 사이의 관계는 단순하게 해석될 수 없는 아주 복잡한 양상이 포함되어 있음을 알게 된 것이다.[19] 이런 가운데 과학 혁명기의 과학과 종교 간 타협과 균형과 갈등 관계를 연구한 대표적 인물로 호이까스(R. Hooykaas)가 있다.[20] 화이트헤드(A. N. Whitehead)도 종교와 과학은 두 영역에서 다같이 보충(additions)과 구별(distinctions)과 수정(modifications)이 이루어져왔다고 역설했다.[21] 또한 철학과 신학, 인문과학 그리고 자연과학 모두에 해박한 조예를 바탕으로 과학과 신학의 관계에 대한 독특한 통찰력을 제공한 독일의 칼 하임(Karl Heim)의 연구도 중요하다.[22] 여기에 기원론 논쟁에 불을 붙인 미국 창조연구소(Institute for Creation Research, ICR)의 소장과 부소장을 각각 역임한 헨리 모리스(Henri M. Morris)와 듀안 기쉬(Duane T. Gish)를 중심으로 한 창조론자들의 입장과 관련 역사학자들의 다양한 연구도 주요한 참고 자료가 되었다.[23]

　최근의 포스트모던 상황 가운데서는 과학과 신학의 관계에 대해 관심을 쏟은 여러 학자들이 나타났다. 이안 바버(Ian Barbour)는 기포트 강연(Gifford Lectures)에서 과학과 종교의 관계를 갈등, 독립, 대화, 통합의 네 가지 방식으로 제시했다.[24] 여러 학자들이 종교와 과학의 문제에 대해 갈등과 화해 또는 융합 등으로 묶는 작업을 해왔다.[25] 테드 피터스(Ted Peters)[26]는 과학과 종교가 어떤 영향과 관계를 맺어왔는가에 대해 매우 다양한 측면이 있다는 것을 일찍이 간파하고 연구하는 최근의 포스트모던 신학자이다.[27] 그는 과학과 신학의 관계에 대해 자신의 입장을 8가지[28]로 구분했다. 그의 입장은 제 5장에서 지적 설계 논쟁을 다루면서 상세하게 다루었다. 물론 테드 피터스의 분류 방식도 자신의 독창적인 주장은 아니다. 오랫동안 기독교와 과학 사이의 팽팽한 줄다리기 가운데서 간파된 것들이다.[29] 이밖에도 존 호트(John Haught)는 갈등(conflict), 대조(contrast), 접촉(contact), 확증(conformation)의 네 가지 유형을 제시했다.[30] 맥그라스(Alister McGrath)는 과학과 종교의 상호 작용을 대립적(confrontational) 모델과 비대립적(non-confrontational) 모델로 분류하면서 이안 바버의 갈등과 독립 모델을 전자에 대화와 통합 모델을 후자에 포함시켰다.[31]

　포스트모던 시대를 맞이하면서 이 분야의 연구는 마치 갑자기 신학적 군웅할거(群雄割據)의 형태를 띠기 시작한 듯이 보인다. 본서에서는 포스트모던 상황에서 나타난 이들의 분석 결과와 분류 방식을 참고하면서 동시에 이들의 구분 방식을 취지에 맞게 수정했다. 이들의 분류 양식이 진리를 담보하지 않는 포스트모던 상황 아래에서는 설득력을 가지나 복음주의 과학관을 전제할 때 그 양상이 전혀 달라지기 때문이다.

　지적 설계 논쟁에 있어서는 필립 존슨(Philip Johnson)[32]과 마이클 베히(Michal Behe)[33], 윌리엄 뎀스키(William Dembski)[34] 이들 세 사람의 연구가 지적 설계 운동의 삼총사로 불려질 만큼 독보적이다. 여기에 월터 브래들리(Walter L. Bradley)와 낸시 피어시(Nancy R. Pearcey)[35], 마이클 덴턴(Michal Denton)[36] 등의 연구는 최근의 지적 설계 논쟁을 촉발시킨 기폭제 역할을 하였다고 볼 수 있다.

　필자는 이들 작업을 토대로 삼아 본 연구를 진행하였다. 지적 설계 운동이 과학과 신학의 관계가 어떤 함수관계를 가지는 가를 다루는 데 있어 이들의 연구 결과는 좋은 도구로 사용될 수 있다. 즉 지적 설계 운동이 포스트모던의 시대적 상황 가운데 다양한 과학의 신념들과 어떤 관계를 가지는가 하는 점이다. 이미 지적 설계 논쟁은 작금의 시대적 상황을 잘 반영한다. 다양한 세계관, 과학관을 지닌 학자들이 이 논쟁의 대열에 참여하고 있는 것이다.[37]

　지금까지 이들 다양한 연구가 과학과 신학의 문제를 푸는 데 일정한 공헌을 한 것은 사실이다. 하지만 이들 연구가 방대하기는 하나 복음주의적 관점에서 해석의 도구를 구체적으로 제시하고 그 도구를 바탕으로 종합적으로 현대적 이슈를 다룬 연구는 없었다.

　본서는 먼저 복음의 역사 속에서 색깔이 다양한 학자들의 연구사를 바탕으로 복음주의 과학관의 본류를 추적하여 과학에 대한 해석의 도구를 구체적으로 제시했다. 그리고 그 도구를 가지고 현대적 이슈들에 대한 해석을 시도했다. 이와 같은 복음주의적 관점의 연구는 과거에 없었다. 이것은 전에 볼 수 없었던 대단히 독특한 방식이 될 것이다. 또한 본서는 포스트모던적 흐름의 방식을 그대로 담으면서 과학과 신학 논쟁의 복판으로 들어가 복음주의의 입장에서 이들 사이의 함수 관계는 어떤 평가가 가능한지를 다뤘다. 필자는 이것이 포스트모던의 시대적 흐름은 따르면서 복음주의적 해석을 담아내는 탁월한 방식의 하나로 보고 시도했다.

이와 같은 방식으로 포스트모던 시대의 과학과 신학의 관계에 대한 핵심적 세 가지 이슈인 기원 논쟁과 윤리적 논쟁점, 그리고 지적 설계 운동에 대해 복음주의적 해석을 시도했다.

5. 복음주의에 대한 해명과 방법 – 규정과 기술

복음주의의 관점을 찾기 위해서는 먼저 복음주의의 방법을 살펴보지 않을 수 없다. 복음주의에 대한 해명 방법은 크게 두 가지로 구분된다. 규정하는 것과 기술하는 것이다.

규정 방법은 복음주의가 될 수 있는 것은 무엇이며 될 수 없는 것은 무엇인가를 정의하는 것이다. 즉 복음주의를 근본주의나 세대주의와 동일시하거나 성경 무오성 또는 베이컨의 인식론에 대한 헌신으로 간주하는 것, 복음주의자라는 명칭을 미국 부흥운동의 후손들이나 현대사상에 반대하는 자들에게 제한하는 것, 복음주의를 개혁파나 어떤 특정 관점에 따라 설명하는 것이다. 이것은 제국주의적 또는 축소적 정의로 불린다.[38]

이 방법은 너무 협소해서 복음주의의 다양성을 설명하기 어렵다는데 그 난점이 있다. 복음주의는 수많은 역사적 사건들을 토대로 세계 기독교의 다양한 상황 가운데서 일어났다. 이런 기원의 복합성 때문에 한마디로 복음주의를 정확히 정의하는 것은 사실상 불가능하다. 학자들은 하나 같이 그 정의의 어려움을 토로하고 있다. 그래서 복음주의란 용어는 정의를 내릴 수 없다는 주장도 있다. 심지어 복음주의 운동은 정확한 신학적 정의를 거부한다는 강경한 입장까지 등장한다. 따라서 복음주의를 정의하는 것은 복음주의가 역사적으로 결코 지닌 바 없었던 신학적 획일성이나 균일성을 강요하는 것과 같다. 따라서 이에 대한 대안으로 제시된 것이 기술의 방법이다.

기술의 방법은 다양한 복음주의의 특징이나 경향 또는 중심 요소에 근거해 복음주의가 무엇을 뜻하는가를 밝히는 것이다. 복음주의를 신학적 체계로 보는 것과 역동적 운동으로 보는 것이다. 전자가 신학적 또는 교리적으로 접근하는 것이라면 후자는 역사적, 정서적으로 접근하는 것이다.

이 외에도 복음주의를 종교적 조직체로 보는 견해도 있다. 이것은 미국의 역사학자 조지 마르스덴(George M. Marsden)의 복음주의에 대한 지적에서도 확인된다.[39] 즉 복음주의는 개념적 통일체와 역동적 운동 그리고 종교 단체를 의미한다. 본서에서는 이들 복음주의의 다양한 요소들 가운데 복음주의를 규정하는 가장 일반적인 흐름을 따랐다. 이를 가지고 과학에 대한 복음주의의 입장이 무엇인지를 먼저 밝히고 과학과 신학의 관계에 대한 포스트모던의 시대적 상황 가운데 나타난 과학과 신학 사이에 제기되는 주요 논쟁점에 대해 복음주의적 관점에서 분석했다.

이를 위해 본서에서는 1장 총론에 이어 2장에서 복음주의 과학관을 다룬다. 여기서 복음주의의 성경적, 역사적 성격을 살펴보고, 역사 속에서 복음주의가 과학에 대해 취한 방법과 그 요소가 무엇인가 찾아 분석했다. 그 세 가지는 다음과 같다.

먼저 성경과 그에 따른 신조(信條)의 뿌리이다. 복음주의 과학관은 복음주의의 근간이 되는 성경이 증거하고 정통 교회가 고백해 온 모든 교리와 전통의 범위의 신학 방법론을 벗어나지 않음을 전제한다는 점이다. 현대 과학이 본격적으로 태동한 시기는 성경이 조직되고 형성된 시대와 맞지 않는다. 그러므로 성경의 창조론을 소유한 신앙의 선배들이 자연에 대해 어떤 인식을 가지고 있었으며 근대 과학이 태동하면서부터는 신앙의 눈으로 자연과 과학에 대해 어떤 기준을 세우고 해석했는지를 살펴보는 것이 복음주의 과학관을 세우는데 중요하며 현대적 해석에도 중요한 실마리를 제공한다고 확신한다.

둘째, 자연 계시와 과학의 발전에 따라 축적된 자료가 제공하는 자연

계시에 대한 해석의 문제이다. 과학은 자연의 질서를 다루는 학문이다. 그런데 자연 계시는 이 과학의 질서에 창조주가 주신 종교의 씨앗(the seed of religion)이 담겨 있다고 본다. 영적 지식의 계시가 점진적이듯이 자연 계시도 점진적인 측면이 있다. 그런 이유로 어거스틴(Augustine)은 이 문제를 단순한 자연 계시에 머물지 않고 신적 흔적의 탐색 차원으로까지 끌어올린다. 어거스틴은 자연에서 삼위일체의 흔적을 찾으려 시도했다. 그러므로 본서에서도 단순한 자연 계시의 탐구에 멈추지 않았다. 자연 계시가 단순한 일신론적인 창조주가 아니라 삼위일체 하나님을 계시하는 데까지 나아갈 수 있는 가를 탐색했다. 물론 그 제한성에 대해서는 이미 서두에서 밝힌 바가 있음을 염두에 두어야 큰 오해가 없을 것이다. 본 논문은 일찍이 이 문제를 간파했었던 어거스틴의 베스티기움 트리니타티스(Vestigium Trinitatis)가 과학이 발달한 이 시대에는 어떤 의미를 가지는 지 그의 방법에 주목했다. 성경으로부터 시작된 자연 계시(시 19:1-3, 롬 1:20 등)에 대한 어거스틴의 긍정은 루터와 칼빈에게까지 이어지고 현대의 많은 신학자들에게서도 찾아볼 수 있다. 이들이 취한 방법이 오늘날 포스트모던 시대의 현대적 과학 논쟁에 어떤 정보와 설득력이 있을 것인가를 살펴봤다.

　셋째, 본서에서는 루터와 더불어 복음주의자의 한 축을 이루는 칼빈의 신학 방법론 가운데 간결성과 용이성[40]의 한 부분으로서의 적응(適應, acommodation)의 방법에 주목했다. 근대 과학이 태동하던 시대를 살았던 칼빈의 적응 방법이 오늘날 포스트모던 과학 시대에도 적용 가능한 방법인가 검토하지 않을 수 없고 또한 적응의 방법이 오늘날에는 어떤 의미를 가지는 가를 추적했다. 이들 세 가지 요소들을 살펴본 다음에는 이들 요소가 어떻게 과학과 신학의 논쟁점들에 적용될 수 있는 지를 검토했다. 그리고 복음주의 과학관과 성경 해석 사이에 대두될 수 있는 기본적인 문제들을 간단히 다루었다.

3-5장까지는 본격적으로 과학과 신학의 이슈들을 다루었다. 이를 위해 먼저 그 내용 분석의 범위를 정할 필요가 있다. 화이트헤드(Alfred North Whitehead)는 과학과 근대 세계의 문제를 다룬 고전과 같은 자신의 책에서 근대 이후 과학의 전반적 영향은 우주에 대한 일반적 개념들, 기술의 응용 분야, 지식에서의 전문화, 그리고 행위의 동기에 끼친 생물학의 이론 등 네 가지 항목에 걸쳐 분석된다고 보았다.[41] 이 네 가지 항목들은 과학적 이슈들에 대해 현대적 검토를 시도하는 본서에 참고가 되었다. 다만 과학의 기술적 응용 분야로 나아가는 것은 본서는 방향이 아니므로 관심의 영역에서 생략하였다. 본 논문은 과학의 의미에 대해 보다 해석학적이다. 물론 화이트헤드가 분석한 현대 과학의 영향의 항목들을 수긍한다고 본 연구자가 과정 신학자인 화이트헤드의 이론에까지 동의하는 것은 아님을 밝혀둔다. 단지 본서에서는 선견적 지혜를 가지고 분석한 그의 기술적 항목을 참고하였다. 이런 흐름을 따라 화이트헤드가 분석한 항목을 참고하여 포스트모던의 시대적 상황 아래에서 이들 과학과 신학의 이슈를 3가지로 압축하였다.

첫째, 3장에서 다룰 기원 논쟁이다. 오늘날 과학과 신학의 첨예한 논쟁점 중의 하나인 우주와 생명의 기원 논쟁을 복음주의의 관점에서 살펴봤다. 복음주의 과학관이 19세기 등장한 우주와 생명의 기원으로서의 진화론의 메카니즘과 방법을 수용할 수 있는가 하는 점은 큰 관심과 검토의 대상이 된다. 이 문제를 어떤 시각으로 바라보느냐 하는 것이 성경의 권위와 윤리 문제를 다루는 데 큰 틀을 제공하기 때문이다. 진화론 문제를 다루다보면 진화론과 첨예한 대립각을 세운 창조과학 운동과도 반드시 만나게 된다.[42] 이 운동의 성격과 공과(功過)도 살펴본다. 진화론과 창조과학 운동은 기원론, 윤리적 쟁점, 지적 설계 논쟁에서 계속적으로 대면하므로 이 문제를 살펴보는 것은 대단히 중요한 문제이다.

4장에서는 두 번째 이유인 윤리 문제를 다뤘다. 윤리 문제 가운데서도 기술의 응용 발달과 지식의 전문화, 그리고 행위의 동기에 끼친 생물학의 이론에 따라 파생되는 윤리 논쟁이 주된 관심사이다. 복음주의 과학관이 취하는 윤리적 입장을 살펴보고 과거에는 등장하지 않았던 생명공학 등 새롭게 등장한 최근의 이슈에 대해 이 시대의 과학과 신학 관계의 윤리적 성격과 논쟁들에 대해 다뤘다. 최근의 주요 논쟁을 다루므로 과학 종교화 되면서 전세계적으로 생명 윤리 문제까지 파생시키고 있는 과학 종교 운동의 윤리 논쟁을 살펴봤다.

5장에서는 세 번째 이슈로 지적 설계 논쟁을 다뤘다. 과학과 신학이 발전하면서 나타난 최근의 과학과 신학 사이의 주요 이슈인 지적 설계 논쟁의 위치와 성격에 대해 복음주의적 관점에서 살펴봤다. 지적 설계 논쟁은 본 연구의 주제인 과학과 신학의 주요 논쟁점들의 많은 부분을 복음주의적 입장에서 종합적으로 살펴보고 평가하는 데 아주 훌륭한 도구역할을 할 수 있다. 그 의미는 5장에서 상세하게 고찰했다.

6장에서는 이 모든 연구와 분석을 바탕으로 서론에서 제기된 문제들에 대한 평가와 전망을 했다.

1. Carl F. Henry, "American Evangelicals in a Turning Time," *The Christian Century, How My Mind has Changed Series* (November 5, 1980): 1060.

2. Alfred North Whitehead, *Science and the Modern World* (Toronto: The Macmillan Company, 1950), 1-2.

3. 김영한, 「포스트모더니즘 신학과 종교다원주의」(대구: 통합연구학회, 1994), 75.

4. Karl Popper, *The Logic of Scientific Discovery* (New York: Harper & Row Publishers, 1968), 18-23, 98-100.

5. 박은진, 「현대 과학 철학의 문제들」(서울: 아르케, 1999), 112.

6. T. S. Kuhn, *The Structure of Scientific Revolution* (Chicago: University of Chicago Press, 1996). 18-19.

7. Ibid.

8. 과학과 신학의 관계에 대한 유용한 정보는 다음을 참고할 것. I. G. Barbour, *Issues in Science and Religion* (London, 1966); J. Dillenberger, *Protestant Though and Natural Science* (London, 1961); R. Hooykaas, *Christian Faith and the Freedom of Science* (London, 1957); *Religion and the Rise of Modern Science* (Edinburgh, 1973); D. M. Mackay, *The Clock Work Image: A Christian Perspective On Science and Human Dignity* (London, 1979); A. R. Peacocke, *Creation and the World of Science* (Oxford, 1979); C. A. Russel, *Cross-Currents: Interactions between Science and Faith*

(Leicester, 1985).

9. 이런 견해로는 V장에서 다룰 New Science(일명 New Age Science), Chaos Theory, Global Life Theory(장회익 교수) 등이 있다.

10. R. L. Wysong, *Creation-Evolution The Controversy* (Michigan: Inquiry Press, 1976), 41-44.

11. Ibid.

12. Del Ratzsch, *Science and Its Limits* (Downers Grove: IVP, 2000), 92.

13. 히 11:3절.

14. 기원에 대해 과학은 실험을 통한 증명(Proof)이 아닌 형적(形迹)을 통한 분명히 보이는 증거(evidence)들을 해석적으로 제시할 뿐이다.

15. 복음주의에 대한 주요 연구로 다음의 책들을 볼 것. D. G. Bloesh, *The Evangelical Renaissance* (Grand Rapids, MI, 1973); idem, *the Future of Evangelical Christianity: A Call for Unity Amid Diversity* (New York, 1983); C. F. H. Henry (ed.), *Christian Faith and Modern Theology* (New York, 1964); G. M. Marsden, *Fundermentalism and American Culture: The Shaping of Twentieth Century Evangelism 1870-1925* (New York, 1980); Mark A. Noll, *Between Faith and Criticism: Evangelicals, Scholarship, and the Bible in America* (San Francisco, CA, 1987); B. L. Ramm, *The Evangelical Heritage* (Waco, TX, 1973); A. McGrath, *A Passion for Truth* (IVP, IL, 1996).

16. 예를 들어 진화론에 대한 복음주의와 자유주의 신학 사이에는 커다란 균열이 나타나기 시작했다.

17. John William Draper, *History of the Conflict between Religion and Science* (London : Henry S. King & Co., 1875). Andrew Dixon White, *A History of the Warfare of Science With Theology in Christendom*, 2 vols. (London : Macmillan, 1896)을 볼 것.

18. 개요를 위해서는 David C. Lindberg and Ronald L. Numbers, "The Battle-fields of Science Revisited : A Reappraisal of the Encounter between

Christianity and Science," *God and Nature : A History of the Encounter between Christianity and Science, ed.* Lindberg and Numbers (Berkely: Univ.of California Press, 1986). James R. Moore, *The Post-Darwinian Controversies : A Study of the Protestant Struggle Come to Terms with Darwin : Great Britain and America, 1870~1900* (Cambridge : Cambridge Univ. Press, 1979), 20-122는 진화론에 적용된 "전쟁 은유"에 대한 전반적인 개요와 그에 대한 설득력 있는 반박을 제시하고 있다.

19. 최근의 IVP 신학 사전(*New Dictionary of Theology*, 1988)은 과학과 신학의 관계를 정의하는 모델을 독립, 갈등, 상보성, 공생 등 4가지 모델로 제시한다.

20. R. Hooykaas, *Religion and the Rise of Modern Science* (Vancouver: Regent College Publishing, 1972).

21. A. N. Whitehead, *Religion and Science*, Martin Gardner ed., *Great Essays in Science* (New York: Washington Squire Press, 1961), 259-76.

22. Karl Heim, *Christian Faith and Natural Science* (London: SCM Press, 1953).

23. 여기에는 ICR 계열의 기쉬나 헨리 모리스 뿐 아니라 BSA(Bible Science Association), ASA (American Scientific Afilliation) 계열의 과학자들 그리고 창조론자(Creationist)들을 연구한 역사학자 로널드 넘버스(R. Numbers)와 창조과학 운동에 매우 비판적인 마크 놀(M. Noll) 등이 있다.

24. Ian G. Barbour, *Religion in an Age of Science* (San Francisco: Harper, 1990), 3-30.

25. T. Peters는 Gilkey, Van Huyssteen, W. Pannenberg, T. F. Torrance, A. Peacocke, J. Polkinghorne 그리고 J. Russell로부터 과학과 종교가 관계를 맺는 방법에 대한 분류에 영향을 받았음을 고백한다. 그러면서 자기의 견해 중 ethical overlap과 결합한 hypothetical consonance에 관심이 많다. 이것이 테드 피터스가 피조 세계를 바라보는 데 있어 포스트모던적 관점으로 신학과 과학이 상호 관련되고 있음에 관심을 가지는 대목이다.

26. Ted Peters는 미국 태평양 루터교 신학대학, 버클리 연합신학대학원(GTU) 교수

이며 자연과 과학 연구소(CTNS) 강의 지원 프로그램 소장으로 *Science and Theology: A New Consonance*의 편저자이다.

27. 안명준, *Postmodern Theology*, 미간행물 (평택대 신학 전문 대학원, 2003), 7.

28. 과학주의(scientism), 과학제국주의(scientific imperialism), 교회권위주의 (eccleciastical authoritarianism), 과학적 창조론(scientific creationism), 두 언어 모델(two-language theory), 가설적 조화(hypothetical consonance), 윤리적 중첩(ethical overlap), 뉴 에이지 영성(New Age spirituality).

29. David F. Ford, *The Modern Theologians* (Oxford: Blackwell Publisher, 1997), 650-54.

30. John F. Haught, *Science and Religion: From Conflict to Conversation* (New York: Paulist Press, 1995), 3-4, 9-26.

31. Alister E. McGrath, *Science and Religion: An Introduction* (Oxford: Blackwell Publisher, 1999), 44-50.

32. 하버드대와 시카고 대학원을 나와 미 대법원 대심원장 얼 워렌(Earl Warren)의 법률 고문을 지내고 오랫동안 미 캘리포니아 대학에서 법학을 가르쳐 왔던 P. E. Johnson은 *Darwin on Trial* (Downers Grove: IVP, 1991), *Reason in the Balance* (Downers Grove: IVP, 1995), *Defeating Dawinism* (Downers Grove: IVP, 1997)을 쏟아내었다. 주로 법적 측면에서 진화론을 비평하면서 지적 설계 운동을 주도하고 있다.

33. 생화학자인 M. J. Behe는 *Darwin's Black Box* (New York: The Free Press, 1996)를 통해 지적 설계 운동의 생화학적 논리를 뒷받침하고 있다.

34. Philip Johnson이 포문을 열고 M. Behe가 이론적 뒷받침을 하였다면 수학자요 철학자이며 신학을 공부한 William Dembski는 *Intelligent Design* (Downers Grove: IVP, 1999)을 통해 「지적 설계」 논쟁을 본격적으로 신학과 과학의 토론 장 안으로 끌어들였다.

35. Nancy R. Pearcey and Charles B. Thaxton, *The Soul of Science* (Illinois: Good News Publishers, 1994).

36. *Michal Denton, Evolution : A Theory in Crisis* (Maryland: Adler & Adler,

1985).

37. 1996년 11월 14-17일 바이올라(Biola) 대학의 주관아래 미 LA에서 열린 지적 이벤트(event)에 참여한 학자 중에는 로마 카톨릭(Michal Behe), 동방 정교(John Mark Reynolds), 유대교(David Berlinski) 신자 등이 포함되어 있었다.

38. Robert Johnston, "American Evangelicalism: An Extended Family," *The Variety of American Evangelicalism*, 253.

39. George Marsden, "The Evangelical Denomination," *Evangelicalism and Modern America*, ed., George Marsden (Grand Rapids: Eerdmans Publishing, 1984), ix.

40. Myung Jun Ahn, *Brevitas et Facilitas: A Study of a Vital Aspect in the Theological Hermeneutics of John Calvin* (Universiteit van Pretoria, April, 1998) 안에 제시된 단순성과 간결성의 10 가지 전형(ideal) 가운데 모호함의 회피(avoidance of ambiguity), 무리한 해석의 회피(avoidance of forced interpretation), 추측의 회피(avoidance of conjecture), 자유함(freedom) 등에는 분명 적응의 요소가 내포되어 있다.

41. A. N. Whitehead, *Science and the Modern World* (Toronto: The Mcmillan Company, 1950), 277-300.

42. 본 필자는 오랫동안 이 세계적 운동의 한 지류인 한국창조과학회(Korea Association of Creation Research; KACR)의 실무 대표 간사(1984-1997)를 지낸 입장이라 이 창조과학 논쟁의 문제를 살펴보지 않을 수 없다.

제 2 장

복음주의 과학관

1. 복음주의 과학관의 어원적 뿌리

복음주의[1]의 어원은 종교개혁 시대로 올라간다. 복음주의는 독일에서 루터 교인들과 개혁주의자들을 포괄적으로 부르던 개념이었다. 처음 반 개혁주의자들은 개혁주의자들을 루터파 교도(Lutheraner) 또는 마틴파 교도(Martianer)라 불렀으나 1521년 루터는 복음주의자(Evangelisch)라고 고쳐 불렀다.[2]

루터 이후로 오랜 시간이 흘렀음에도 여전히 복음주의는 오늘날 정의 내리기가 쉽지 않다. 그 이유는 앞에서도 언급한 것처럼, 복음주의라는 용어 자체가 매우 포괄적 성격을 띠기 때문이다.[3] 미국 복음주의 기관지로 간주되는 「오늘의 기독교」(*Christianity Today*)[4]는 1979년 북미 인구의 20%가 복음주의자들이라고 주장하고 또 조지 갤럽은 30%라고 말한다.[5] 침례교 계통의 버나드 램(Bernard Ramm)은 이런 복음주의 안의 갈등을 상세히 잘 서술한 학자이다.[6] 그 갈등 가운데는 성경과 과학에 대한 견해차가 포함되어 있다.[7] 블러쉬(D. G. Bloesch)는 먼저 복음주의를 전통과 의식을 중시하는 로마 가톨릭 교회와 구별한다.[8] 둘째는 이단적인 것에 반하여 정통적인 것, 셋째는 현재적 또는 자유주의적인 것에 반하여 전통적 또는 보수적인 것을 나타낸다고 보았다.[9] 마지막으로 신학적인 탐구보다는 생활과 체험을 강조하는 입장을 가리키고 영어권 나라에서는 침체된 교회 활동에 대해 영적 부흥 운동을 일으키는 정신을 가리키기도 한다고 하였다.[10] 즉 복음주의는 일련의 역사적 물결 또는 동심원을 통하여 발생하여 일정한 색깔과 특징을 나타내기 시작한 것이다. 종교개혁과 청교도주의, 경건주의, 그리고 근본주의와 그에 대한 대안과 반발로 태어난 신복음주의 등이 그것들을 대표한다.[11]

맥그라스(Alister McGrath)에 따르면 복음주의라는 용어가 사용되기 시작한 것은 16세기부터였다. 그것을 중세 말기 교회의 형식적 신앙에 반기를 들고 성서적 신앙회복을 주창했던 가톨릭 저술가들을 지칭하기 위해 처음 사용되었다. 특히 1520년에 이르러 불어 에방젤리끄(evangelique)와 독일어 에판젤리쉬(evangelisch)는 종교개혁 초기 논쟁적 작품에서 크게 부각되었고[12] 개인적 구원의 경험을 강조하는 복음적 태도와 그것을 중시하는 영적 운동이 이태리 귀족사회에서 일어났다. 이것이 복음주의의 초기 형태이다.[13]

맥그라스는 복음주의의 주요 원천으로 종교개혁과 청교도 운동 그리고 경건주의를 든다. 그래서 16세기 종교개혁 시대의 복음주의는 반가톨릭 교회적인 것을 의미했다. 그러므로 본서에서는 종교개혁 시대의 주요한 과학적 논점을 다뤘다. 청교도 시대의 복음주의적 과학관의 흐름도 살펴본다. 종교개혁 신앙의 표어인 오직 성경(sola scriptura), 오직 은혜(sola gratia), 오직 믿음(sola fide)의 원리는 복음주의 정체성의 중심을 이루고 있는데[14] 이것은 복음주의 과학관을 다루는 데도 표준이 될 수 있다. 즉 종교개혁은 복음주의의 초점과 표준이 되었다. 복음주의는 종교개혁의 결과로 생겨난 여러 고백서에서 확대되고 명료케 되며 더욱 분명하게 정의되었으며 그 결과로서 16세기 이후 복음주의자를 특징짓는 잣대가 되었다고 볼 수 있다.[15] 18세기 영국의 복음주의적 부흥 운동은 17세기 청교도 운동의 토대 위에 세워진 것이며 현대 복음주의자들 역시 청교도들의 후예들이었다.[16] 이들은 모두 종교개혁 신앙과 닿아있는 것이다.

17세기 정통주의 개신교는 종교개혁의 생명력 있는 신앙을 상실하고 형식화, 교리화 되기 시작했다. 특히 루터교 정통주의는 "따뜻한 종교적 감정을 불러일으킬 수 없는 하나의 이론 체계"[17]에 불과하다는 생각이 지배하기 시작했다. 이런 상황 가운데 경건주의는 17세기 독일 루터교회 안에서 일기 시작한 신앙운동으로 이 운동을 주창한 필립 야콥 스페너(Philipp Jacob Spener)는 루터 교회가 안고 있는 경직성을 탈피하기 위해 6개조 신앙 개혁안[18]을 담은 「경건한 소원들」(*Pia Desideria*,1675)[19]을 발행하였다. 교회 개혁을 위한 이 6가지 제안에서 볼 수 있듯 슈페너의 개혁은 대단히 성서적이며 실천적임을 알 수 있다. 슈페너는 당시 프로테스탄트교회의 생명력 없는 형식적 신앙생활에 대한 각성 운동으로 성서에 대한 열심 회복과 선행과 거룩한 생활의 필요성을 강조하였다. 경건주의의 근본 목적은 엄격한 형식과 교리에서 벗어나 성서 중심, 실천 중심의 교회 개혁을 통한 생동감 있는 그리스도인의 경험을 회복하는 것이었다. 김문기 박사(평택대)는 슈페너가 성서를 가장 중요하게 여긴 신학자요 목회자로서, 설교에 있어서도 하나님 말씀 중심의 설교에 집중했으며 경건 향상의 목적과 더불어 종교적이고 윤리적인 생활에서 실천적인 운동을 요청했다고 논증한다.[20] 성경 중심, 실천 중심을 강조하는 의미에서 경건주의는 분명 복음주의에 닿아있다. 그것은 분명 생명력 있는 신앙에 대한 욕구를 촉구했다.[21] 프랑케의 할레 경건주의는 개인의 변화를 통한 세상의 변혁을 강력히 촉구하였다. 독일에서 시작된 이들 경건주의 운동은 18세기 영국교회에까지 큰 영향을 미쳤다. 복음주의가 성경과 실천을 강조하는 것은 경건주의 운동의 전통을 계승한 것이다.

복음주의는 1720년대 시작된 제 1차 각성운동과 1740년대 조나단 에드워드(Jonathan Edwards, 1703-1758)와 조지 휫필드(George Whitfield, 1714-1770)의 설교를 통해 미국으로 건너와서 그 절정에 달했다. 한편 영국에서는 요한 웨슬리와 그의 동생 찰스 웨슬리를 통해 영국교회 갱신 운동이 일어났으며 미국에서 에즈베리에 의해 계승되었다. 제 2차 각성운동은 19세기 초 찰스 피니 등의 주도로 미국에서 일어났다. 19세기 초 미국 복음주의의 특징은 부흥운동을 발전시킨 것과 교회와 국가의 분리를 통해 종교의 자유를 누리게 한 것이다.[22] 이것이 과학과 신앙의 분리를 촉구하여 훗날 진화론[23]이 대두되면서 오히려 과학과 종교의 긴장을 불러일으켰다.

　부흥 운동과 국교(國敎) 분리의 결함은 미국 교회에 활력을 가져다 준 반면, 실용성에 대한 관심을 증폭시켜 원리에 대한 관심을 압도하는 결과를 가져왔다. 진리의 문제를 실용의 문제로 바꾸어 놓은 것이다. 따라서 대각성 운동은 복음주의를 19세기 미국 교회의 지배 세력으로 부각시켰으나 동시에 개인적 종교 경험과 지성적 엄격성의 관계에 대한 신학적 긴장을 일으켰다.[24)

　현대 복음주의는 이들 종교개혁, 청교도 운동, 경건주의 및 부흥운동의 산물로 그 근본 토대와 기반을 형성했다. 오늘날 복음주의 운동은 과학적 사고와 경험적 접근 및 상식주의와 같은 현대의 도구를 사용하면서 조금씩 분화되고 보다 세련화되기 시작했다.[25) 이것이 복음주의 진영의 다양성을 가져다주고 과학적 해석에도 혼돈을 야기한 경향이 있다.

　오늘날 복음주의는 공동체 속에 공통 유업과 관심사를 결합하는 자들의 초교파 그룹 및 모임이기도 하다. 1846년에 영국에서 창립된 '복음주의 동맹'(Evangelical Alliance; EA)과 1942년 미국에서 창립된 '전국 복음주의자 협회'(National Association of Evangelicals; NAE) 등이 그것이다. 마크 놀은 복음주의를 초자연적 중생의 필요를 강조하고 성경을 하나님의 계시로 고백하며 선교와 전도를 통해 복음전파를 촉진하고 그리스도의 죽음과 부활의 구속적 의미를 강조하는 것으로 지적했다.[26) 앤더슨(R. S. Anderson)은 현대 복음주의 신학의 독특성을 세 가지 관심, 즉 정통주의 교리, 성서의 권위, 그리고 예수 그리스도를 통한 구원 체험에 대한 관심에 의해 표현했다.[27) 복음주의를 정의하는 것이 어렵다는 것을 인정한 맥그라스는 다양한 요소를 포함하고 있는 복음주의에 통일성을 가져다주는 공통된 특징이 무엇인가를 기술하는 것이 더 적절하다고 주장한다. 하지만 복음주의 다양한 해석들 사이에는 분명 명백한 '가족적 유사성'(family resemblance)이 충분하다. 여기서 신학적 방법론에 관한한 어느 정도 일반화가 가능해진다.[28) 복음주의는 청교도 작가

리처드 백스터(Richard Baxter, 1615-1691)가 남긴 "본질적인 것은 일치를, 비본질적인 것은 자유를, 모든 일에는 사랑을"(in essentials, unity; in non-essentials, freedom; in all things, love/ in necessariis unitas, in non-necessariis livertas, in utrisque caritas)이라는 명언처럼 기독교 신앙의 정체성이 훼손되지 않는 한 다양성을 포용하는 것이다.[29]

아무튼 오늘날 복음주의는 우리 시대의 주도적 세계관과 대면하면서 복음주의적 지성을 담아내야 하는 기로에 서있다.[30] 로이드 존스(Martyn Lloyd-Jones)의 말처럼 복음주의자는 이성과 학문의 위험성을 아나 두려워하지는 않는다.[31] 오히려 진리를 버리는 일에 익숙한 포스트모던의 상황에 복음의 진리를 담아 적극적으로 뛰어들 필요가 있다. 그런 의미에서 근대 과학은 기독교가 없었다면 출현할 수 없었다는 주장도 타당하다.[32]

본서는 주 목적은 복음주의와 신복음주의, 복음주의와 근본주의, 복음주의와 개혁주의의 차이와 갈등과 혼란을 비교하거나 비판하는 데 있지 않다. 포스트모던 상황 가운데 복음주의 과학관의 접촉점을 찾는 데 논지를 집중한다. 복음주의 연구에 뛰어든 탁월한 복음주의 역사신학자 조지 마르스덴(G. Marsden), 창조과학에 매우 비판적인 마크 놀(M Noll), 데이빗 웰즈(D. Wells), 네이던 해치(Nathon O. Hatch), 데이튼(Donald W. Daton), 도널드 블러쉬(D. Bloesh), 카펜터(Joel A. Carpenter), 성경과 과학에 관심을 보인 신복음주의 성향의 침례교 신학자 버나드 램(B. Ramm), 근본주의적 관점의 데이빗 비일(D. Beale), 최근의 신진 신학자 맥그라스(A. McGrath)와 스탠리 그랜츠(S. Grantz) 등에 이르기까지 다양한 복음주의자들의 관점의 차이를 깊숙이 비판하거나 시비를 거는 데 있지 않다. 그 접촉점을 찾아가며 복음주의 과학관을 통한 포스트모던 상황의 분석으로 나아갈 것이다.

　그렇다면 복음주의 과학관은 어떤 것일까. 복음주의 과학관은 이들 복음주의로부터 출발한다. 맥그라스는 성경의 권위와 예수 그리스도의 유일성, 성령의 주권, 인격적 회심의 필요성, 그리고 복음 전도의 강조가 일반화된 복음주의의 여섯 가지 특징이라고 주장한다.[33] 그러므로 복음주의 과학관은 다음과 같이 정리될 수 있다.

　첫째 복음주의 과학관은 복음주의자들처럼 성경의 권위와 전통에 의존한다. 복음주의 과학관은 앞에서도 서술한 것처럼 복음주의의 근간이 되는 성경이 증거하고 정통 교회가 고백해 온 모든 교리와 전통의 범위의 신학 방법론을 벗어나지 않음을 전제한다. 그러므로 루터와 더불어 복음주의자의 뿌리와 같은 칼빈의 신학 방법론 가운데 적응의 방법에 주목하게 되는 것이다.

　둘째 복음주의 과학관은 성경 없이도 인격적 창조주를 발견할 수 있다고 주장하는 자연신학은 부정하나 피조된 자연에 대한 창조주 하나님의 자연 계시를 부정하지는 않는다. 즉 복음주의 과학관은 자연에 대한 창조주 하나님의 계시를 넘어 자연에 대해서도 하나님의 속성이 발현됨을 믿는다(시 19편, 롬 1:20, 사 40:26). 여기에는 하나님의 공유적, 비공유적 특성 가운데서 나타나는 완전성, 영원성과 같은 하나님의 위대하심과 하나님의 선하심 그리고 삼위일체적 사역의 흔적까지 포함한다. 그러므로 일신론적 계시가 아닌 자연에서 삼위일체의 흔적을 적극적으로 찾으려 했던 어거스틴의 베스티기움 트리니타티스(Vestigium Trinitatis)가 현재에 어떤 의미를 가지는 가 그의 방법에 당연히 주목하게 된다.

　마지막으로 복음주의 과학관은 적응(Accommodation)의 방법을 가지고 해석한다. 적응의 방법은 피동적 해석법이 아니다. 오히려 우리 사람은 하나님의 형상을 닮은 피조물이요 청지기로서 미래의 자연 상황에 대해 적극적으로 적응할 필요성이 있음을 인식하게 한다. 그러므로 기원과 윤리에 대한 반성경적 주장에 대한 적극적 반응과 시대적 상황에 대한 복음주의 과학관의 실천적 모색의 필요성이 대두되는 것이다.

2. 복음주의 과학관의 세 가지 요소

1) 성경: 복음과 초대 교회

성경이 증거하는 창조와 창조주에 대한 초대 기독교의 믿음은 확고했다. 창조주는 우주와 역사의 통치자요 주관자이다. 이것은 플라톤(Platon)이 말하는 '선의 이데아' 나 플로티누스(Plotinus)가 말하는 선을 뛰어넘는 '초 본질적 존재' 와도 다르다.[34] 인격을 지닌 주권자이다. 물론 이것은 성경으로부터 나온 교리이다. 그러므로 복음주의 과학관은 성경 없이 창조주와 자연으로 나아가려는 자연신학(natural theology)으로까지 나아가지는 않는다. 하지만 교회는 성경이 계시하는 증언을 기초로 이 창조주가 세상을 무로부터 창조(creatio ex nihilo)했음을 인정하여 왔다. 이 우주의 시간과 공간과 빛과 어두움을 포함한 모든 물질은 무(無)로부터 창조된 것이다. 심지어 보이지 않는 것 모두도 창조의 영역에 속해 있다(골 1:16). 또한 그 창조주는 힌두교나 이슬람교처럼 이 세상에 무관심한 신이 아니라 적극적으로 개입하는 인격적인 신이다. 그러므로 모든 것이 하나님이요 하나님이 모든 것이라는 범신론(汎神論, Pantheism)[35]과 하나님이 세상을 창조한 것은 인정하나 하나님의 초자연적 간섭은 부정하는 일종의 초월신론(超越神論)인 이신론(理神論, Deism)[36]도 성경의 영역이 아니다.

유대교 출신인 사도 바울을 비롯한 제자들은 예수 그리스도가 바로 구속과 부활의 주가 되며 창조주임을 확신하면서 초월(超越)과 내재(內在)의 삼위일체 하나님에 대한 신앙으로 확장된다. 이렇게 볼 때 성경의 권위와 예수 그리스도의 유일성은 복음주의의 두 기둥이라 할 수 있다.[37] 물론 이때 복음주의라는 언어는 없었으나 초대교회 사도들의 복음에 대한 확신과 열정은 오늘날 복음주의의 뿌리가 됨은 물론이다. 과학이 발전하기 이전에 성경이 기록되었으며 비록 그리스도가 과학의 시대를 살지 않았다고 하더라도 복음주의 과학관은 성경과 그리스도라는 이 두 기둥을 결코 무시하지 않는다. 복음주의 과학관은 이 두 기둥과 이 두 기둥에 뿌리를 둔 종교개혁주의자들과 그들을 따른 수많은 믿음의 선배들이 이룩한 정통 교리를 중심으로 출발하지 않을 수 없다.

2) 자연 계시: 베스티기움 트리니타티스(Vestigium Trinitatis)를 중심으로

(1) 어거스틴

칼빈은 인간이 타락한 후에도 종교의 씨앗(the seed of religion)은 사람에게 심겨져 있다고 보았다.[38] 그러므로 칼빈은 자연 계시를 대단히 중요하게 여겼다. 칼빈은 자연과 우주를 하나님의 자기 계시로 보고 그 가운데서 하나님의 영광과 솜씨를 보고자 하였다. 그가 사용한 "책"[39], "거울"[40], "궁전"[41], "휘황찬란한 극장"[42], "무언(無言)의 교사"[43] 등의 용어들은 대표적인 경우이다. 하지만 칼빈이 보기에 이와 같은 자연적 계시와 인간의 이성이란 그리스도를 찾아내는 데까지 연결되지는 못하는 것들이다.[44]

성경의 창조주와 구속의 주에 대한 확신에 관한 한 어거스틴(Augustine, 354-430)과 칼빈은 동일하다. "하나님은 자신을 위해 우리를 만드셨다. 그러기에 우리의 마음은 당신 안에서 쉬게 될 때까지는 불안에서 벗어날 수 없다."[45]는 어거스틴의 유명한 고백에는 그런 경험이 깔려 있다. 이때 성경이 말하는 창조와 구원은 연결된다. 이러한 상태의 원인은 피조물이요 죄에 빠진 우리 인간이 '하나님과의 관계를 잃었을 때 나타나는 불만족과 공허감'으로 해석된다.

하나님의 아들은 그 자신의 위대한 형상 안에서 인간과 교통할 수 있도록 하기 위해 이 세상을 창조하셨다. 그는 자신의 위대성을 한 조각의 흔적을 가지고도 알 수 있도록 해주셨기 때문에, 우리로 꽃동산과 산들바람을 가지고도 기뻐할 수 있도록 하셨다. 그런 의미에서 우리는 예수 그리스도의 달콤한 은혜를 항상 구하고 있다고 할 수 있다.[46]

인간이 거만함과 의심을 통해 하나님의 본질을 찾으려고 한다면 결코 바른 방법이 될 수 없다. 하나님의 본질은 자로 길이를 재듯 알아낼 수 있는 것이 아니라, 예배의 대상이다. 도리어 우리는 하나님의 창조세계 안에서 하나님의 본질을 알 수 있으며, 그 속에서 발견되는 하나님은 바로 자신을 우리에게 보다 가깝고, 친숙하게 만드시고, 동시에 대화할 수 있게 허락하신 분이시다.[47]

하지만 여기서 어거스틴은 자연 계시에 대해 칼빈과 조금 달랐다. 어거스틴은 좀더 깊이 나아간 듯하다. 어거스틴이 주목한 것은 하나님은 이성을 만드시고 이성을 사용하시는 분이다. 창조주 그 분은 전능하시고 완전하신 분이다. 그리고 자연은 정교하다. 자연을 대충 만드셨을 리가 없고 자연 계시라고 불충분하게 하실 리가 없다. 그러므로 자연 계시 안에는 삼위일체의 흔적조차 정밀하게 남아있어야 한다. 하지만 문제는 하나님이 아니라 사람 쪽에 있다. 사람의 지성과 추론 능력은 서로 크게 다르다. 논리적 추론으로서만 하나님을 알 수 있다면 지성에 뛰어난 사람이 유리하다. 스티븐 에반스(C. Stephen Evans)는 이는 공정하지 않다고 말한다.[48] 그러므로 이성은 복음의 전유물이 될 수 없다. 하지만 이성은 복음의 방해물은 아니다. 이성은 복음의 조력자이다. 이성을 완전히 무시한 신앙은 온전한 신앙이 될 수 없다.[49] 이성은 다만 충분하지 못할 뿐이다. 하지만 충분하지 못하다고 버려서는 안된다. 이성이 복음의 장애물이 아니라 오히려 이성과 상식이 무시된 곳에 복음의 장애물이 나타난다. 상식을 무시한 곳에 나타나는 성경 이외의 새로운 직통 계시의 출현이 그것이다.

어거스틴은 복음을 결코 무시한 사람이 아니다. 하지만 이성도 하나님의 소유물이요 하나님이 내리신 선하신 도구이다. 어거스틴은 이 문제에 천착(穿鑿)한다. 하나님이 세상을 창조하셨다면 분명 세상에는 신적 흔적이 계시되고 남겨졌을 것이다. 그러므로 어거스틴의 자연에 대한 관심은 삼위일체를 해석하는 도구로서의 '베스티기움 트리니타티스'(Vestigium Trinitatis)로 나아간다. 한 하나님의 본질 안에 세 개의 위격이 존재한다는 삼위일체 신비의 존재 방식을 이해하기 위해 고대부터 많은 신학자들의 다양한 연구가 있어왔다.[50] '베스티기움'(Vestigium)은 바로 그 가운데 하나이다. 이것은 신학이나 철학에서 어떤 사물이나 문제를 설명할 때, 그것을 간접적으로 설명하기 위해 다른 사물이나 현상을 통해 설명하는 형식과 자료를 의미한다. 즉 자연의 예증이나 사변적 유추에서 그 흔적들을 찾게 된다. 일반적으로 '베스티기움' 은 '흔적' 이라고 번역한다.

어떻게 감히 창조주 하나님에 대해 하나님의 피조 세계의 흔적들을 가지고 하나님의 본성을 찾으려는 우매한 도전을 하느냐는 비판 앞에 삼위일체의 흔적에 대한 연구나 설명은 늘 위축되거나 주춤거리는 경우가 많았다. 칼 바르트는 늘 그 선봉에 있다. 바르트는 자연과 은총을 대립적인 것으로 간주하고 어떠한 종류의 자연신학도 단호히 거부했다.[51] 이렇듯 자연에서 하나님의 흔적을 찾는 작업은 성경에서 찾는 삼위일체의 논증에 비해 완전하지 못한 게 사실이다. 삼위일체에 대한 유비(analogy)와 흔적 연구가 완전할 수 없다는 것은 이 부분의 대가인 어거스틴도 솔직히 인정했다. 그러나 유비와 흔적을 찾는 작업은 어쩔 수 없이 피조물인 인간의 제한 아래에서 인간에게 여전히 많은 유익을 주는 것 또한 사실이다.[52] 즉 하나님이 모든 진리의 궁극적인 원천이라는 것을 인정하면 유

비적인 논법에 의미가 부여된다.[53] 죽음을 향해 가는 피조물에게 완전함
이란 존재하지 않는다. 유일신론에 있어 어거스틴에게 많은 영향을 준
터툴리안(Tertullianus, 163-225)은 삼위일체의 삼위를 '뿌리·나무줄
기·열매' 의 관계로 묘사하거나 '샘·시내·강' 으로 묘사하거나 '태
양·광선·광선의 종착점' 의 관계로 묘사하면서 이것이 보혜사 성령으
로부터 받은 계시라 하였다.[54] 캔터베리의 대주교 안셀름(Anselm,
1033-1109)은 나일강에 있는 '샘·시내·호수' 의 존재와 상호 관계 속
에서 삼위일체를 비유했다.[55] 샘은 시내가 아니고, 시내는 호수가 아니
며, 호수는 시내가 아니지만 세 나일강이 있는 것이 아니고 다만 하나의
나일강일 뿐이다. 뿐만 아니라 샘, 시내, 호수는 각각 그 자체로서 나일
강이라는 것이다. 상당히 설득력이 있어 보이나 샘을 시내로부터나 호수
로부터 꺼낼 수 없는 것 같이 시내는 호수로부터 꺼낼 수 없고, 호수를
샘과 시내로부터 꺼내는 것은 불가능하다.

마르틴 루터도 "모든 피조물 가운데에는 거룩한 삼위일체의 계시가 나
타나 있고 또 볼 수 있다. 피조물들의 자연은 아버지 하나님의 전능성을
의미하고, 그것들의 형태는 아들의 지혜를 보여주고, 그것들의 유용성과
능력은 성령의 표식이다. 그러므로 하나님이 모든 피조물 속에, 비록 가
장 작은 풀잎이나 양귀비의 씨 속에도 현재한다는 것을 보여준다."[56]고
자연에서의 삼위일체 흔적을 말했다.

미국 창조 연구소(ICR)의 소장이었던 헨리 모리스는 우주와 만물에 나
타나 있는 삼위일체의 예증으로 '공간, 물질, 시간' 으로 이루어지는 우
주, '삼차원' (가로, 세로, 높이)으로 이루어지는 공간, '과거, 현재, 미래'
로 이루어지는 시간, '본성, 본체, 인격' 으로 이루어지는 사람 등을 내세
웠다.[57] 그 외에 세 잎사귀의 클로버, 삼각형과 같이 세 개의 것이 모여
전체가 하나를 이루는 사물들, 그리고 '고체, 액체, 기체,' 삼원색의 '빨
강, 노랑, 파랑' 등을 들었다.

어거스틴은 그의 책 "삼위일체"[58]의 제 8권 이후에서 사람의 마음과 영혼의 내면에서 일어나는 여러 가지 현상을 들어서 삼위일체를 설명하고 있다. 먼저 어거스틴은 삼위일체 문제를 푸는 데 있어 지켜야 할 원칙이 있음을 밝혔다.[59] 그중 흔적과 관련된 몇 가지 원칙을 발췌하여 간추려 소개하면 다음과 같다.

첫째, 하나님 안에서는 한 위격보다 세 위격이 더 크지 않다는 것을 이성에 의해서 밝힌다.

둘째, 하나님이 어떻게 진리이신가를 이해하려면 모든 물체적인 생각을 버려야 한다.

셋째, 하나님을 사랑하기 위해서는 우선 바른 믿음으로 그를 알아야 한다.[60]

어거스틴은 알지 못하는 삼위일체를 어떻게 사랑할 수 있느냐고 반문한다. 그러면서 어거스틴은 사랑에는 마치 삼위일체의 형적처럼 세 가지 면이 있음을 추적하기 시작한다. 그는 그의 "삼위일체" 15권 2절의 제목으로 "하나님은 비록 이해할 수 없을지라도 항상 찾아야 한다. 삼위일체의 흔적을 피조물에서 찾는 것은 무익하지 않다."고 주장했다.[61]

"성경이 하나님이라고 부르는 그 사랑에 의해서 하나님을 이해할 수 있다. 즉 '사랑하는 이'와 '사랑받는 대상'과 '사랑'이라는 삼위일체인 것이다"(제 8권).

또 사람의 마음을 분석해 보면 '마음'과 '마음이 자체를 아는 그 지식'과 '마음이 자체와 자체에 대한 지식을 사랑하는 그 사랑', 이 셋이 동등하며 한 본질이다(9권). 더 나아가서 "'기억'과 '이해력'과 '의지'는 더욱 명백한 삼위일체이다"(제 10권). 그리고 "외면적 인간에게서도 '보이는 물체와' '보는 사람의 눈에 인상으로 박히는 그 형태'와 '이 둘을 결부하는 의지의 목적', 이 셋으로 되는 삼위일체를 볼 수 있다"(제 11권).[62]

어거스틴은 고백록에서 자아 안에 있는 세 가지 형태인 존재와 지식과

의욕(esse, nosse, velle)[63]을 가지고 삼위일체적 흔적을 말했다. '나'는 존재하며 그것을 알고 의욕을 가진다. 이 세 가지 안에서 우리는 먼저 하나의 삶이 불가분리의 관계에 있음을 발견한다. 어거스틴에 의하면 마음과 지식과 사랑(mens, notitia, amor)도 삼위일체의 흔적이다.[64] 마음이 그 자체를 알아야 하며, 자체를 알기 위해서는 그 마음을 사랑해야 한다고 생각한다. 지식 행동에서 사랑을 중요시한 것은 플라톤이었으나, 어거스틴도 지식과 사랑을 불가분리(不可分離)의 것으로 생각했다.[65] 어거스틴은 하나님은 사랑이라고 말한 요한 서신으로부터 이들 생각을 얻은 것으로 알려져있다.[66] 어거스틴은 이 사랑이야말로 삼위일체의 지식에 도달하는 길이라 볼 정도였다.[67] 지식은 복음주의를 말할 때 거부되지 않는다. 어거스틴에 따르면 기억과 지식, 의지(memoria, intelligentia, voluntas)도 흔적이다.[68] 어거스틴은 지각이란 하나님으로부터 받은 선물이라 보았다. 그 지각을 통해 우리는 하나님이 계신다는 것과 진리와 선을 알게 된다. 동시에 영혼은 그 자체 안에 하나님의 형상이 있음을 알게 되며 그 결과 자체도 알게 된다. 그것은 이성과는 다르다. 왜냐하면 이성은 주로 추리적 기능을 가지고 있는 데 대하여 지각은 하나님을 묵상하는 기능을 가지고 있기 때문이다. 그것은 또한 사유하는 기능을 말하는 인식과도 다르다. 오히려 그것은 사유의 근원이며, 따라서 사유적 지식을 넘어서 있다. 이와 같이 '인텔리겐치아'(intelligentia)는 무의식 중의 명상과 직관적 비전을 의미한다. 중세기 초에는 주관적인 종교적 의식의 현상에 관심을 집중한다.[69] '인식, 고찰, 명상,' '신앙, 이성, 명상' 또는 신비주의의 '정화, 조명, 직관'이 삼위일체를 반영하는 것으로 보았다.

(2) 칼바르트

어거스틴이 삼위일체의 흔적에 대해 적극적이었던 데 비해 자연 계시와 자연신학 모두에 부정적이었던 바르트(Karl Barth, 1886-1968)는 당연히 피조 세계 속에서 찾는 삼위일체의 흔적에 대해 부정적이었다. 바르트는 사변적(思辨的) 사유나 자연계의 예증으로 나타나는 삼위일체의 흔적을 거부했다. 절대적 그리스도 중심이요 하나님의 계시의 신학에 토대를 둔 기독론 중심의 바르트에게 있어 어쩌면 흔적에 대한 추적은 부차적인 문제였다.

그러나 바르트가 삼위일체의 뿌리는 계시에서만 찾아야 한다는 주장으로 인해 바르트가 무조건 부정하는 것은 아니었다. 물론 계시의 예증이 있는 것을 부정하는 것도 아니었다. 바르트는 이 흔적의 문제를 별도로 상세하게 다루었다.[70] 특별히 자연과 문화와 역사, 종교 그리고 인간 영혼의 5개 영역에 내재한 흔적의 문제를 다뤘다.[71] 다만 바르트는 그것을 발견해서도 안 되며 확인해서도 안 된다고 주장했다. 바르트는 처음부터 삼위일체 하나님은 신약성서가 증거하는 계시의 구체적 내용이라고 주장하기 때문에, 계시 이외의 다른 어떤 근원이 있다는 생각을 인정하지 않았다.[72]

만약 성서의 증언을 심각하게 받아들인다면, 아버지의 계시는 그리스도의 위격 안에서만 전달됨을 알 수 있다. 예수는 단지 철학적으로 창조자 하나님을 계시한 것이 아니라, 자기의 아버지인 하나님, 곧 그 하나님이 어떠한 분인가를 제시해 주었다. 그 하나님이 먼저 우주적 아버지로 있다가 맨 나중에 그리스도의 아버지가 되셨다는 뜻이 아니라, 그는 예수의 아버지요 따라서 우리의 아버지라는 것이다.

바르트는 성서적 계시 외에는 어떤 다른 계시나 삼위일체론의 기원을 인정하지 않기 때문에 성경 밖 어떤 흔적도 인정하려고 하지 않았다. 과거에 어거스틴을 포함한 많은 학자들은 이 흔적을 찾으려고 고민하였고 사실 그러한 흔적을 자연과 문화와 역사와 종교와 심리 안에서 발견하였다. 그러나 그 흔적이 어떠한 유형이든 간에 바르트에게 있어서는 모든 흔적이 의심스럽다. 계시를 떠나 피조자의 계시에 삼위일체론적 하나님의 흔적을 찾는다는 것은 그 교리의 제이의 기원을 다른 곳에서 찾으려는 것이다. 이러한 방법을 인정한다면 당장 혼란이 일어난다. 왜냐하면 여러 가지 흔적 중에서 어느 흔적이 가장 본상(本相)에 가까울까 하는 문제가 일어나기 때문이다. 그리고 그러한 신학적 노력은 불가피하게 인간학이나 우주학으로 전락해 버린다. 그는 비유나 흔적을 말하는 것은, 삼위일체 하나님이 자체를 분명하게 계시할 수 있다는 것을 의심하고 제이의 기원을 추구하게 되며, 그 교리를 변명하고 증명하려는 유혹에 빠지는 것을 의미한다고 보았다.[73] 이것은 곧 성서가 증거하는 삼위일체 하나님을 부인하는 일이다.

흔적에 지나친 관심을 가지게 되면 가장 중요한 계시의 내용을 경시하게 된다. 문이 열려지면 그 문으로 존재의 유비가 들어온다. 계시에 대한 해설이 아니라 예화가 따른다. 이것은 계시를 경시하는 행동이다. 계시는 정당하게 해석될 것이지 예로 사용되어서는 안 된다.

흔적에 대한 길고도 자세한 고찰 끝에 바르트는 다음과 같이 결론을 지었다. 즉 "이 흔적은 분명하고 의존할 수 있다. 그것은 하나님이라고 불림을 받을 자격이 있는 그 하나님의 흔적이다. 그리고 그것은 교회가 가르치는 삼위일체 교리의 범위 안에서 진정 삼위일체 하나님의 흔적이다. 그러나 흔적은, 위에서 말한 것처럼 '삼위일체' 안에서의 피조자의 흔적이라고 말하는 것이 더 좋을 것이다. 그리고 이것을 지지함에 있어서 우리는 제 1의 기원과 함께 제 2기원을 주장하는 것이 아니라, 삼위일체 교리의 단 하나의 기원을 주장 한다"라고 이해해야 한다.

그러나 바르트는 이들 옛 신학적 추적을 모두 부질없는 유희 수준으로 여기지는 않았다.[74] 바르트는 베스티기움 트리니타티스(Vestigium Trinitatis)의 발견자들이 계시와 나란히 3위 일체의 다른 제 2의 다른 뿌리를 만들어낼 의사는 없었다는 것을 알고 있었다. 더욱이 그들이 이 다른 뿌리를 유일하고 참된 것으로 만들려고 했거나 삼위일체 하나님의 계시를 부정하려 했던 것은 아니라는 점도 분명히 알고 있었다.[75] 즉 바르트도 창조 안에 수많은 하나님의 영광을 나타내는 작은 빛을 포함하고 있다는 것을 인정한 것이다. 따라서 만년(晩年)에 이르러서는 자신의 논쟁 파트너였던 브룬너(Emil Brunner)의 입장에 보다 가깝게 접근한 것으로 이해된다. 그렇다면 바르트에게 있어서도 삼위일체의 흔적을 찾는 작업은 작은 빛을 찾는 작업으로서의 의미는 가질 수 있다. 물론 그렇다고 바르트의 입장이 근본적으로 바뀐 것은 아니다.[76]

그럼에도 불구하고 바르트는 베스티기움(Vestigium)에 의한 신학적 언어가 계시의 해석(interpretation)을 넘어서 계시의 예증(illustration)을 주장하는 경우로 영역을 침범해 들어올 수 있는 위험한 상황을 계속 우려했다. 바르트에 있어서 해석이란 '같은 것'을 다른 것으로 말함을 의미하며 예증은 같은 것을 '다른 말'로 말하는 것을 의미한다.[77] 즉 해석은 본질이 변하지 않으나 예증은 본질이 변할 우려가 있다. 융엘(E. Jungel)은 해석은 계시가 인간의 말을 정복하는 것이고 예증은 인간의 말이 계시를 정복하는 것이라고 바르트의 해석과 예증을 설명하고 있다.[78] 우리는 어거스틴의 입장과 바르트의 입장이 무엇이었는지를 간단히 살펴보았다. 이제 우리는 이 '베스티기움'의 현대적 의미를 찾아보려 한다.

(3) 흔적에 대한 현대적 검토(창세기 1장 1절에 나타난 삼위일체 창조 섭리)

자연을 창조하신 하나님은 질서의 하나님이다. 만물에는 창조의 질서가 나타난다. 눈의 결정체나 아직도 인간이 인공적으로 만들지 못하는 DNA나 단백질 등이 그 한 예이다. 가장 완벽한 질서는 창조 당시(창 1:31)에 이루어졌다. 그러나 아담과 하와의 범죄 이후에 이 질서는 일부 붕괴하였다. 노아 홍수 이후 종말을 향해 가면서 그 붕괴는 가속을 더하고 있다. 그러나 수학의 질서만큼은 창조 이래로 변동된 증거를 찾아볼 수 없다. 그렇다면 성경의 수학적 질서도 하나님의 창조와 관련이 있다고 보아야 할 것이다. 분명 성경이 나타내는 숫자 마다 일정한 의미가 있음을 알 수 있다.[79] 신적 수(神的 數, Theomatic numbers)의 아버지라 불리는 이반 페닌(Ivan Panin, 1885-1942)은 일찍이 성경과 숫자적 질서에 관심을 기울였다.[80] 최근 컴퓨터 전문가인 젠킨스(Vernon Genkins)는 이들 연구를 확장하여 창세기 1장 1절에 나타난 게마트리아(Gematria)[81]에 의한 삼위일체의 흔적에 대한 구체적 정보를 제공했다.[82]

성경의 언어인 히브리와 헬라 문자는 각 문자마다 고유의 숫자 값(numerical value)을 가진다. 이들 히브리 문자 22개에 있는 수적인 값은 기원전 200년경 도입된 것으로 알려진다. 그 이전에는 지금과 같은 구체적인 숫자 값은 존재하지 않았다는 의미가 된다. 이 히브리어 알파벳은 처음 글자 알렙(א, Aleph)과 끝 글자인 타우(ת, Tau)로 구성된다.[83] 예를 들면 창세기 1장 1절의 구성은 그림 1과 같다.[84] 창세기 1장 1절은 8개 단어로 구성됨을 알 수 있다(그림2).

그림 1. 히브리 알파벳과 숫자 값

Position in alphabet	1	2	3	4	5	6	7	8	9	10	11	12	13	14	15	16	17	18	19	20	21	22
Letter	א	ב	ג	ד	ה	ו	ז	ח	ט	י	כ	ל	מ	נ	ס	ע	פ	צ	ק	ר	ש	ת
Numerical Value	1	2	3	4	5	6	7	8	9	10	20	30	40	50	60	70	80	90	100	200	300	400

그림 2. 히브리 성경 본문에 나타난 창세기 1장 1절의 숫자 값

(90)(200)(1)(5)(6)	(90)(200)(1)(5)	(400)(1)(5)	(40)(10)(40)(300)(5)	(400)(1)	(40)(10)(5)(30)(1)	(1)(200)(2)	(400)(10)(300)(1)(200)(2)
EARTH THE AND	EARTH THE	AND	HEAVEN THE	-	GOD	CREATED	BEDINNING THE IN
(302)	(296)	(407)	(395)	(401)	(86)	(203)	(913)

히브리 본문: בראשיח ברא אלהיס אח השמים ואח הארץ : והארץ

여기서 4번째 단어는 영어에는 없으나 히브리어에는 꼭 필요(목적격

전치사)한 단어이다. 8번째 단어는 7번째 단어와 중복된다.[85] 젠킨스는
이 창세기 1장 1절의 놀라운 수적 질서에 대해 논증한다.[86] 젠킨스는 히
브리 원문 창세기 1장 1절에 나타난 총 7개 단어의 마지막 알파벳이 28
번째인 것에 주목했다.[87]

그림 3 . 창세기 1장 1절의 문자열(列)과 문자의 갯수

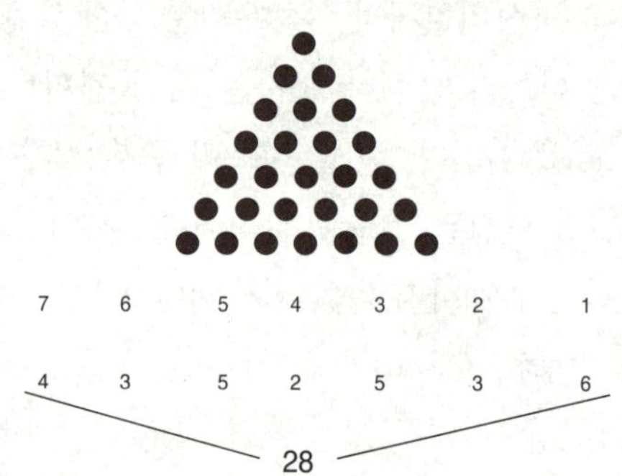

28은 7번째 삼각수(三角數, triangular number=1+2+3+4+
5+6+7=28)에 해당한다. 또한 삼각형의 변의 합은 18(=6+6+6)이 된다.
이 6은 3번째 삼각수이면서 첫 번째 완전수(完全數, perfect number:자
신을 제외한 자신을 나눌 수 있는 수의 합이 자신이 되는 수)이다. 완전
수는 숫자 1에서 3만 사이에 겨우 4개 존재하는 것으로 알려져 있다. 삼
각형 28은 반대로 두 개를 겹쳐놓으면 다윗의 별이 된다. 육선형(六線型)
을 이루는 수 37(hexagram number)은 중복 부분을 이루는 육각형을
이루는 수(hexagon number) 19를 이루는 첫 번째 삼각수로 이 육선형
수와 육각형수는 수에 있어서 중요한 한 쌍이다(그림 7). 3과 7은 완전을
나타내는 신적 수이다.

　　그런데 이 창세기 1장 1절의 숫자 값 안에는 베스티기움 트리니타티스

(Vestigium Trinitatis)라고 볼 수 있는 더욱 놀라운 숫자적 질서가 존재
한다. 7단어 문자 값의 합은 2701이다(그림 4).[88] 이 2701은 73번째 삼각
수(즉 1+2+----+73)이다. 이 삼각형의 삼각변의 합은 216=6*6*6=정
육면체 수인데(그림 5) 이 수는 부피값과 표면적이 동일한 유일한 수이다

그림 4. 창세기 1장 1절 숫자 값의 총계

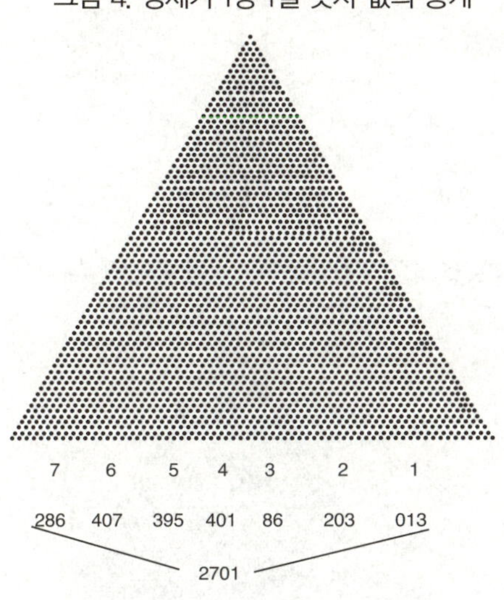

(그림 6).[89] 혹시 이것은 하나님의 형상을 닮은 인간의 창조에 대한 웅변
적 계시는 아닐까? 즉 삼위일체의 흔적을 수학의 질서에 대비시킬 수 있
게 된다. 1에서 1천만까지 사이에 4471개의 삼각수가 있으나 정육면체는
오직 7개 뿐이다.[90] 216은 37번째 육각수 변의 합으로 나타난다. 히브리
알파벳은 십진수의 문자 값을 갖는데 2701의 십진수의 질서를 보면
$2701=37*73=(3 \times 10+7*10 \times 7+3)$으로 구성되어 성경적으로 신적 의미
를 지니는 3과 7이라는 숫자로 구성되는 것이다. 이 37과 73은 정수로
나누어지지 않는 소수[91](素數, prime number)이다. 마치 삼위일체는 분
리되어 설명될 수 없는 분이심을 나타내는 듯이 보인다. 성경적으로도

37은 여러 경우 하나님의 수로 나타난다.[92]

그림 5. 216(6×6×6)은 부피값과 표면적이 같은 유일한 수이다.

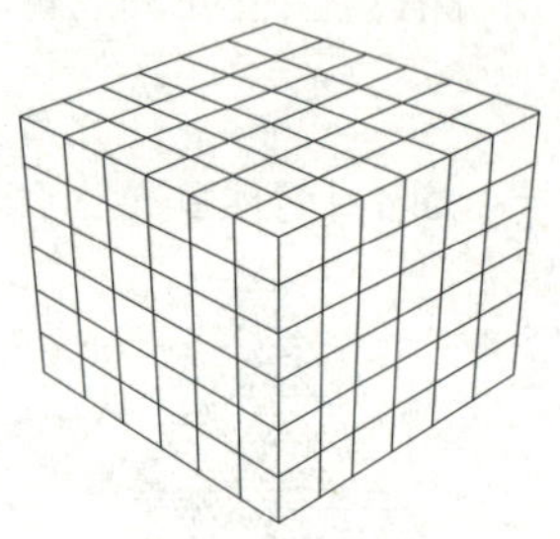

그림 6 . 37번째 삼각수(703)와 73번째 삼각수(2701)

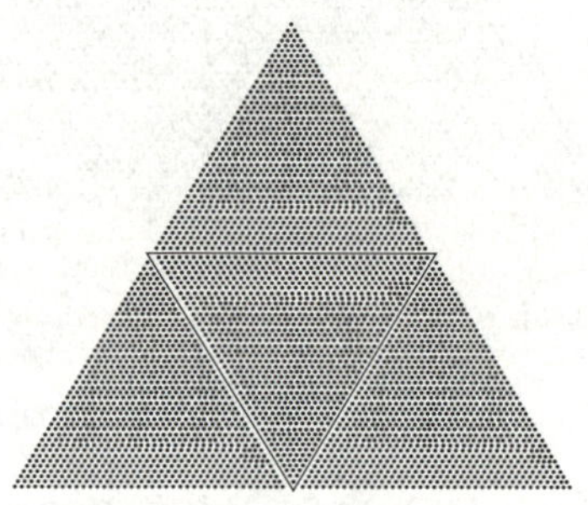

그림 7. hexagram number 73과 hexagon number 37.

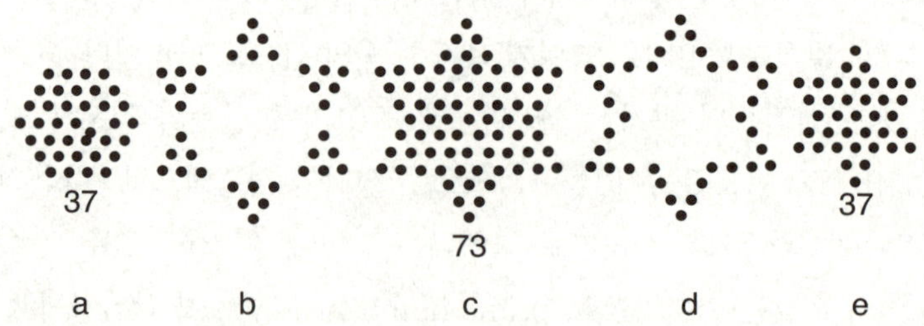

젠킨스는 창세기 1장 1절과 음악 사이에도 밀접한 연관이 있음을 밝히며 음악도 창조의 흔적임을 논증한다.[93] 성경의 여러 구절들이 음악을 하나님 찬양의 도구로 표현한다.[94] 즉 신적 흔적인 것이다.[95] 그러므로 창세기 1장 1절의 게마트리아(Gematria)는 우리들에게 다음과 같은 몇 가지 시사점과 함께 질문을 동시에 던지고 있다고 볼 수 있다.[96]

그림 8. 6번째 낱말의 숫자 값과 7번째 숫자 값의 총계(703=19×37)

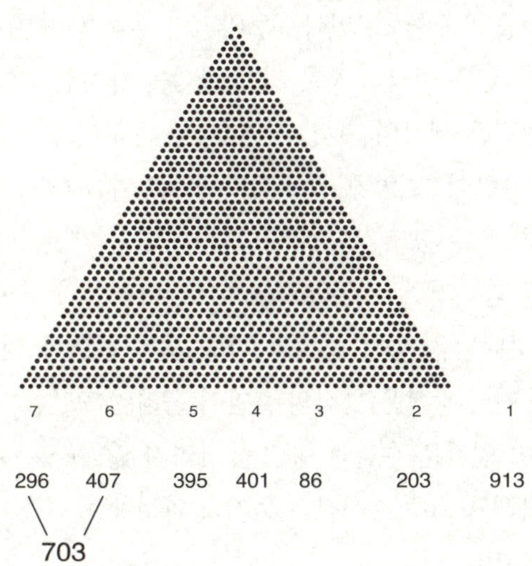

첫째, 숫자적 질서가 삼위일체 하나님의 상호 교통에 의한 완벽한 삼위일체 하나님의 창조 흔적을 계시한다고 볼 수 있다는 점이다. 피조된 인간이 가진 제한 속에서 성경이 말하는 신의 존재를 피조 세계를 통해 인식케 하려는 창조주 자신의 의도로 볼 수 있다.

둘째, 성경과 수학적 질서 사이에 나타난 완전한 유비(類比, analogy)적 관계는 성경의 창조주 하나님이 스스로 완전한 존재임을 계시한다. 그럼 혹시 하나님은 인간에게도 완벽을 요구하시는가. 그렇다, 성경은 인간에게도 완벽을 요구한다.[97] 그러나 인간은 피조물이다. 그러므로 물리적 완벽이란 있을 수 없다. 물리적 질서는 그 질서를 창조한 하나님의 몫이다. 그렇다면 하나님이 인간에게 요구하는 완전은 하나님처럼 물리적 질서의 완벽이 아니라 물리적 질서의 흔적을 통해 확인된 그 창조주를 향한 다른 완벽을 요구한다. 즉 하나님이 인정하신 예수의 십자가 사건은 완전하다는 암시일 수 있지 않은가 하는 점이다.[98]

셋째, 완전한 창조주라면 불완전한 인간에게 물리적 완벽이 아닌 다른 방식의 완전을 요구할 수 있다. 즉 완전의 흔적을 다른 측면에서 요구할 수 있다. 하나님은 지극히 작은 것에 관심을 가지신 분이다. 하나님이 요구하시는 완벽은 세상의 지식, 지혜, 능력이 없이도 가능한 일로 표현된다. 그는 온유하며 그 멍에는 쉽고 가볍다.[99] 수고하고 무거운 짐을 가지고 있어도 찾을 수 있고 누구나 감당할 수 있는 완전이다. 성경은 부자의 큰 헌금보다 과부의 두 렙돈(lepton)이나, 마리아의 헌신, 아브라함의 믿음, 다윗의 하나님을 향한 마음과 기도 등을 완벽한 것으로 본다. 그림(4,6,8)처럼 지극히 작은 한점의 출발이 틀리면 모든 결과는 오답일 뿐이다. 그렇다면 인간은 수단과 방법을 가리지 않더라도 목적과 결과를 중시하는데 비해 창조주는 시작의 동기와 과정에 관심을 가지신 분은 아니신가 하는 점이다.[100]

필자는 위와 같은 최근의 연구 결과들이 자연 계시와 그에 따른 삼위일체 흔적의 증거에 대한 완벽한 논증이라고 보지는 않는다. 과학적 연구는 여전히 유동적이고 제한적이다. 과학적 결과들은 우리들에게 새로운 의문을 가지게 만들기 때문이다. 왜 피조물 안에는 이런 특정한 질서가 흔적으로 남아있는 것인가? 이것이 성경의 구조 안에서까지 확인되는 이유는 무엇인가? 이런 일련의 결과들은 구체적으로 무엇을 말하는 것인가? 혹시 단순히 인간의 인위적 조작이거나 우연의 결과에 불과한가? 이것들이 삼위일체와는 아무런 관련이 없는 것인가? 삼위일체에 대한 어떤 단서를 제공한다고 보아도 좋은가? 왜 성경의 숫자 값 안에는 이런 수학과 기하학적 질서가 있는가? 혹시 성경 뿐 아니라 모든 피조된 구조 안에는 그런 질서가 남아있는가? 다른 종교의 경전에도 이런 질서가 들어있을 것인가? 참으로 고민을 더하게 된다. 그 해답은 쉽지 않다.[101]

하지만 우리는 여기서 분명한 한 가지 사실만큼은 찾아내게 되었다. 자연 안에서 우리는 하나님의 흔적을 찾지 말아야 하고 하나도 찾아볼 수 없다는 바르트의 주장에 동의하기란 쉽지 않다는 점이다. 분명 찾으려는 노력조차 포기하면 안될 만큼 하나님의 피조세계는 경이로 가득 차 있음을 알 수 있다(시 19:1-5). 예수님은 성찬 제정과 비유를 통해 자신의 진리를 전하려 시도하셨다. 이것은 예수님의 제한이라기보다 인간의 한계성을 반영한다. 즉 제한성 가운데서 인간에게 진리의 편린이라도 전하고 설득하려는 창조주의 의지를 반영한다. 인간에게 완전이란 있을 수 없다. 우리는 인간이란 제한적이라는 전제 아래 흔적을 찾아 나서야 한다고 본다. 창세로부터 그의 보이지 아니하는 것들 곧 그의 영원하신 능력과 신성이 그 만드신 만물에 분명히 보여 알게 된다고 하셨음을 기억하고 삼위일체 흔적을 찾아야 하지 않겠는가![102]

복음주의의 기본 성격은 바르게 알고 바르게 적용하는 일에 관심을 기울이는 데서 찾을 수 있다. 마찬가지로 복음주의 과학관은 성경과 자연 계시 아래에서 과학을 바르게 알고 바르게 적용하는 일에 주목한다. 비록 흔적의 연구가 제한적임을 인정하더라도 복음주의는 그 흔적 자체를 못 본 척 외면할 수는 없다. 과학이든 신학이든 우리 인간이 제한적이지 않은 부분이 어디 있는가. 어떤 해석이든 완전한가? 여전히 불완전하다. 내재(內在)와 초월(超越)의 하나님을 자연 계시 아래서 찾는 작업은 제한적이고 불완전한 작업이다. 그러나 불완전하지 않은 것이 어디 있는가. 인간의 해석과 인간의 적용은 하나님을 설명하는 데에는 흔적뿐 아니라 다른 모든 것으로도 완전할 수가 없다. 하나님만이 완전할 뿐이다. 음악

이 그 작곡가의 전부를 말하지 않고 조각가의 작품이 그 조각가 전부를
말하지는 않으나 어떤 한 측면을 반영하듯이 우리는 포기해서는 안 된
다. 그렇게 이해하면 흔적들을 찾는 작업에 큰 의미를 부여할 필요는 없
다는 것을 알게 된다. 많은 것을 부여하여 무거운 관심으로 보지만 않는
다면 우리는 많은 작업을 진행할 수 있게 된다. 완전 배제가 아니라면 우
리는 제한적이나마 하나님의 많은 것을 찾을 수 있게 된다. 어린 자식에
게 부모는 부모에 대한 많은 학문적 지식을 요구하지는 않는다. 하지만
제한적인 경우에 있어서도 여전히 부모의 측면을 이해한다는 것은 부모
를 공경해야 될 자식의 입장에서는 필요하다.

창조주와 피조물 사이의 존재론적 간극(ontological gap)이 엄연한 현
실 아래에서 자연 계시의 구원적 가치(salvific value)의 문제는 포스트모
던 시대를 맞으면서 여전히 그치지 않고 있다. 전면 부정론[103]과 비관론[104]
을 넘어 오히려 논쟁은 더 심화되는 듯하다. 클락 피녹(Clark H. Pinn-
ock)은 일반 계시를 구원적 가치에 적극적으로 연결을 시도하는 인물이
다.[105] 오늘날 일반 계시에 구원의 가치를 부여하는 것은 가톨릭 신학의
공식 입장이다.[106] 대표적 종교 다원주의자 존 힉(John Hick)은 신적 계
시로서의 성경을 포기하고 자연 종교로 돌아가고 있다.[107]

하지만 반 틸(Cornelius Van Til)은 개혁 신학의 특징 가운데 일반 계
시의 명료성을 말하나, 타락한 인간의 죄로 말미암아 일반 계시로는 누
구도 실제적인 하나님을 참된 창조주로 알지 못한다고 주장한다.[108] 그러
므로 성경이 필요함을 역설한다. 우리 인간은 늘 제한을 가진 도구로 하
나님을 다룰 수밖에 없다. 그것은 하나님의 계시의 불완전이라기보다 분
명 인간의 죄성과 그에 따른 교제의 상실 그리고 피조물로서의 인간이
지니는 한계 때문이다. 인간은 오직 부분을 다룰 수 있을 뿐이다. 하지만
특수 계시가 적용되는 공간은 여전히 일반 계시의 영역이다. 이 점을 깨
닫는다면 피조된 우주 안에 부여하신 하나님의 계시(啓示)는 인간의 정

신 활동 가운데서 제한적으로 살아날 수 있다.

제한적이라고 무조건 배타적으로 보고 접근조차 막는 것은 신앙과 학문적 진척에 아무런 도움이 되지 않는다. 오히려 복음주의는 하나님의 세상을 복음의 눈으로 적극적으로 평가하고 비판하고 접근할 필요성이 있다. 인류가 지닌 한계를 짚어내는 것만 가지고도 큰 성과가 될 수 있다. 그런 면에서 자연 계시를 바탕으로 한 삼위일체에 대한 현대적 검토는 조그만 의미를 찾을 수 있을 것이다. 특별 계시는 성경으로 완성되었더라도 자연 계시는 어떤 면에서 점진성을 띠므로 결코 탐색 자체를 게을리 할 수 없다. 그 자연적 계시의 점진성과 탐색에 대한 정진을 멈출 수 없다는 확신은 바로 다음 장에서 다룰 종교개혁 시대를 살았던 칼빈이 사용한 '적응'의 이론을 통해서도 확인된다.

3) 적응(Accommodation)의 방법: 종교개혁 시대를 중심으로

(1) 종교개혁 시대의 상황

인류의 과학적 사고에 혁명이 일어난 것은 16-17세기에 들어서면서부터였다. 이 시대를 살다간 코페르니쿠스(Nicolas Copernicus, 1473-1543)로부터 뉴턴(Issac Newton, 1642-1727)에 이르는 동안 이룩된 고전적 근대 과학(classical-modern science)은 고대 및 중세 과학의 대부분을 무효화시켰다.[109]

마르틴 루터(Martin Luther, 1483-1545)와 요한 칼빈(John Calvin, 1509-1564)은 16세기의 초·중반을 살다간 인물들이다. 루터와 칼빈은 근대 과학을 향해 꿈틀거리며 역동성을 발휘하기 시작한 자연과학의 바람을 결코 피하거나 외면할 수는 없던 시대를 살았다. 비록 자연과학도는 아니었으나 당대 영적 지성의 상징적 인물들이었던 루터와 칼빈은 과학에 대해서도 어떤 식으로든 신앙적 성찰을 게을리하지 않았을 것이다.

특별히 칼빈의 경우 점성술이나 천문학에 대한 관심이 결코 적지 않았다.[110]

과학이 꿈틀대던 루터와 칼빈 시대는 천동설로 유명한 코페르니쿠스가 살던 시대였다. 루터와 칼빈은 과연 코페르니쿠스에 대해 얼마나 알고 있었으며 코페르니쿠스의 주장을 과연 알고 있었을까? 쿠페르니쿠스의 태양계 중심설은 신학과 종교와 자연과학의 긴장과 충돌을 상징한다. 당시는 모든 천체는 지구를 돈다는 지구 중심설이 성서의 지지를 받는 듯 여겨지던 시대였다.

코페르니쿠스(1473-1543)가 지동설을 담은 새로운 천문학 개론서를 낸 것은 1514년이었다. 이 책은 일반적으로 *Brief Treatise*(Comment-arieolus, 짧은 논문)이라는 논문으로 알려져 있다.[111] 그러나 지구가 태양을 돈다고 주장한 「천체의 회전에 관하여」(*De relutionibus orbium coelestium*, 1543)는 코페르니쿠스 사후(死後) 루터파 개신교 목사였던 오시안더(Andreas Osiander)[112]에 의해 출간되었다. 당시 이것은 성서의 권위와 신빙성에 대한 중대한 위협과 도전으로 간주될 수 있었다.

그렇다면 루터와 칼빈은 과연 코페르니쿠스의 주장을 알고 있었을까? 이들이 코페르니쿠스의 이론을 들어본 적이 있었다는 결정적 증거는 아직 나오지 않고 있다. 루터가 코페르니쿠스의 이론을 정죄하였다는 주장도 있으나 분명치가 않다. 루터가 천문학 서적의 기본 원리들을 이해할 만한 학식을 지닌 사람인 것은 분명하나 우리는 그가 천문학적 주제를 탐구한 적이 없다는 것을 잘 안다. 오히려 개신교 수학 강사 레티쿠스(Georg Johachim Rheticus, 1514-1574)가 코페르니쿠스의 수제자로 성서와 지동설을 양립하고자 노력한 사람임이 호이까스의 노력으로 발견되었음을 주목할 필요가 있다고 본다.[113]

루터는 결코 자연에 무지한 학자가 아니었다. 루터는 어거스틴처럼 모든 자연에 삼위일체의 흔적이 존재함도 인정하였다.[114] 피조물 안에는 하나님 본질의 완전성과 아들의 지혜와 성령의 능력이 현존함을 인정하였다. 다만 루터의 관심의 중심은 달랐다. 루터는 과학적 사실에 대한 관심보다 과학의 질서를 만드신 창조주 하나님에 대한 관심에 좀더 집중한다. 아란트(Charles P. Arand)는 루터의 창조론(Luther's Thought on Creation) 강좌[115]에서 루터의 요리문답 제 1조에 나타난 창조론과 그 신학적 의미를 탐색하면서 루터는 후기 작품에서 창조주 하나님을 강조한다고 주장한다. 여기서 아란트는 창조주와 창조물 간의 경계와 인간과 인간 이외의 동물과의 구분, 그리고 하나님의 가면(Larva Dei)으로서의 피조물에 대한 루터의 견해를 소개하고 있다. 루터에게 있어 피조물은 존재의 낮은 질서에 속한 것에 멈추지 않는다. 피조물은 오히려 신적 선하심의 도구이다. 그렇다고 인간이나 피조물이 창조의 중심이 아니다. 루터는 철저히 인간의 믿음으로부터 출발하여 창조주 하나님께 절대적 초점을 맞춘다.[116]

루터에게 있어 창조주 하나님은 광대한 은하수로부터 미세한 미생물에 이르기까지 모든 창조물을 만드신 분이다. 하나님은 무로부터 이 우주와 그 안의 모든 것을 만드셨다. 또한 창조주는 인간들을 다른 창조물로부터 구분한다. 하나님은 세계의 일부분이 아니요 세계는 하나님의 일부가 아니다.[117] 이것은 과정 신학을 정면으로 부정한다. 루터의 창조 신학에서 이 모든 것은 하나님의 선물이다.[118] 루터는 어거스틴처럼 베스티기움 트리니타티스에도 관심을 보였는데 루터는 아버지를 문법, 아들을 변증법, 성령을 수사학으로 비유하곤 했다.

그럼 칼빈은 어떠했는가. 앤드류 딕슨 화이트(Andrew Dickson White)는 「과학과 신학의 전쟁 역사」(*History of the Warfare of Science with Theology*, 1896)에서 "칼빈은 창세기 주석에서 지구가 우주의 중심에 있지 않다고 주장하는 모든 사람들을 정죄하는 데 앞장섰다. 그는 통상 시편 93편 1절을 인용하면서 이 문제에 도전했고 어느 누

가 감히 성경의 권위 위에 코페르니쿠스의 권위를 올려놓으려 할 것인
가"[119] 라고 질문했다. 안티 기독교인이었던 러셀(B. Russel)은 서양 철학
사에서 화이트가 주장한 이 내용을 반복해서 칼빈을 공격하였다. 심지어
최근의 토마스 쿤(T. S. Kuhn) 조차 이 구절로 칼빈을 공격한다.[120] 그래
서 사람들은 무심코 칼빈을 반 코페르니쿠스주의자였다고 인정해버리는
경향이 있다.

그러나 위의 인물 중 어느 누구도 이 문제를 꼼꼼히 살펴본 적은 없는
듯하다. 칼빈의 어느 책에도 위의 구절은 나오지 않는다. 칼빈은 시편 93
편 1절에 대한 주석에서 코페르니쿠스의 이름을 언급하지 않았다. 물론
지동설을 유지하고 천동설을 주장하는 해석학적 오류를 범했음에도 불
구하고 하나님이 세계를 창조한 사실에 대한 분명한 강조를 말한다.[121] 하
지만 코페르니쿠스를 비난하고자 감정을 구체적으로 드러낸 문헌은 결
코 없다. 로젠(E. Rogen)은 화이트와 반대로 칼빈의 모든 텍스트를 찾아
보았으나 칼빈이 코페르니쿠스에 대해 들어본 일도 없고 따라서 그에 대
해 어떤 태도도 가지지 않았다고 주장했다.[122] 호이까스(R. Hooykaas)도
칼빈은 한번도 코페르니쿠스를 언급한 적이 없으며 칼빈이 말했다는 '인
용구'는 모두 가공의 산물임을 지적했다.[123] 코페르니쿠스는 칼빈이 죽기
25년 전(1539) 마르틴 루터[124]가 이미 알고 있었던 인물이었다. 비록 코페
르니쿠스가 가톨릭의 인물이었고 칼빈보다 루터가 가톨릭의 상황을 더
잘 이해하고 있었다고 해도 칼빈이 코페르니쿠스를 전혀 몰랐다는 것은
분명 논란의 여지가 있을 수 있다. 그럼에도 왜 칼빈의 저서나 관련 문헌
에 코페르니쿠스에 대한 언급이 전혀 없는 것일까? 여기서 칼빈의 신학
적 방법론이 주목의 대상이 된다. 어쩌면 칼빈이 설혹 코페르니쿠스의
이론을 알고 있었다해도 그리 중요한 것으로 간주하지 않았을 가능성이
있는 것이다. 즉 그것을 공적으로 논평할 만큼 중요한 것으로 여기지 않
았을 것이다. 사실 코페르니쿠스가 죽은 후 거의 반세기 동안이나 그의

태양 중심설은 지지자들을 거의 얻지 못하였다. 겨우 한 대학교(스페인
의 Salamanka 대학)에서 가르쳐졌으며 보댕(Jean Bodin, 1530-1596)
이나 몽테뉴(1533-1592) 같은 16세기 후기의 학자들도 코페르니쿠스에
대해 침묵했다.

　코페르니쿠스는 이후 반세기가 지나서 덴마크의 천문학자 티코 브라
헤(Tycho Brahe, 1546-1601)에 의해서 본격 부활된다.[125] 신학자로서의
칼빈에게 있어서 비록 천문학자 코페르니쿠스가 관심의 대상이었더라도
자신의 저작 가운데서는 간과되었을 수 있다. 그렇다면 칼빈의 저서에
나오지도 않는 이 코페르니쿠스를 비난했다는 낭설은 도대체 어디서부
터 잘못 인용이 되었던 것일까? 샤프(John Sharp)는 멜랑히톤의 물리학
서론(Intia Doctrineae Physicae)에서 인용된 것으로 결론을 내린다.[126]
　칼빈에게 있어서도 세상은 모두 하나님의 세상이었다. 칼빈은 과학을
무시할 필요가 전혀 없었다. 오히려 칼빈은 자연과학에 대해 열려있었으
며 자연과학의 발전에 기여하였다. 칼빈은 과학적 연구를 적극 권장하였
으며 전혀 문제될 것이 없었다. 물질 세계와 인간의 몸은 모두 하나님의
지혜와 성품을 증거한다. 칼빈은 천문학과 의학 연구를 모두 적극 추천
했다. 자연을 탐구하는 것은 하나님의 더 많은 증거와 지혜와 섭리를 알
게 되는 일이었다. 과학이 하나님의 과학이 아닌 것이 아니었다. 칼빈과
루터는 근본적으로 동일한 창조 신앙의 반열에 있었다.
　다만 칼빈은 성경을 관점과 관심이 다른 책으로 보았다. 성경은 천문
학이나 고도의 기술을 가르치려는 책이 아니었다.[127] 성경은 전문 과학
서적처럼 대할 책이 아니었다. 칼빈은 분명 자연에 대한 과학적 탐구에
종교적 동기를 부여했다. 인간이 타락한 이후로 자연은 조금 일그러지기
는 하였으나 여전히 하나님의 아름다운 책으로 본 것이다. 피조세계의
연구는 하나님의 지혜를 발견하는 훌륭한 도구였고 '하나님의 영광의 극
장' 이었다.[128] 1645년과 그 이듬해 과학에 헌신한 사람들의 부정기적 모

임으로 출발한 영국 왕립협회(The Royal Society)[129] 회원 대부분이 청교
도적 칼빈주의자들이었다는 것은 많은 것을 시사해준다.[130]

칼빈은 「기독교 강요」 1권 13장에서 삼위일체론을 상세히 다루고 있고
여기서 어거스틴의 입장을 지지한다. 처음 칼빈이 제네바에 머물 때에
위(位)와 삼위일체라는 용어를 사용하지 않았던 것에 비해[131] 기독교 강요
에서는 이 용어의 사용을 옹호하며 이 용어를 싫어하는 자들을 비난하고
있다. 하지만 칼빈은 어거스틴이 적극적 관심을 가졌던 베스티기움 트
리니타티스(Vestigium Trinitatis)에 대해서는 긍정이든 부정이든 한마
디의 언급도 없다. 어거스틴에 대해 해박한 칼빈의 지식으로 보아 베스
티기움 트리니타티스(Vestigium Trinitatis)에 대해 칼빈이 몰랐기 때문
이라고는 결코 보기 어렵다. 그렇다면 어거스틴 견해에 대한 불만 때문
이었는지 아니면 삼위일체 하나님에 대해 이 세상 사물을 통해 유비(類
比)시킬 만한 예증을 자신이 찾아내지 못한 것이었기 때문인지는 알 길
이 없다. 하지만 칼빈이 어거스틴의 견해가 틀렸다고 보았다면 적극 자
신의 입장을 피력했을 것이다. 칼빈은 어거스틴의 견해를 암묵적 동의했
음이 틀림없다.

칼빈은 성서 해석에 있어 자연과학을 결코 부정한 사람이 아니었다.
그러므로 영국 왕립 협회(royal society) 회원의 압도적 다수는 칼빈주의
청교도들이었다.[132] 하지만 칼빈은 과학과 과학자 만능의 엘리트주의자
가 아니었다. 칼빈에게 있어 분명한 것은 성경의 종교 메시지는 모든 사
람에게 적용되어야 하는 원리였다. 칼빈이 보기에 하나님의 영(靈)은 특
별한 사람들만 배려한 고등 교육 기관이 아니라 모든 사람을 위하여 보
통 학교를 개설하시는 분이었다. 칼빈의 해석학에 대한 평택대 안명준
박사의 명쾌한 논문인 칼빈의 해석학에 있어서의 간결성과 용이성
(Brevitas et Facilitas)의 방법론은 칼빈의 관심이 어디에 있었는지를 상
세하게 보여준다.[133] 모세는 지식인뿐 아니라 무식자의 선생으로도 소명

을 받았다. 칼빈은 천문학이나 기타 난해한 것을 배우려는 사람은 다른 곳으로 가보아야 할 것으로 보았다.

(2) 자연과학에 대한 칼빈의 이해

그렇다면 칼빈은 자연과학에 대해 어떤 이해를 가지고 있었을까? 방델 (F. Wendel)은, 멜랑히톤(Philipp Melanchton)이 자연과학에도 상당한 관심을 기울인 반면 칼빈은 정치사, 교회사, 문학사와 언어학, 해석학, 철학 등 인문 분야의 방대한 학식에 비해 물리학 또는 자연과학 혹은 수학 등에는 조금도 진지한 관심을 보인 것 같지 않다고 주장했다.[134] 유명한 인문주의자 요하네스 로이힐린(J. Reuchlin, 1455-1522)[135]의 증손자로 어릴 때부터 신동의 소리를 듣고 자라며 에라스무스(Desiderius Erasmus, 1466-1536)에게까지 찬사를 들었던 박학다식의 멜랑히톤에 비해 칼빈이 자연과학 부문에 멜랑히톤만큼 관심이 덜했다는 것이 두 사람의 저서들에서 나타나고 있다.

하지만 그것이 자연과학에 대해 칼빈의 무지를 반영하는 것으로 볼 수는 없다. 오히려 칼빈의 사상에는 분명 일관되게 흐르는 물줄기가 있다. 그것은 과학의 분야에 있어서도 분명하였다. 즉 칼빈에게 있어 모든 피조물은 하나님의 피조물이었다. 그러므로 세상의 모든 만물은 창조주 하나님의 세상이었다. 그 창조주 하나님은 성경을 통해 우리에게 말씀하시는 하나님이시다.

과학은 하나님의 피조의 질서이다. 하지만 칼빈에게 있어 자연을 통한 하나님의 계시는 인간에게는 아무 소용이 없었다. 이것이 칼빈이 이교도에 대해 비판적이었던 이유였다. 그러나 이교도로부터 유래한 것을 모두 거부하지는 않았다. 모든 것은 하나님의 세상이었기 때문이다. 그러므로 칼빈의 일반 은총 교리는 헬라의 문학적이고 학문적인 유산을 전적으로 거부하는 것을 막았다. 최초의 타락이 과학 분야에 있어서도 붕괴에 영향을 준 것은 분명하다.[136] 하지만 인문주의자로서의 칼빈은 타락이 모든 것을 완전한 부패로 이끌었다고 보지는 않았다.

진리의 빛은 유대인만을 위한 것이 아니었다. 분명 이교도에게도 비치고 있었다. 만약 성령을 신앙의 유일한 원천으로 본다면 우리는 성령을 훼방하지 않고 성령이 어디에서 자신을 계시하시든지 그 진리를 거부하거나 무시하지 않는 일이 중요하다.[137]

이런 관점에서 칼빈은 그리스도의 우주론을 성경에 투사시켜 읽던 당시의 일반적 관습을 따랐을 것이다. 하지만 칼빈은 당시 아리스토텔레스의 천문학과 창세기의 세계상과는 큰 차이가 있음을 동시대 사람들보다 더 잘 인식하고 있었다.

칼빈은 당시 천문학 체계를 부정하지 않았으나 모세는 천문학적 내용을 기술하는 데 있어 통속적으로 글을 썼고 상식을 지닌 모든 사람들이 알 수 있는 언어로 기록한 반면 천문학자들은 전문가들로, 인간의 두뇌가 표현할 수 있는 가장 고도의 언어로 기술하였다고 보았다.

칼빈의 해석 방법은 성경의 종교 메시지가 누구에게든지 이해할 수 있게 묘사되었다는 종교개혁 이론에 기초한다. 성령은 모든 사람을 위한 공통된 학교를 개설한 것이다. 그러므로 모든 사람들이 이해할 수 있는 수준의 주제를 선정하였을 것이다. 즉 모세는 교육받은 자의 교사만은 아니었다. 교육받지 못한 사람들의 교사였다. 그러므로 모세는 "성경을 기록함에 있어 평범한 언어를 채택했다. 그렇다면 성경은 보통사람들을 위한 책이므로 천문학 및 다른 어려운 학문을 배우려는 사람들은 다른 곳으로 가야 할 것이다."[138]

시편 주석에서도 칼빈은 성경의 저자들이 과학적 사건에 대해 감관이 느끼는 대로 묘사했지 과학적 용어로 묘사하려 하지 않았음을 역설한다. "성령께서는 천문학을 가르치려는 의도가 전혀 없었다. 다시 말해 가장 단순하고 전문적인 교육을 받지 않은 일반인들에게 교훈을 내리기 위해 성령은 일상적인 언어를 사용하는 모세와 선지자들을 사용하심으로써 아무도 그 말씀이 모호하다는 핑계를 대지 못하게 하셨다.”[139]

(3) 과학의 문제에 대한 칼빈의 해석 방법

① 칼빈의 적응(accommodation) 방법

그렇다면 과학의 영역 해석에 대한 칼빈의 방법론은 무엇이었을까? 맥그라스는 과학에 대해 다음과 같은 3가지 칼빈의 공헌이 있다고 하였다.[140]

첫째, 칼빈은 자연에 대한 과학연구에 대해 긍정적 활력을 불어넣은 인물이다.

둘째, 칼빈은 과학 연구의 장애물을 제거한 인물이다.

셀째, 칼빈은 성경을 적응(accommodation)의 방법을 가지고 이해하려 한 인물이다.[141]

보통 사람들을 위해 보통학교를 개설하셨다는 하나님에 대한 칼빈의 생각은 적응의 방법으로 나아간 것이다. 그렇다면 이 적응(Accommodation)의 방법이란 무엇인가.[142] 하나님은 죄 많은 인간에게 말씀하실 때 아버지가 어린 자녀에게 말을 걸려고 시도할 때 겪는 것과 동일한 문제에 부딪힌다. “하나님은 우리에게 낮추어 내려 오사 우리의 연약한 점에 자신을 맞추신다. 이것은 유아원 선생님이 유아 언어로 말하는 것이나 아버지가 자녀를 돌보면서 자녀들의 방식을 채택하는 것이나 비슷하다. 제한된 지성의 어린 아이에게 그들의 이해와 경험을 능가하는 말과 개념을 사용할 경우 의사 소통에 실패하게 된다. 그러므로 아이 수준에 맞는 방법이 요구된다. 이 접근 방법은 칼빈에 의해 적응이라는 용어로 언급된다.

적응(Accommodation)은 라틴어의 수사학자나 법학자들이 청중들의 상황, 구조, 성격, 지적수준, 감정 상태 등에 적응 시키며, 조절하며 적합하게 진행하는 사용법이다. 이 적응의 원리를 일찍부터 이용한 사람 중에는 오리겐(Origen), 크리소스톰(Chrysostom), 어거스틴(Augustine) 등의 교부들이 있었다.[143)

칼빈은 신학 언어가 액면 그대로 받아들여질 수 없는 것임을 잘 알고 있었다. 칼빈은 "신인동형설"(anthrophomorphism)의 언어를 달가워하지 않았다. 그러나 그 원리는 이해하고 있었다. 하나님을 신인동형적으로 손과 발이 달린 한 인간으로 언급하거나 희생 제물의 필요성을 말하는 것은 이 적응의 원리에 근거할 때 이해가 가능해진다. 적응의 방법은 일상의 언어와 전문가 사이의 담론의 긴장을 해소하는 도구가 된다.

칼빈은 "하나님은 우리가 이해할 수 있는 자화상을 그리신다. 즉 인간의 지성과 마음의 능력에 적응하신다. 좋은 웅변가는 청중의 한계를 잘 알고 거기에 적응한다. 하나님은 우리 수준으로 오시기 위해 몸을 굽히셨다. 하나님은 때로 입, 눈, 손, 발을 소유하신 분으로 자기를 나타내신다"고 하였다. 그러므로 칼빈은 인간이 이해하기 어려운 어거스틴의 장황한 설명을 반대했다.[144) 칼빈은 신인동형설이라는 언어 자체는 달가워하지 않았으나 그런 해석의 여지를 남겼다.

② 창세기 1장 주석에 나타난 해석 방법으로서의 칼빈의 적응(accommodation)

창조에 대해 칼빈은 바실리우스(Basilius)나 암브로스(Ambrose)의 이해를 받아들인다.[145) 이들 견해의 특징은 무로부터의 창조(creatio ex nihilo)이다. 칼빈에게 있어 물체가 영원 전부터 존재했다고 하는 이방신을 숭배하는 사람들의 주장은 하나의 우화에 불과했다.[146) 하나님은 조화의 하나님이요[147) 완벽한 하나님이었다.[148)

그러나 칼빈은 창세기를 주석하면서 과학의 문제에 있어 매우 조심스럽다. 칼빈은 창세기 주석에서, 성경에서 천문학이나 고도의 기술을 배우려고 해서는 안 된다[149)고 언급함으로써 마치 성경을 과학 서적처럼 다루는 일에 대해 강력히 경계했다. 왜냐하면 모세는 단지 미개인까지 알아볼 수 있는 일반적 방식으로 성경을 묘사하고 있기 때문이다.[150] 하늘의 해와 달에 대해 칼빈은 창세기가 철학적으로 우리에게 말하지 않으며 단지 우리들에게 어느 정도 밝게 비추는지를 말하고 있다고 하였다.[151] 신비한 세계를 더욱 탐구하려면 성경이 아니라 그 방면의 전문가가 되어야 한다. 칼빈이 보기에 창세기를 서술한 모세는 과학의 언어가 아닌 단지 우리 눈에 보이는 현상을 그대로 우리에게 알려줄 뿐이다.[152] "만일 모세가 일반 사람들이 잘 알지 못하는 것에 대해 자세히 말했다면 교육받지 못한 사람들은 그러한 문제를 도무지 알 수 없다고 그에게 호소했을 것이다."[153]

그렇다면 성서의 창조 이야기는 사람들의 수준과 능력에 적응한다. 이것을 문자적 묘사로 보면 안 된다. 창세기의 기자는 학식 있는 사람뿐만 아니라 배우지 못하고 원시적인 사람들의 교사로도 임명되었다. 그때문에 창세기 저자는 배우지 못한 조잡한 교육 수준의 입장에 서지 않고는 그의 목적을 달성할 수 없다. 김성봉 박사(안양대 신학대학원)는 칼빈의 이와 같은 적응의 방법이 현재의 삶을 위한 목회적 관심까지 염두에 둔 해석 방법임을 상세히 분석한다.[154] 그렇게 볼 때에 칼빈에게 있어 창조의 6일은 24시간의 여섯 단위가 아니었다. 칼빈은 순간 창조 개념을 반대하였다. 성경은 기원전 4천년 전에 창조되었다는 것을 보여주는 책이 아니었다.[155] 확장된 시간 개념을 나타내기 위해 인간의 사고 방식에 적응한 것이었다. 칼빈은 그에 따라 궁창 위의 물도 구름에 적응된 것으로 보았다. 이것은 창조과학(creation science)과 조금 다른 해석 방법이다. 즉 칼빈에게 있어 이 모든 것들은 문자적으로 받아들여서는 안 되는 것들이었다. 그것들은 적응된 것이다.

칼빈의 시대 루터란주의자들은 이미 지동설을 책망하고 있었다. 칼빈도 지구가 우주의 중심에 있지 않다는 주장을 창세기 주석에서 비난하고 있다고 보는 견해도 있다.[156] 그러나 앞에서 언급하였듯 이것은 화이트의 일방적 주장일 뿐 창세기 주석 어디에도 이런 구체적 내용은 보이지 않는다. 이 문제는 앞으로 좀더 검토해볼 여지를 남기고 있다.

여기서 필자는 설령 칼빈이 당시의 과학적 지식에 적응하여 잘못 해석할 수 있는 여지도 있었다고 본다. 칼빈은 당시 천문학적 지식에 적응하여 달이 불명료한 물체라는 것을 인정하나 캄캄한 물체라고는 생각하지 않았다. 칼빈은 달이 불타고 있는 물체일 것이라 보았다. 즉 달은 발광체라고 말했다.[157] 성경이 달을 광명(창 1:15-16)이라고 부르니 성경에 적응하면 달이 광명이라는 것은 옳다. 그러나 천문학적으로는 논란의 여지가 생긴다. 물론 지구도 광명이라고 볼 수는 없을 것이다. 하지만 달이나 지구가 그중심에 뜨거운 마그마를 담고 있다는 것을 감안하면 또한 그 실체에 대한 해답이 간단하지는 않다. 즉 발광체든 아니든 그것이 큰 문제가 되는 것은 아닌 것이다.

과학자들의 견해도 결국 시대를 반영한다. 그러므로 과학자들도 당연히 오류가 따르기 마련이다. 그러나 지난 과학자들을 모두 오류 투성이의 위선자들이라고 부르지 않는 것처럼 칼빈도 당연히 제한적 지식 아래 잘못 말할 수 있음을 인정해야 했다. 이것은 적응 이론 아래에서 칼빈은 자신이 과학적 설명이 필요한 부분에 있어 성경 해석의 오류를 범할 수 있을지도 모른다는 부담에 대해 자유할 수 있었을 거라는 추정이 가능해진다. 이런 것이 과학의 문제에 대한 칼빈의 성경 주석이 미숙했었다는 의미로 받아들여서는 결코 안 된다. 칼빈은 성경 원문을 철저하게 연구한 사람이었다. 칼빈은 탁월한 성경 원문 연구가였던 것이다.[158] 이런 자세는 당시 유럽의 인문주의의 상황을 반영한다. 그러므로 칼빈이 성경 해석에 있어 과학의 문제에 대해서도 결코 대충 넘어가는 수준의 능력이나 성품을 지닌 인물로 보기는 어렵다.

칼빈은 성령이 "저속하고 교육받지 못한 무리들로 하여금 배우는 길을 막아버리기보다는 오히려 우리와 함께 말을 더듬거리는 쪽을 선택했다”고 주석했다.[159] 즉 하나님은 우리가 몸을 떠는 방식으로 몸을 떠시는 분이다. 그런 면에서, 칼빈이 보기에는 성경을 글자 그대로 해석하는 사람의 지동설에 대한 비판에 대항해서 수학적 물리적으로 난해한 점들까지를 알게 하려는 것이 모세나 선지자들의 의도는 아니었을 것임이 분명하였다. 모세는 보통사람들이 쓰는 언어에 자신을 적응시킨 것이다.

그렇다면 진화론에 대해서는 어떤 입장이었을까?

생물의 “종류”(מִין, min)라는 말은 창세기 1장 11절에 처음 나타난다. 칼빈은 창세기 주석에서 종류대로의 창조의 문제에 대해 별다른 말을 하지 않았다.

종류는 창세기 1장에서 엘로힘(אֱלֹהִים, Elohim, 40회) 다음으로 많이 등장하는 단어(10회)이다.[160] 그럼에도 칼빈은 이 언어를 아주 일반적으로 평이하게 서술했다. 진화론은 19세기 중반 찰스 다윈의 「종의 기원」(*The Origin of Species*, 1859)으로 인해 본격적으로 자연과학의 주요 이슈가 됐다. 칼빈의 시대는 아직 진화론이 구체적으로 모습을 드러내지 않은 시대였다.

칼빈은 종류대로라는 이 단어를 주목하지 않아서가 아니라 주석을 기록하는 데 있어 당시의 수준에서 단순한 언어로 묘사하려는 입장을 지속한 듯하다.

칼빈은 자연을 통한 하나님의 계시의 불충분성을 잘 알고 있었다. 자연 계시란 칼빈에게 있어 약간의 섬광과 같은 것으로 비쳐졌다. 사도 바울은 눈에 보이지 않는 신성이 그러한 광명 속에서 명백히 계시되어지지만 우리의 눈이 신앙을 통해 하나님이 내적 계시에 의해 조명되지 않고는 볼 수 없는 것이 있음을 설명했다(롬 1:19). 칼빈은 이 점을 잘 알고 있었다.[161] 성경은 하나님의 창조 계시가 인식할 수 없는 것을 우리에게 전해주고 있는 것이다.[162]

⑷ 복음주의 과학관과 적응 방법의 사용

그럼에도 적응의 방법은 여전히 유효한가? 맥그라스는 "적응"의 문제가 역사적으로 핵심적인 중요 논제는 아니었으나 성서 해석과 신학 구조와 관련되어 지속적인 이슈였다고 주장했다.[163] 딜렌버거(John Dillenberger)가 보기에도 적응의 문제는 프로테스탄트 사상과 자연과학의 문제를 다루는데 있어 간과할 수 없는 중요한 이슈의 하나였다.[164]

칼빈은 결코 과학을 무시하지도 않았고, 오히려 열린 신학자였으며 과학 연구에 긍정적인 영향을 미친 신학자였다. 물론 칼빈도 간혹 과학적 이론을 바르게 그의 해석에 사용하지 못한 경우가 있었다. 하지만 적응의 방법 아래에서 그런 작은 오류는 그의 신앙이나 성경 해석 방법에 누(累)가 될 수 없다.[165] 칼빈은 성서의 기록자들조차 "잘못된 견해에 적응하면서 말할 수 있다"고 보았다.[166] 그런 면에서 과학에 대한 칼빈의 태도는 늘 긍정적이었다. 그에게 있어서 과학은 하나님의 지혜를 들어낼 수 있으며 특별 계시로 재해석되어 하나님을 높이고 그에게 영광을 돌리는 도구였다. 과학의 문제에 있어 해석 방법과 관련하여 적응의 방법을 일관되게 사용한 칼빈은 과학 혁명이 태동하기 시작한 시대를 살면서 적응이라는 해석 방법을 통해 성경 해석이 모든 역사, 온누리를 향한 적용된 해석이 되어야 함을 자신의 저작에 일관적으로 흐르게 적용하였음이 분명하다.

따라서 루터와 달리 칼빈이 보기에는 코페르니쿠스와 같은 과학자도 무조건 비난의 대상이 될 신학자는 아니었다. 과학의 생소한 이론이나 법칙이 발견되었을 때 적응의 방법은 때를 기다린다. 그는 모든 학문을 하나님의 일반 은총으로 보았던 것이다. 적응의 방법을 사용할 때 우리는 모르는 부분에 대해서 겸손해지게 마련이다. 또한 의도적이지 않은 이상 실수에 대해서도 너그러워진다. 하나님조차 우리에게 눈높이를 맞추시기 위하여 낮아지셨는데 우리 인간이 어찌 실수가 없겠는가. 실수를 용납하지 않으려는 어떤 근본주의적 분리주의 경향도 교만의 반영일 수 있다. 칼빈은 이점을 잘 아는 신앙인이었다.

하나님은 칼빈 시대나 모세 시대만의 하나님은 아니다. 오늘 우리 시대의 하나님이시기도 하다. 하나님은 오늘날의 상황과 과학의 발달을 분명 예견하실 수 있는 전능하신 하나님이다. 성경이 과거의 역사를 통해 우리에게 주어진 책이기는 하나 우리에게는 현재의 책이요 미래의 책이기도 하다. 그렇다면 과학 만능, 과학주의가 만연된 이 시대를 향한 하나님의 적응은 어떤 것일까? 또 미래에의 적응은 무엇일까?

적응이란 단순히 소극적인 의미일까? 그렇지 않다. 아브라함 카이퍼 (A. Kuyper, 1837-1920)는 칼빈주의가 학문에 대한 사랑을 촉진하였고 학문의 영역을 회복시켰을 뿐 아니라 학문을 부자유스러운 속박에서 건져내었고 칼빈주의는 학문적 갈등에 대한 해결사 노릇을 하였다고 주장했다.[167] 학문의 주인이 하나님이시라면 학문의 최종적 결과 또한 학문의 자유 아래서 승리할 것이다.[168] 이것은 복음주의가 적극적으로 과학의 문제에 뛰어들어야함을 의미한다. 전쟁과 협상 없이 승리하는 전쟁이란 없다. 칼빈이 말한 '성령의 겸손' (condescension)에 의지하여 학문적으로 아직 알려지지 않은 부분에 대해 겸손히 기다리는 것과 복음의 마지노선을 지키며 양보와 타협하지 않는 것은 의미가 다르다. 진리는 적응의 대상이 아닌 것이다. 여기서 우리는 결론을 내릴 수 있게 된다. 복음주의 과학관은 분명 칼빈이 사용한 적응의 방법을 사용할 수 있다. 적응의 방법은 현대를 사는 우리들에게 현대적 이슈를 해석함에 있어서 몇 가지 관점을 제시한다.

먼저, 사랑과 평화의 방법이다. 하나님의 창조는 본래 사랑과 평화의 질서였다. 이 사랑과 평화는 인간이 에덴 동산에서 추방당하면서 와해 (瓦解)되었다. 적응의 방법은 이 하나님의 본래 사랑과 평화가 어디에 있는 지를 추적한다. 즉 기독론적 사랑과 평화가 창조와 구속에 모두 적용된다고 보는 개념이다. 복음의 핵심 내용은 구약과 신약에서 동일하다. 창조자로서의 하나님의 말씀과 구속자로서의 하나님의 말씀 사이에는 아무런 긴장 관계가 없다.[169] 지명수 박사(안양대)는 모든 복음이 그 핵심 내용에 있어 동일해야 한다는 관점에서 볼 때 창세기 1장에 나타난 하나님의 최초의 축복은 가장 넓은 함의와 적용을 갖는 말씀으로 보고 이 최초의 축복을 최초의 복음, 창조의 복음이라고 불렀다.[170] 이 창조의 복음은 창조와 구속의 하나님의 사랑과 평화의 축복이 포함될 것이다. 이것은 생태계나 생명 윤리 등을 다룰 때에도 유용하게 활용될 수 있다.

신현수 박사(평택대)는 예수 그리스도의 주(主) 되심의 실현의 행위로서 샬롬(shalom)의 신학을 제안한다.[171] 구약의 평화는 기본적인 어떤 것으로 사회적, 역사적 및 다른 형태의 변화도 그것의 기본 의미를 바꾸지 않았다. 그것은 생명, 갈증 혹은 기쁨 등과 같이 변화되지 않은 채로 머물러 있다.[172] 평화는 모든 과정에서의 인간다움의 부분으로 공동체의 완전함, 건강함, 흠이 없음을 추구한다.[173] 이것은 복음주의 과학관 안에서도 이 시대 안에서 하나님의 선하신 창조의 질서와 성경에 그 뿌리를 둔 하나님의 샬롬의 과학, 하나님의 과학으로서의 샬롬, 즉 하나님의 질서의 샬롬을 촉구한다고 할 수 있겠다. 기원과 윤리와 현대적 이슈를 다룸에 있어 과학의 질서 안에 내재된 창조의 샬롬, 하나님의 샬롬을 찾는 작업은 반드시 필요하다. 복음주의는 자연 안에서 찾게 되는 이것들이 성경의 완전한 충족성에 비해서는 비록 작은 빛이기는 하나 여전히 피조된 세계 안에 펼쳐진 자연 계시 안에도 있다고 보는 것이다. 비록 피조 세계가 샬롬의 질서를 많이 상실하고 파괴된 채로 방치되었다고 해도 여전히 그 원리가 내포되어 있다고 보는 것이다. 과학의 어느 부분들이 하나님의 샬롬을 지향하는 가는 복음주의자들의 끝없는 고민이다.

기독 과학 철학자 델 라치(Del Ratzsch)가 말하는 '사랑 안에서 진리 말하기/발에 관한 몇 가지 생각'(Speaking the Truth in Love/Some

Thoughts About Feet)[174]도 흥미 있는 제안으로 그중 하나의 도구일 수도 있다. 델 라치는 기독교 공동체 내부에서 논쟁할 때의 세 가지 원칙으로 첫째, 말할 때(Speak) 공동체 내부를 쉽게 깨뜨리는 누(累)를 범하지 말 것(토끼 발을 모두 잘라 버리는 발이 되지 말 것) 둘째, 당신의 입에 당신의 과학적, 신학적 또는 철학적 발을 집어넣지 말고 참 진리(the truth)를 찾도록 애쓸 것(입에 이런 것들이 들어가면 말하는 것을 방해할 뿐 아니라 두 발로 서 있기도 힘들어짐) 셋째, 사랑 안에서(in love) 한 몸을 이루는 (복음의) 친구들에게 총을 쏘지 말 것(그것은 자신의 발을 쏘는 것이요 엽총으로 티눈을 잘라내는 격이다)을 들었다. 그러므로 사랑 안에서 진리를 말하라고 말한다. 이 세 가지 중에 델 라치가 보기에 제일은 사랑이다.[175] 필자가 보기에 진정한 사랑과 평화는 하나님의 창조와 구속 안에서 한 몸이다.

둘째는 겸손과 기다림의 방법이다. 심오한 하나님의 계시인 성경조차 우리 인간을 위해 눈높이를 낮추었다. 하나님이 부족해서가 아니다. 인간이 부족해서였다. 적응을 오해하여 성경을 가지고 남을 함부로 비판하거나 잘못 정죄하는 누(累)를 범하면 안 된다. 적응의 이론은 인간이 지닌 능력과 한계를 모두 인정하고 성경이 명확하게 계시하지 않는 부분에 대해서는 함부로 잘못 적용하여 잘못된 정죄의 오류에 빠지지 말게 하며 겸손히 때를 기다린다. 일반적으로 복음주의는 자연 계시가 구원적 가치(salvific value)에 있어 완전하다고 보지는 않는다. 그러므로 성경보다 앞서 자신의 주장을 계시보다 우월하다고 단정하는 것보다 일반 계시의 점진성을 따라 겸손히 적응의 때를 기다리는 것이 필요하다. 과학과 신학의 충돌이 첨예하게 나타나는 부분에서 고려될 수 있는 방법이다. 예를 들어 세속 도시의 발달에 대해 부정적인 프랑스의 자크 엘룰(Jacque Ellul)은 현대의 과학 기술이 기독교적인 인간관, 사회관과 충돌한다[176]고 보는 반면 하비 콕스(Harvey Cox)는 기독교와 잘 어울린다고 생각했다.[177] 이럴 경우 많은 학자들이 양편의 입장으로 갈라서게 된다. 세속 도시와 과학 기술의 부산물 가운데서 긍정과 부정의 양면을 보게 되는 면에서 복음주의는 양쪽 측면을 관찰하면서 좀더 겸손히 적응의 때를 기다림이 옳다. 복음주의 진영 안에서 발생하는 성경 해석 상의 모순과 대립을 감정적으로 대처해서 자신의 견해만 진리라 여기고 한 방향으로 몰고 가는 것은 옳지 않은 것이다. 판넨베르그도 이런 적응 이론이 성경의 영감론을 반대하는 게 아니요 말씀 가운데 모순과 대립의 문제를 해결할 수 있음을 언급했다.[178]

셋째, 명료성이다. 겸손과 기다림으로서의 적응은 단순한 소극적 대처를 의미하지는 않는다. 명료성은 태초에 하나님께서 창조하실 당시의 창조 섭리를 찾아내는 작업이다. 그렇게 함으로써 명료한 부분에 대해서는 분명한 선을 긋는 작업이 필요하다. 예를 들어 진화론이 과연 성경적 이론인가 그렇지 않은가 하는 문제는 명료성의 판단 기준이 될 수 있다. 즉 성경과 과학과 피조된 인간에 부여된 양심에 따라 종합적으로 살펴 볼 때에 진화론은 결코 복음주의가 받아들일 수 없는 이론이다. 여기서 진화론은 명료하게 부정된다. 진화를 부정하는 것은 복음주의의 마지노선인 것이다. 다만 그럼 언제 우주와 생명과 인간이 창조되었는가의 문제는 복음주의자들 안에서도 첨예한 문제이다. 이럴 경우 우리는 겸손과 기다림의 적응이 유효함을 알 수 있다. 이때는 겸손과 기다림 자체가 명료함인 것이다.

넷째, 적응의 적극성이다. 적응의 방법은 우리를 창조와 구속의 역사를 깨닫게 만드는 몽학선생으로서의 과학에 대해 게으르지 말고 연구하며 접근해 갈 것을 요구한다. 과학은 가만히 고여 있는 물이 아니다. 늘 방향을 가지고 우리들에게 접근한다. 적응 이론은 이와 같은 상황 가운데 성경과 과학과 삶 안에서 우리가 가장 합당한 대답을 이끌어낼 것을 요구한다. 즉 적응 이론이 세상을 향한 결코 소극적 대처 방법이 아님을

알아야 한다

마지막으로 적응의 방법은 우리에게 자유함을 준다. 적응의 방법은 우리들이 성서 문자주의자가 되려는 유혹을 방지한다. 더불어 구원의 핵심이 아닌 창조의 영역의 문제(adiaphora)에 있어서는 보다 자유함을 가지고 자연의 노예나 폭군이 아닌 사랑의 청지기로서의 삶을 요구하는 것이다. 포스트모던의 시대적 생태와 환경은 단순하지 않다. 문제의 본질 자체가 다차원적이다.[179] 이런 다변적 환경에서 진리 안에서의 자유함과 청지기적 사명은 분명 적응의 원리의 하나이다.

이런 관점에서 과학과 관련된 성서 해석에 있어 칼빈의 적응 방법과 이론은 과학 기술 시대를 사는 오늘의 우리들에게도 시사하는 바가 크다고 본다.

3. 복음주의 과학관과 성경 해석

1) 과학적 해석의 가능성

라틴어 Scientia는 사람의 지식을 말한다. 이 라틴어에서 영어의 Science가 유래하였다. 이 말을 지금부터 110여 년 전 일본 사람들이 '과학'(科學)이라고 번역하여 오늘에 이르고 있다. 이를 통해 볼 때 과학도 인간이 가진 하나의 지식 체계임을 알 수 있다. 즉 과학은 자연 세계에 대한 지적이며 실제적이고 체계적인 연구와 활동을 의미한다. 그러므로 그 지식 체계가 어떤 설득력을 가지고 있는가 하는 것과 종교의 지식체계와 어떤 관계를 지니고 있는가를 해석할 필요성이 대두된다. 오늘날 과학 철학은 바로 자연과학에 대한 정의와 물음에 대한 학문이다. 그럼에도 불구하고 과학이라는 용어에 대한 표준이 되는 정의조차 없는 시대이다.[180] 그럼에도 불구하고 이 용어는 오늘날 그 필요성과 중요성을 떠나 높이 평가되는 도구가 되어버렸다. 사람들은 과학과 과학적 방법에는 어떤 특별한 것이 있음을 의심하지 않는다.[181] 이런 과도한 기대와 본질의 모호함 속에서 기독 과학 철학자인 델 라치(Del Ratzsch)는 과학의 본질은 최소한 경험성(the empirical)과 객관성(the objective)과 합리성(the rational)을 본질로 한다고 말했다.[182]

성경이든 과학적인 데이터든 모두 해석을 통해서 산 의미를 갖는다는 면에서 오늘의 컨텍스트(context) 아래에서 이 둘이 어떻게 융합될 수 있는 지를 다루는 것은 분명 의미 있는 일이 될 수 있다. 지금까지 종교와 과학은 불필요한 오해와 갈등의 담을 쌓아온 면이 없지 않다.[183]

여기서 우리는 성서 해석에 있어 과학적 해석이 왜 필요한가 살펴볼 필요가 있다. 성경이 과학적으로 해석될 필요가 있다는 것을 증거하는 것은 그리 어렵지 않다. 먼저 성경은 창조의 사실을 선포하고 있는 유일한 책이다. 더욱이 성경은 우주가 시작될 때 시간(태초, bereshith)이 시작되었음을 알린다. 우주의 연대 문제는 진화론에서도 관심 사항이므로 과학적 논증의 해석을 필요로 하게 된다. 과학이 아무리 성경과 다른 언어의 영역이라 할지라도 우리는 하나님의 다른 책인 자연에 대한 해석을 필요로 하게 된 것이다.

서론에서 밝힌 것처럼 성경은 과학책이 아니다. 과학의 언어로 성경을 탐색하는 자들은 그야말로 어리석은 자들이다. 성경은 그런 책이 아니기 때문이다. 그런데 우리는 다음과 같은 논리를 자주 보게 된다. 예를 들어 사반과 토끼는 일반적으로 되새김 동물이 아니다. 그런데 성경은 분명 사반을 되새김질 동물이라고 밝히고 있다.[184] 그러므로 성경을 무조건 과학적 논리로 풀려고 하면 오히려 성경을 미련한 책으로 만드는 결과를 가져오게 된다는 것이 성경 해석에 있어 과학적 논리를 반대하는 사람들의 주장이다. 그러나 여기서 우리는 금새 모순을 발견하게 된다. 해석자는 자기 스스로 사반은 되새김 동물이 아니라는 과학적 해석을 전제하고 과학의 언어로 성경을 보지 말라는 판단을 내리고 있는 아이러니를 보게 된다. 이 해석자는 자기도 모르는 사이에 성경이 말하는 되새김의 범위를 훗날 생물학자들이 만든 분류학(taxonomy)의 틀에 갖다 넣는 오류를 범한 것이다.

멸종된 생명이나 검증 불가능한 동물에 대해서도 창조론과 무신론은 전혀 다른 접근 방식을 취한다. 예를 들어 성경은 오늘날 생존하지 않는 여러 동물에 대한 언급을 담고 있다. 이들 중 가장 잘 알려진 것이 용과 유니콘(一角獸)이다. 그 이외에도 거수(巨獸), 리워야단, 세이터 등이 있다. 대부분의 자유주의자들은 이들을 전설적인 동물로 해석한다. 하지만 복음주의 주석가들은 용은 고래 혹은 뱀으로, 유니콘은 들소로, 거수는 코끼리 혹은 하마로 번역한다. 거대한 리워야단은 악어로, 세이터는 들염소로 번역되고 있다. 낯선 동물들에 대한 동물 해석은 현존 동물들과 일치하지 않는다. 성경에 나타난 리워야단(Livyathan)이나 탄닌(thannin), 라합(rahab), 비히못(behemoth) 등을 공룡이나 어룡 등 과거에 멸종해버린 자연적 동물로 보느냐(the naturalistic perspective) 아니면 신화적인 동물로 보느냐(the mythological perspective) 상징적인 존재로 보느냐(the emblematic perspective)에 따라 해석 전반에 대한 다양한 단면들을 얻을 수 있게 된다.

표 1.성경에 묘사된 공룡 유사 동물[185)]

히브리어 원문	로마어	표기성경에 나타난 빈도
חנין	t(h)annin	29회/ 12책/창 1: 21외
לויחן	livyathan	5회/ 3책/욥 41:1-34, 사 27장 외
בהמה	behemoth	1회/욥 40:15-24
רהב	rahab	5회/ 3책/욥 9:13, 26:12, 시 87:4, 89:10, 사51:9

공룡(dinosaur)이라는 이름은 영국의 오웬(R. Owen)이 1841년 붙여 주었고 성경의 영문 번역은 1600년 경이었기 때문에 이러한 문제는 당연히 나타날 수밖에 없다. 용은 구약에서 25회 이상 언급된다. 이들 중 하나는 바다에 있는 용으로 불리며 꼬불꼬불한 뱀 리워야단과 동일어로 사용되고 있다. 욥기 41장에는 리워야단이 악어로 번역되어 있다. 사실 이 동물에 대한 어원적 분석(etymological approach)은 그리 쉬운 일이 아니다.[186] 그리고 이 논문의 논제에도 벗어난다. 여기서는 단순히 이 동물 자체를 분석해 본다. 이 뱀은 불을 뿜는 동물로 묘사된다. 불 뿜는 동물은 과연 존재하였을까? 지금은 물론 그런 동물이 존재하지 않는다. 그러나 여러 나라의 전설이 불을 뿜는 괴수가 있었다고 한다. 우리나라도 예외는 아니다. 전설의 용은 불을 뿜는 동물이었다. 역사적 동물이냐 상상의 동물이냐 아니면 역사적 동물이기는 하나 멸종된 이후 그 이미지가 변색되어 온 것인가 그런 부분들이 해석될 필요가 있다. 물론 어떤 관점이 보다 더 진리에 가까운가 하는 사실이 중요할 수 있다. 즉 과학적 해석 자체가 성경의 권위 내지는 무오성을 밝히는 데 중요한 단서가 될 수 있다.

그러나 해석의 옳고 그름을 떠나 이와 같은 해석의 다양성을 통해 먼저 계시로서의 성경과 세속적 신화 사이에 어떤 충돌과 연속성이 있었는지를 배우고 접근할 수 있게 된다. 과학과 관련된 이러한 성서 해석은 UFO 진위 논쟁, 유전공학, 의약, 생명의료윤리 등에서 우리의 일상 신앙 생활과 당장 뗄 수 없는 판단을 강요한다.

이와 같이 여러 부분에서 과학에 대한 성경적, 신학적 해석의 중요성이 금새 드러나게 된다. 과학이 유용하게 활용될 수 있는 영역은 이밖에도 다양하다. 그중 하나는 생태적 환경과 관련한 과거의 역사를 탐색하는 부분과 특별히 초과학의 영역이라 할 수 있는 태초의 창조를 받아들이는데 있어 과학의 역할은 중요하다. 진화론에서는 제임스 허튼(J.

Hutton) 이래로 동일과정적인 지질학적 역사관(uniformitarianism)을 가지고 있었다. 이에 비해 성경은 대격변론적인 홍수의 역사성 (catastrophism)에 대해 서술하고 있다.

성경과 과학의 문제에 대해 일찍이 해석의 원리를 제공한 사람은 침례교 신학자 버나드 램(Bernard Ramm)이다. 그는 성경과 과학의 해석의 원리로 첫째, 성경의 무오성을 주장할 때에는 성경에 과학적 언어를 사용하고 있다는 주장이 아니어야 한다. 둘째, 성경의 언어가 믿기 어렵다는 점이 성경 무오성에 대한 이의 제기는 될 수 없다. 셋째, 성경이 그 당시의 문화적 조건 속에서 계시되었다는 점이 성경을 부정하는 도구가 되면 안 된다. 넷째, 성경과 현대 과학 사이의 너무 지나치게 많은 상관(相關) 관계를 찾으려는 시도는 적절치 않다. 다섯째, 창세기 1장은 창조의 대강 윤곽만을 보여준다는 점을 반드시 기억해야 한다는 5가지 기준을 제시하였다.[187] 버나드 램은 적응의 이론을 알고 있었다. 하지만 그는 적응의 이론이 신학적 이슈에 있어 주로 자유주의자들의 도구가 되었다고 논증한다.[188] 램의 견해에 따른다면 개혁주의자 칼빈의 적응의 이론에 대해 복음주의자들이 너무 오랫동안 방치해 온 감이 없지 않다. 하지만 필자가 보기에 성경과 과학에 관한 한 램의 성경과 과학의 해석 원리는 적응의 이론을 많이 채택한 것으로 보인다.

이제 우리는 과학의 영역에 있어서 과거 해석자들보다 훨씬 풍부한 이해의 범위와 경험을 가지고 텍스트를 대할 수 있게 되었다. 슐라이에르마허가 말한 텍스트와 해석자 사이의 최소의 공통 분모라 할 수 있는 선이해(preunderstanding)가 넓어졌다고 볼 수 있다. 자연 계시와 적응의 이론은 이렇게 서로를 보충하며 과학의 발달 가운데서 보다 점진적인 성경 해석의 지평을 넓힐 수 있다고 본다.

2) 과학적 방법과 성경

　　과학의 일반적인 방법은 먼저 관찰의 대상에 대해 관측하여 문제를 제기하고 자료를 분석하고 필요하면 실험한다. 시간과 상황과 조건을 달리하여 어떤 조건 아래에서도 실험의 결과가 동일하게 나타나면 비로소 결론을 도출하게 된다.[189] 그렇다면 과학적 방법은 탁월한 설득 수단이 될 수 있는가. 포스트모던 과학은 전혀 그렇지 않다고 주장한다. 그 충격적인 보기가 바로 뒤하임-콰인 논제(Duheim-Quine thesis)로 실험이 이론적 가정을 궁극적으로 입증할 수 없다고 주장한다.[190] 과학적 실험 자체도 그 실험을 지지하는 많은 이론의 신빙성에 의존한다. 실험이란 결국 개인이나 집단의 의견, 아이디어, 전통 등과 같은 이론이 태어난 문화와 사회의 그물망에 의존하게 마련이다. 여기서 일반적 과학적 방법이란 성서적 해석에 많은 제한을 담고 있음을 알게 된다.

　　물론 창조의 사실에 대해 관측하고 실험한다는 것도 불가능하다. 칼 포퍼(Karl Popper)가 분명히 한 것처럼, 과학적 이론의 보편적 명제들은 검증할 수 없는 것이다. 그러나 반증 사례를 들어서 잘못된 것임이 입증될 수는 있다. 예를 들어서 '모든 백조(swans)는 하얗다' 는 것은 결코 검증 시험을 통과할 수 없다. 이 세상의 모든 백조를 다 볼 수 없기 때문이다. 그런데 한 마리의 검은 색 백조(swan)가 나타나면 금새 이 명제가 잘못된 것으로 판명될 수 있다. 그러므로 이런 반증의 원리만이 유일하게 가능한 과학적 방법이고, 과학은 명확히 잘못된 존재를 드러내는 법(the art if being precisely wrong)이라고 포퍼는 주장하였다.[191] 상대주의적 경향들을 막아서 균형을 잡아야 한다는 포퍼의 이와 같은 주장은 토마스 쿤(Thomas Kuhn)의 「과학 혁명의 구조」(*The Structure of Scientific Revolution*)에 의해 곧 무너졌다.[192]

　　하지만 과학적 방법의 한계가 과학적 설명 즉 성경에 대한 과학적 해석의 필요성까지 부정하는 것은 아니다. 그것은 이미 많은 기독교인 과학자들은 과학적 방법의 한계를 잘 알고 있었다.[193] 그러면서도 이들 크리스천 과학자들은 자신들이 '하나님의 생각을 따라 생각한다'고 말할 수 있었다.[194] 그들은 성경을 믿는 그리스도인들로서 성경 해석과 과학 해석에 아무런 갈등도 느끼지 않았던 것이다. 엠마오로 가던 두 제자에게 행하신 예수님의 성경 해석처럼, 과학적 방법 자체가 가진 논리 안에서 해석은 언제나 가능하다.[195] 비록 창조를 관찰한 사람이나 창세기 대홍수 사건을 재현(再現)하거나 직접 목격하는 것은 불가능하나 과학적 해석은 가능한 것이다.

3) 복음주의 과학관과 신앙의 전제

포스트모던적 사고는 과학의 기원으로부터 발전에 있어 기독교적 사고의 틀을 거부한다. 이것은 포스트모던 신학자들에게서 잘 나타난다. 하지만 복음주의 과학관은 복음이 있음을 전제한다. 자연은 신성한 것도 아니요 영원한 것도 아니다. 이런 성경적 사고는 자연에 대한 실험을 용이하게 하였다. 그런 면에서 기독교 영향권에서 과학이 발전한 것은 당연하다. 기독교는 과학의 영역이 "영원히 자연에 순종하는 과학"이 아니라 때로는 창조주인 신이 직접 개입하여 그 질서에 영향을 행사할 수 있다고 본다. 반 틸(C. Van Til)이 주장하였듯 기독교 신앙의 전제가 필요하듯, 과학 안에도 마찬가지의 전제가 분명 있다. 근대 과학의 초기 견해는 프란시스 베이컨(Francis Bacon, 1561-1626)으로부터 나왔다.[196] 베이컨에 따르면 과학자들은 탐구하는 주제에 대해 모든 편견에 대해 자유롭고 어떤 이론이 옳다는 선호도도 없으며 은밀한 종교적·철학적 전제로 인해 방해를 받지 않으며 객관적인 자세로 관찰하고 자료를 모으는 데서 시작해야 한다는 경험론을 선호하였다.[197] 사실 전제 없이 시작해야 한다는 베이컨적 사고도 분명 전제이다. 모든 전제를 배제하면 결코 생산적인 자료는 수집되지 않는다.[198] 탈봇(Talvot School of Theology)의 철학자이자 신학자인 모어랜드(J. P. Moreland)도 「기독교와 과학의 본질」(*Christianity and the Nature of Science*)에서 과학의 명확한 (clear-cut) 정의는 없다고 결론을 내렸다.[199] 물론 과학의 방법론은 존재한다. 하지만 모어랜드는 그 방법론은 다양하다고 말했다. 그러므로 과학의 방법론은 그 본질에 있어 보다 더 철학적이다.[200] 여기에 신앙적 과학의 방법론의 필요성이 대두된다. 과학에도 전제가 따라 붙을 수밖에 없는 것이다.[201]

반틸(C. Van Til)의 견해가 아니더라도 성경을 믿는 것은 전제를 가지게 되는 것이다. 문제는 복음주의 과학관의 흐름에 반하는 전제이다. 성경을 문자적으로 해석하는 이들, 복음주의적 부흥주의자들, 정치적 이상가들, 심지어 기성신학들의 조금 동요된 옛 사제주의도 모두가 자신들의 신념들이 과학의 혁명적 발견들에 의해 시대에 뒤쳐지는 것이 아님을 다시 확인하기 위해서 새로운 사제주의(the new priesthood)에로 향한다. 이 새로운 사제주의는 계속해서 나타나고 있다. 때로는 일정한 정식(formula)을 가지고, 또 때로는 수사(rhetoric)에 의해서, 그러나 언제나 과학을 가지고서 재확인이 주어지는 것이다.[202] 이러한 전제는 오히려 과학과 신학의 논쟁에 충돌과 갈등만 가져다 줄 수 있다.

자연에서 관찰 가능한 형태들을 통해 관찰 불가능한 형태와 과정들에 단서를 제공한다는 것은 과학의 전제이다. 우리는 원자나 그와 같은 소립자들을 직접 볼 수는 없지만 인간이 볼 수 있는 보다 더 큰 규모의 물체에 의거 소립자들의 존재가 있음을 안다. 그 반대의 경우에도 전제가 가능하다.

과학에 대한 적응의 방법은 충돌을 피하면서 창조와 구속이라는 전제를 해석하는 유용한 도구가 될 수 있을 것이다.

4) 복음주의 과학관과 성경 기적(奇蹟)의 문제

복음주의 과학관은 성경의 기적을 어떻게 바라보아야 할까. 기적은 불가사의한 일을 뜻하는 라틴어 미라쿨룸(miraculum)에서 왔다.[203] 자연이나 사건의 흐름에 대해 초자연적 간섭이 있음을 의미한다. 그러므로 기적은 과학의 영역을 벗어나면 다양하다. 오늘날까지 성결파 및 오순절 복음주의자들은 신유와 방언의 기적이 유효함을 주장한다.[204] 하지만 18세기 철학자 흄(David Hume, 1711-1776)은 기적은 자연법의 위배로 보았다. 흄은 종교에 관한 자신의 두 저서 「종교의 자연사」(*The Natural History of Religion*)와 「자연 종교에 관한 대화」(*Dialogues Concerning Natural Religion*)[205] 에서 우주 질서의 원인이 되는 지적 창조자로서의 신의 존재를 인정하고 있다. 그러나 그에게 있어 신은 우주 질서의 원인으로서 가정된 이신론적 존재(a deitistic being)이며 따라서 자연의 질서를 깨뜨리는 자연 법칙을 위반하는 기적은 인정할 수 없다. 그러므로 흄에게 있어 기적은 과학적으로 불가능한 일이었다.[206] 흄이 볼 때에 혹 신의 특별한 의지에 의해 일반 법칙이 깨어지더라도 그것은 전적으로 인간이 전혀 알아챌 수 없는 방식으로 이루어졌다.[207] 그럼에도 기적은 분명 성경에 기록되어 있다. 20세기 초 과학자들뿐 아니라 신학자들 사이에서도 기적을 거부한 사례가 늘어나자 복음주의 신학자 워필드는 우리 마음에 품은 세계관이 아니라 우주 속에서 발생하는 모든 사실들에 대한 정당한 고찰에 의해 결정되어야 하지 않겠는가라고 기적을 이해하였다.[208] 그러면서 워필드는 기적은 사도들이 교회의 토대를 놓음과 함께 그쳤다고 강력히 주장하였다.[209]

이 문제는 성경을 과학의 틀 속으로 가져갈 때 문제가 발생한다. 즉 피조 세계를 통치하시는 하나님의 초월성을 인정하지 않는 인과율(因果律)에 사로잡힌 희랍인들의 구조 안에서 기적은 존재할 수 없다. 기적이 그들의 틀 속에 잡힐 수 없는 것이다. 히브리인들에 있어 관심은 하나님의 일이었다. 하나님이 단지 무엇을 하시며 그 일을 하시는 이유가 무엇인지가 그들의 의문의 영역이었다. 하나님이 하신 일의 과학적 검증은 희랍인의 몫이지 결코 유대인들의 몫은 아닌 것이다.

성경은 과학 책이 아니다. 과학의 언어로 쓰여지지 않은 책이다. 자연과학적 영역과는 관심 분야가 다른 책이다. 그럼에도 불구하고 성경에 대해 우리가 갖는 신앙적 믿음으로 인해 비록 성경이 과학책이 아니기는 하나 성경의 말씀대로 자연을 만드신 하나님이 곧 성경의 하나님이시라면 진정한 과학은 성경적이다. 하나님이 주신 이 두 권의 책(말씀의 책 성경과 하나님의 활동의 책 자연[210]은 때로는 근접하기도 하고 어떤 시기는 우호적이었으며 어떤 때는 서로 간에 무관심한 영역으로 치부하여 왔으며 어떤 때는 팽팽한 긴장을 유지하여 왔다. 그것은 간혹 필요하기도 하고 때로는 불필요한 긴장이기도 하였다.

복음주의 과학관으로 볼 때 성경의 창조주 하나님은 말씀으로 우주를 창조하시고 자연과학의 질서를 만드시고 그 사실을 성경을 통해 계시하시고자 하였다. 헨리 모리스는 엔트로피(entropy)의 법칙이 성경 창조의 기적을 웅변적으로 보여주는 흔적일 수 있다고 본다.[211] 그럴 경우 참된 기적은 그리스도 안에서 현재 우주의 근본적인 법칙과 과정들의 관계에 비추어 정의될 수 있다.[212] 과학의 영역에 있어서도 당연히 성경은 권위를 가지게 되는 것이다. 하나님은 오류까지도 사용하실 수 있는 분이시기는 하나 창조주 하나님 스스로는 오류가 있을 수 없다. 그러므로 비록 성경이 과학의 언어로 쓰여지지는 않았으나 과학의 이름으로 탐색하는 일이 그리 어색하지는 않다고 볼 수 있다.

1. 복음주의를 의미하는 'Evangelicalism'은 구원의 메시지를 뜻하는 복음 (euangelismos)에서 유래하였다. 하지만 이 말은 종교개혁 시대까지는 널리 사용되지를 않았다.

2. *Evangelisches Kirchen Lexikon* (EKL) I (Göttingen, 1961), 1189.

3. Alister MaGrath, *A Passion for Truth* (Downers Grove: IVP, 1996), 22.

4. 물론「크리스차니티 투데이」가 근본주의측으로부터는 신복음주의적이라는 비판을 받고 있다. 이만큼 복음주의의 스펙트럼은 광범위하다.

5. Deane William Ferm, *Contemporary American Theologies: A Critical Survey*,「현대 신학의 흐름」(서울: 전망사, 1992), 151.

6. Bernard Ramm, *The Evangelical Heritage* (Grand Rapids: Baker Book House, 1973), 138–42.

7. Ibid. 139–40.

8. 기독교 대백과 사전, 7권 "복음주의", 1010.

9. 그러나 그 내용에 있어서는 성경의 무오성에 대한 교리적 보수성 여부에 따라서 복음주의를 보는 눈은 다양하다. 예를 들면 근본주의에서는 신복음주의를 변질된 복음주의로 보는 반면 신복음주의는 신복음주의야 말로 복음적이라 자위한다. 칼 바르트를 복음주의자로 보는 입장(T. F. Torrance)과 자유주의자로 보는 등 다양하다.

10. 웨슬리, 조나단 에드워드, 무디의 부흥 운동이 이에 속한다.

11. Stanley J. Grenz, *Revisioning Evangelical Theology* (Downers Grove: IVP, 1993), 21–27.

12. Alister E. McGrath, *Evangelicalism and the Future of Christianity* (Downers Grover: IVP, 1995).

13. Alister E. McGrath, *The Blackwell Encyclopedia of Modern Christian Thought* edited by A. E. McGrath, (Oxford: Blackwell Publishers Ltd, 1993), 183–84.

14. Stanley J. Grenz, 23

15. Ibid 23

16. Donald Dayton은 이를 "고전적 복음주의"(classical evangelicalism)라 한다. Grenz, 23 참조.

17. McGrath, *Evangelicalism and the Future of Christianity*, 24

18. ① 성서를 열심히 읽는 것과 교회의 공예배 이외에 성서를 공부하는 모임을 만드는 일(기도회 모임 제안). ② 성도들의 만인 제사장직 실현. ③ 기독교 신앙은 이론보다 실천에 관한 것이다. ④ 신앙적인 논쟁은 필요한 경우로만 제한 한다. ⑤ 교회 개혁의 핵심으로서의 신학 교육의 개혁(체험적인 신앙은 배운 지식보다 중요하다). ⑥ 설교의 목적은 신앙의 촉진과 열매를 위한 것이지, 설교자의 허세와 학식을 나타내는 것이 아니다.

19. Philip Jacob Spener, *Pia Desideria*, *Theodore G. Tappert* (Philadelphia: Fortress Press, 1982).

20. 김문기, "Ph. J. Spener의 설교를 통한 17 세기 독일 루터 교회의 개혁," 「복음과 신학」 (서울: 바울 서신, 2000), 167–170.

21. Grenz, *Revisioning Evangelical Theology*, 23.

22. Mark A. Noll, 「복음주의 지성의 스캔들」 (서울: 엠마오, 1996), 100.

23. Charles R. Darwin, *The Origin of Species* (New York: Avenel Books, 1979). First edition: 1859.

24. Davis, *Foundations of Evangelical Theology*, 24.

25. Marsden, "Evangelical, History and Modernity," *Evangelicalism and*

Modern America, 98.

26. Noll, 「복음주의 지성의 스캔들」 20.

27. Ray S, Anderson, "The Modern Theologians," *Evangelical Theology*, vol. 2, ed. d. Ford (Oxford: Basil Blackwell, 1989), 133.

28. Alister E. McGrath, *A Passion for Truth* (London: IVP, 1996), 23.

29. Ibid.

30. Mark Noll의 *The Scandle of the Evangelical Mind* (Grad Rapids: Eerdmans, 1994)을 볼 것. 마크 놀이 복음주의 지성에 대해 탁월한 견해를 가지고 있음은 분명하나 과학의 문제에 있어 본 필자와 일치하지는 않음.

31. D. Martyn Lloyd-Jones, *What is an Evangelical* (Edinburgh: The Banner of Truth Trust, 1992).

32. R. Hooykaas, *Religion and the Rise of Modern Science* (Grand Rapids: Eerdmans, 1972), 98-100.

33. R. Hooykaas, *Religion and the Rise of Modern Science* (Grand Rapids: Eerdmans, 1972), 98-100.

34. Karl Barth, *Church Dogmatics* II, 2, ed. and trans. G. W. Bromiley and T. F. Torrence (Edinburgh : T & T. Clark, 1957), 685.

35. Norman Geisler, *Christian Apologetics* (Michigan: Baker Book House, 1976), 173-85.

36. Ibid., 151.

37. McGrath는 자신의 책 *A Passion for Truth* 에서 두 기둥이라는 말을 쓰지는 않았으나 분명 그는 복음주의는 이 두 기둥으로부터 출발함을 말하고 있다.

38. Calvin, *Commentaries*(이하 *Calvin Comm.*라 약칭) *on Jn.* 1:5 (tr. Parker): "There are two main parts in that light which yet remains in corrupt nature. Some seed of religion is sown in all: and also, the distinction between good and evil is engravern in their consciences."

39. Calvin, Sermon on Job 9:7-15; CO 33, 42.

40. Calvin, *Institutes of the Christian Religion*. trans. by. F. L. Battles

(Philadelphia: Westminster Press, 1977), 이하 Calvin. Inst.라 약칭. 1. 5. 1
  & 11.

41. Calvin. Inst., 1. 5. 1.

42. Calvin. Inst., 1. 5. 8.

43. Calvin. Inst., 1. 6. 1.

44. Calvin, *Comm.* on Jn. 1:5.

45. Augustine, *Confessions*, I.i.1 (Oxford; Oxford University Press, 1991), 3.

46. Jonathan Edwards, Miscellanies, 108; cited in Robert W. Jenson, America's Theologian: A Recommendation of Jonathan Edwards (New York; Oxford University Press, 1988), 19. The entire section at 15–22 repays careful study.

47. Calvin, Inst., 1. 5. 9.

48. C. Stephen Evans, *The Quest for Faith* (Downers Grove: IVP, 1986), 21.

49. 이에 대해서는 로날드 내쉬(R. Nash)의 *Faith and Reason* (Grand Rapids: Zondervan Publishing House, 1988)을 볼 것.

50. 일반적으로 '베스티기움'은 '흔적'이라고 번역한다. 그러나 이종성(李鍾聲) 교수는 흔적이 과거에 있었던 것이라는 어감이 강하므로 모상(模像)이라는 용어를 사용하고 있다.

51. Clifford Green, *Karl Barth* (Glasgow: Collins Publishers, 1989), 164.

52. 김석환, 「교부들의 삼위일체론」 (서울: 기독교문서선교회, 2001), 275.

53. Everett F. Harrison, ed., *Baker's Dictionary of Theology* (Michigan: Baker Book House, 1986), 'analogy' 항목 참조.

54. 기독교 대백과 사전(15), (서울: 기독교문사, 1981), 299.

55. Karl Barth, *Church Dogmatics* Ⅰ, 336.

56. Martin Luther, *Tischreden* Ⅰ, S. 395 이하; Ibid., 88–9.

57. H. Morris, 「과학과 성경」, 안효석 역 (서울: 크리스챤 월드, 1992).

58. St. Augustinus, 「삼위일체론」, 김종흡 역 (서울: 크리스챤 다이제스트, 1993).

59. Ibid., 231–52.

60. 이종성 교수는 베스티기움을 이용하여 삼위일체 하나님을 설명할 때, 첫째 삼위일체 하나님이 일반 다른 신이나 존재와 뚜렷한 구별이 있어야 하고 둘째 3이 1이라는 논리 구조를 가져야 하고 셋째로, 특정한 민족이나 지역에서만 통용되는 것이 아닌 보편타당성이 있어야 한다고 주장한다.

61. Augustinus, 406.

62. Augustinus, 409-10.

63. Barth, *Church Dogmatics*, 337-38.

64. Ibid.

65. Ibid.

66. 이장식, 「기독교사상사(Ⅰ)」(서울: 대한기독교서회, 1963), 200.

67. 사랑 그 자체 안에 있는 삼위일체의 흔적으로 '사랑하는 사람'과 '사랑받는 사람' 그리고 '사랑'(amas, et guod amatur, et amor) 이 세 가지가 있게 된다. 사랑이라는 것은 두 가지 것, 즉 사랑하는 주체와 사랑받는 객체를 연결하며 또 연결시키고자 원하는 것이다.

68. Barth, *Church Dogmatics*, 337-38.

69. 박봉랑, 「교의학 방법론(Ⅱ)」(서울: 대한 기독교 출판사, 1987), 88.

70. Barth, *Church Dogmatics*, 333-47.

71. Ibid., 336-8.

72. Ibid.

73. Ibid.

74. Ibid., 338.

75. 박봉랑, 「교의학 방법론(Ⅱ)」(서울: 대한기독교출판사, 1987), 96.

76. Alasdair I. C. Heron. *A Century of Protestant Theology* (London: Lutterworth Press, 1980), 90.

77. Ibid.

78. 김광식, 「조직신학(Ⅰ)」(서울: 대한기독교서회, 1988), 177.

79. 1-통일, 3-질적 완전, 6-사람 · 불완전, 7-양적 완전, 8-부활 · 질서, 12-거룩한 조직, 40-시련 · 연단 등이 대표적인 경우이다.

80. Books by Ivan Panin are available from J. S Bentley, Bible Numerics, 7600 Jubilee Drive, Niagara Falls, Ont. Canada L2G 7J6.

81. 일반적으로는 히브리어와 헬라어의 낱말에 부여된 숫자 값(Numerical Value)에 나타나는 질서를 통해 의미를 탐색하는 작업을 말함. *I. Paine, E. W. Bullinger (Number in Scripture), Jerry Lucas (Theomatics), Don Kistler (The Arithmetic of God)* 등의 연구가 있음.

82. Vernon Jenkins, "The Ultimate Assertion: Evidence of Supernatural Design in the Divine Prologue," *Creation Technical Journal* vol. 7(2), (Sunnybank, Australia: CSF Ltd., 1993), 184–96.

83. Ibid.

84. Ibid., 184.

85. Ibid.

86. Ibid., 185–87.

87. Ibid.

88. Ibid., 186.

89. Ibid.

90. 성경에서 정육면체는 거룩함의 상징(왕상 6:20, 계 21:16)이라는 것을 주목할 것.

91. 그 자신과 숫자 1로만 나누어 떨어지는 수를 말한다.

92. 예수님의 명칭과 사역을 나타내는 다양한 구절들, 마귀의 명칭, 다윗과 함께한 용사들의 숫자, 사도 바울의 동역자 숫자(롬 16장), 여호야긴 왕의 바벨론 수난 기간, 성경 총 1189장 중 유일하게 동일한 장인 이사야 37장과 왕하 19장, 기도, 할례, 구속을 나타내는 숫자 값 등이 놀랍게도 모두 37과 연결된다. 37과 19가 밀접한 수(數)임은 그림 7(e의 Hexagon number와 Hexagram number가 19와 37로 연결된다)과 그림 8(19*37=703)을 참조할 것. *Don Kistler(The Arithmetic of God)*는 19는 믿음(롬 3:21-5:2까지 '믿음으로 인한 의'를 논하면서 '믿음'이란 단어를 19번 사용, 히 11장에 '믿음'으로 인해 구원 받은 19가지 보기)을 나타내고 37은 높임(렘 52:31,32, 계 19:19, 20:6)을 나타내는 수로 본다.

93. Jenkins, "The Ultimate Assertion: Evidence of Supernatural Design in

the Divine Prologue," 195.

94. 사 43:21, 시편 19, 47, 69, 148장을 참조할 것.

95. 37과 예수 그리스도의 관련성에 대한 책으로 Jerry Lucas와 Del Washburn이 쓴 Theomatics (New York : Stein and Day, 1977)의 제 3장 'Jesus' 가운데 "Jesus and the Number 37"(62-88)을 볼 것.

96. 조덕영, 「기독교와 과학」 (서울: 두루마리, 1997), 270.

97. 하나님은 거룩에 관한한 완전을 요구하신다. 레 11:44,45, 벧전 1:16을 볼 것.

98. 성경은 그리스도의 보배로운 피는 오직 흠 없고 점 없는 어린양 같다고 소개한다 (벧전 1:19 참조).

99. 예수님의 요구는 좀더 가볍고 온유하다 (마 11:29-30을 참조할 것).

100. 조덕영, 「기독교와 과학」, 부록.

101. Ibid.

102. Ibid.

103. Karl Barth(1886-1968)가 대표적이다.

104. 화란 계통의 A. Kuyper(1837-1920), G. C. Berkouwer(1903-1997), C. Van Til(1895-1987)이 대표적인 경우이다.

105. Clark H. Pinnock, *A Wilderness in God's Mercy: The Finality of Jesus Christ in World of Religious* (Grand Rapids, Michigan: Zondervan Publishing House, 1992), 181-2.

106. Karl Rahner, *Christianity and the Non Christian Religions" Theological Investigations, vol. V: Later Writings* (New York: Crossroad Publishing House Company, 1966), 115-34.

107. John Hick, *God has Many Names* (Philadelphia: Westminster Press, 1982), 79-115.

108. Cornelius Van Til, *The Reformed Pastor and Modern Thought* (Phillipsburg: Presbyterian and Reformed Pub. Co., 1971), 4-8.

109. R. Hooykaas, *Religion and the Rise of Modern Science* (Grand Rapids: Eerdmans Publishing, 1972), Introduction.

110. 점성술 자체에 대한 흥미를 가졌다는 의미가 아니다. 어거스틴이 점성술에 반대 (*City of God* 5. 1. trans. Demetrius B. Zema, S. J. 그리고 Gerald G. Walsh, S. J., *in Fathers of the Church* 6: 243 참조)한 것처럼 칼빈도 점성술 에 적극적으로 반대하였다. 칼빈의 「점성술에 대한 경고」(서울 : 솔로몬, 1999) 를 볼 것.

111. Alexandre Koyre. *The Astronomical Revolution* (Ithaca: Cornell University Press, 1973), 85. 완전한 제목은 *De hypothesibus motuum a se coelestium a se costitutis commentariolus*였다. 이 글의 저작연대에 대해서 는 논란이 진행되고 있는데, 이 책을 언급하고 있는 1514년의 Matthew of Miechow라는 목록의 발견으로 이 글의 최초의 날짜를 알려주었다.

112. Andreas Osiander(1498-1552), German reformer, was born at Gunzenhausen, near Nuremberg, on the I9th of December 1498. His German name was Heiligmann, or, according to others, Hosemann. After studying at Leipzig, Altenburg arid Ingolstadt, he was ordained priest in 1520 and appointed Hebrew tutor in the Augustinian convent at Nuremberg. Two years afterwards he was appointed preacher in the St Lorenz Kirche, and about the same time he publicly joined the Lutheran party, taking a prominent part in the discussion which ultimately led to the adoption of the Reformation by the city. He married iii 1525. He was present at the Marburg conference in 1529, at the Augsburg diet in 1530 and at the signing of the Schmalkald articles in 1537, and took part in other public transactions of importance in the history of the Reformation; that he had an exceptionally large number of personal enemies was due to his vehemence, coarseness and arrogance in controversy. The introduction of the Augsburg Interim in 1548 necessitated his departure from Nuremberg; he went first to Breslau, and afterwards settled at Kdnigsberg as professor in its new university at the call of Duke Albert of Prussia. Here in 1550 he

 과학과 신학의 새로운 논쟁

published two disputations, the one De loge et evangelio and the other
De justiuicatione, which aroused a controversy still unclosed at his
death bn the 17th of October 1552. While he was fundamentally at one
with Luther in opposing both Romanism and Calvinism, his mysticism
led him to interpret justification by faith as not an imputation but an
infusion of the essential righteousness or divine nature of Christ. His
party was afterwards led by his son-in-law Johann Funck, but
disappeared after the latters execution for high treason in 1566.
Osianders son Lukas (1534-1604), and grandsons Andreas (1562-1617)
and Lukas (1571-1638), were well-known theologians.(자료 제공:
http://www.1911encyclopedia.org/O/OS/OSIANDER_ANDREAS.htm).

113. "Rheticus's Lost Treatise on Holy Scripture and the Motion of the Earth,"
Journal for the Hitory of Astronomy (15권/ 1984). 77-80.

114. Barth, *Church Dogmatics* II, 336.

115. Charles P. Arand, "Luther's Thought on Creation," 「2004 Luther 강좌」
(루터 중앙 교회, 2004. 10. 26).

116. Ibid.

117. Ibid.

118. Ibid.

119. Andrew Dickson White, *A History of the Warfare of Science with
Theology* (New York: Free Press, 1965), 123: "While Lutheranism was
thus condemning the theory of the earth's movement, other branches of
the Protestant Church did not remain behind. Calvin took the lead, in
his _Commentary on Genesis_, by condemning all who asserted that the
earth is not at the centre of the universe. He clinched the matter by the
usual reference to the first verse of the ninety-third Psalm, and asked,
"Who will venture to place the authority of Copernicus above that of the
Holy Spirit?" Turretin, Calvin's famous successor, even after Kepler and

Newton had virtually completed the theory of Copernicus and Galileo,
put forth his compendium of theology, in which he proved, from a
multitude of scriptural texts, that the heavens, sun, and moon move
about the earth, which stands still in the centre."

120. T. S. Kuhn, *The Copernican Revolution : Planetary Astronomy in the
Development of Western Thought* (Cambridge: Harvard University
Press, 1973). Chapter 6을 보라.

121. John Calvin, *Comm. on Psalms* 93:1: "The Psalmist proves that God will
not neglect or abandon the world, from the fact that he created it. A
simple survey of the world should of itself suffice to attest a Divine
Providence. The heavens revolve daily, and, immense as is their fabric,
and inconceivable the rapidity of their revolutions, we experience no
concussion -- no disturbance in the harmony of their motion. The sun,
though varying its course every diurnal revolution, returns annually to
the same point. The planets, in all their wanderings, maintain their
respective positions. How could the earth hang suspended in the air
were it not upheld by God's hand? By what means could it maintain
itself unmoved, while the heavens above are in constant rapid motion,
did not its Divine Maker fix and establish it? Accordingly the particle Pa,
aph, denoting emphasis, is introduced -- Yea, he hath established it."

122. E. Rosen, "Calvin's Attitude toward Copernicus," *Journal of the History
of Ideas*, 21(1960), 431-41.

123. R. Hooykaas, "Thomas Digges, Puritanism," *Arch, Internat. Hist.
Sciences* 8(1955), 151.

124. 루터의 코페르니쿠스에 대한 태도는 참고로 Donald H. Kobe, "Luther and
Science," http://www.leaderu.com/science/kobe.html.

125. Richard S. Dunn, *The Age of Riligious Wars: 1559-1689, ed., Felis Gilbert,
the Norton History of Modern Europe* (New York, 1970), 223-27.

126. John Sharp, 장갑덕 역, *Calvinism and Science* (서울: CUP, 1989), 3.

127. *Calvin. Comm. on Genesis* (이하 Calvin. *Genesis*라 약칭) 1:6: "He who would learn astronomy, and other recondite arts, let him go elsewhere."

128. Calvin, *Genesis* 2:3.

129. Stephen F. Mason, *A History of the Science* (New York : Collier Books, 1962), 178.

130. 미 사회학자 머튼(Robert K. Merton)의 연구(Social Theory and Social Structure, 1938)에 따르면 1645년 영국의 "보이지 않는 대학" 모임의 설립자 열명 가운데 오직 한명을 제외하고는 모두가 칼빈주의 청교도들이었으며 왕립 협회 초기 회원의 62%는 청교도들이었음을 증거한다.

131. 이것은 성경에 기록된 것 이상으로 언급하는 것을 좋아하지 않았던 칼빈의 자신의 특성에 기인한다고 보여진다.

132. 당시 청교도들은 영국의 인구 분포에 있어서 상대적으로 소수였다.

133. 칼빈의 간결성과 단순성에 대한 박사 학위 논문인 Ahn Myung Jun, "Brevitas et Facilitas"를 참조할 것.

134. F. Wendel, *Calvin: Origen and Development of His Religious Thought* (Durham: The Labyrianth Pess, 1963), 36: "He seems never to have been seriously interested in the physical or natural sciences nor in mathematic-very unlike Melanchthon, who in that respect widened his horizon considerably."

135. 그의 어학적 소양은 그리스 라틴어에서 헤브라이어에 이르고, 독일의 인문학을 헤브라이어 세계까지 넓혔다. 프랑스와 이탈리아에 유학, 인문학의 새 정신을 터득하고 하이델베르크 슈투트가르트에서 교편을 잡았다. 당시 유대인을 그리스도교로 개종시키기 위한 한 가지 방안으로 유대 관련 서적 말살운동이 일어났을 때 이에 반대하여 유대인의 뇌물을 받았다는 비난을 받고 쾰른대학 신학부로부터 고발당했다. 이 싸움이 독일인 학자를 격분시켜 《무명인의 편지》라는 풍자서(諷刺書)가 나오게 되었다. 그러나 그의 주장은 로마의 지지를 얻어 승리하였다. 자료 출처는 http://mtcha.com.ne.kr/world-man/german/man5-1-

roihilin.htm.

136. 이것을 과학의 용어로는 열역학 제 2의 법칙 또는 엔트로피(entropy)의 법칙이
라고 한다. 모든 에너지의 변화는 엔트로피가 증가하는 방향 곧 에너지의 질적
저하를 초래한다. 이것은 역설적으로 과거에는 엔트로피가 작았다는 결론을 내
릴 수 있게 된다. 즉 인류 범죄의 결과에 대한 유추(類推)의 증거가 될 수 있다.

137. Calvin, *Inst.* 2. 2. 15. "Therefore, in reading profane authors, the
admirable light of truth displayed in them should remind us, that the
human mind, however much fallen and perverted from its original
integrity, is still adorned and invested with admirable gifts from its
Creator. If we reflect that the Spirit of God is the only fountain of truth,
we will be careful, as we would avoid offering insult to him, not to reject
or condemn truth wherever it appears."

138. Calvin, *Genesis* 1:15.

139. Calvin. *Comm.* on Psalms (이하 Calvin. *Psalms*라 약칭) 16:7, 184-185.
"The Holy Spirit had no intention to teach astronomy; and, in proposing
instruction meant to be common to the simplest and most uneducated
persons, he made use by Moses and the other Prophets of popular
language, that none might shelter himself under the pretext of
obscurity, as we will see men sometimes very readily pretended an
incapacity to understand, when anything deep or recondite is submitted
to their notice. Accordingly, as Saturn though bigger than the moon is
not so to the eye owing to his greater distance, the Holy Spirit would
rather speak childishly than unintelligibly to the humble and
unlearned."

140. A. E. McGrath, *Science & Religion* (Malden: Blackwell Publishers, 1999),
10.

141. Alister McGrath는 이승구 교수(국제신대원)와의 대담에서도 'the doctrine of
divine accommodation' 이 성경을 해석하는 틀로나 기독교 변증학에 대한 근

원적 충동체로서 아주 중요하다고 언급한다. 「현대 영국 신학자들과의 대담」, 이승구 대담 및 편집 (서울: 엠마오, 1992), 51-54를 볼 것.

142. 적응 원리의 방법에 대해서는 Klaus Scholder의 *Ursprunge und Probleme der Biblelkritik im 17. Jahrhundert* (Munich: Kaiser, 1966), 56-78., Amos Funkenstein, "The Dialetical Preperation for Scientific Revolutions" *Corpernican Achievement*, ed. Westman, 195-197, Ford Lewis Battles. "God was Accommodating Himself to Human Capacity" *Interpretation* 31: Dink W. Jellema, "God"s 'baby-talk' Calvin and the 'Errors' in the Bible," *Reformed Journal* 30/4: Edward A. Dowey, *The Knowledge of God in Calvin's Theology*: Clinton M. Ashley, "John calvin's Utilzation of the Principle of Accommodation and its continuing Significance for an Understanding of Biblical Language": Glenn S. Sunshine, "Accommodation in Calvin and Socinus: A Study of Contrasts" 등을 참조할 것.

143. A. E. McGrath, *Science & Religion*, 4-5.

144. 안명준, 「칼빈의 성경 해석학」 (서울: 기독교문서선교회, 1997), 33.

145. Calvin, *Inst.* Ⅰ 1. 11. 5.

146. Calvin, *Genesis*. 1:1.

147. Calvin, *Genesis*. 1:14.

148. Calvin, *Genesis*. 1:31.

149. Calvin. *Genesis*, 1:6. "He who would learn astronomy, and other recondite arts, let him go elsewhere."

150. Calvin, *Genesis*, 1:14.

151. Calvin, *Genesis*, 1:15.

152. Calvin, *Genesis*, 1:16.

153. Ibid.

154. 김성봉, "성경이 진술하는 '창조'에 대한 칼빈의 이해와 그것이 가지는 목회적 관심"(Calvin's Understanding on the Creation in the Bible and It's

Pastoral Concern), 「안양대학교 신학대학원 논문집 제 3집, 조직신학편」 (안양: 안양대학교 신학대학원, 1998), 65-92.

155. Andrew Dickson White, *A History of The Warfare of Science with Theology* (New York: The Free Press, 1965), 58.

156. Ibid., 123.

157. Calvin. *Genesis*. 1:15.

158. T. H. L. Parker: *Calvin's New Testament Commentaries* (Edinburgh: T & T. Clark, 1971), 147.

159. Calvin, *Psalms*, 136:7.

160. 창 1:11, 12, 21, 24, 25에 총 10회 등장한다.

161. Calvin. *Inst*. 1.1.14. 칼빈의 자연계시에 대한 이해를 돕기 위하여 기독교강요와 웨스트민스터 신앙공백서를 근거로 하여 진술하면 다음과 같다. 칼빈은 하나님께서 인간에게 자신을 알 수 있는 지각과 종교의 씨를 심었다고 주장한다. 이것이 칼빈의 자연계시론이다. *"Dei notitiam hominum mentibus naturaliter esse inditam.* CO 2,36, The knowledge of God has been naturally implanted in the mind of men, Inst. 1,3,1". 계속하여 칼빈은 하나님께서 자연적으로 인간의 마음에(정신) 하나님을 아는 지식 즉 자연계시(일반계시)을 유전자의 코드처럼 심었다고 주장한다. *"Quemdam inesse humanae menti, et quidem naturali instinctu, divinitatis sensum.* There is within the human mind, and indeed by natural instinct, an awareness of divinity". 따라서 인간은 이미 자연적인 본능으로 이 신지식을(자연계시) 갖고 있다. *"sui numinis intelligentiam universis Deus ipse indidit*(God himself has implanted in all men a certain understanding of his divine majesty". 그러므로 칼빈은 말하기를 누구든지 하나님을 모른다고 핑계할 수 없도록 하나님의 위엄을 알 수 있는 이해력을 주셨다고 한다. 인간 모두는 하나님이 계신 것과 그가 자신들의 창조자임을 알게된다. *"unum omnes intelligant Deum esse, et suum esse opificem.* Men one and all perceive that there is a God and that he is their Maker". 칼빈은 여기에서 더 나가 세계종교의 근원에 대하여 논한다. 하나님께서는 모든

백성들에게 종교의 씨(religionis semen)를 주었기 때문에 세계가 존재한 날부터 종교가 있게 되었다고 한다. 따라서 종교성이 없는 자는 아무도 없고 심지어 그것을 부인한다고 해도 그것이 없어지지 않는다고 말한다. *"in eo tacita quaedam confessio est, inscriptum omnium cordibus divinitatis sensum. There lies in this a tacit confession of a sense of deity inscribed in the hearts of all"*. 모든 인간의 마음 안에 새겨진 하나님을 아는 것에 대한 무언의 고백이 이 안에 있다. 그러나 인간 속에 있는 하나님의 일반계시(자연계시)는 죄로 인하여 오염되었기 때문에 특별계시인 성경이 필요하게 되었다고 강조한다. Inst 1, 4. 1, 시편 14:1, 53:1에서 "어리석은 자는 그 마음에 하나님이 없다 하도다." 그들은 자연의 빛을 꺼 버렸다.(*suffocata naturae luce*, by extinguishing the light of nature) 악인은 하나님을 부인하는 자들이다. 칼빈의 전통에 서 있는 WCF 1장 1절은 자연의 빛(the light of nature)은 비록 하나님의 선과 지혜, 권능을 나타냄을 말하지만 성경의 필요성을 말한다. "Although the light of nature.do so far manifest the goodness, wisdom and power of God, Latin Confessio Fidei, Quanquam naturae lumen… manifestant. As to leave men inexcusable; yet they are not sufficient to give that knowledge of God, and of his will, which is necessary unto salvation… which maketh the Holy Scripture to be most necessary".

162. Calvin. *Inst.*, 1. 6. 4.

163. A. E. McGrath, *The Christian Theology Reader* (Melden: Blackwell Publisher, 2001), 65.

164. John Dillenberger, *Protestant thought and Natural Science: A Historical Interpretation* (London: Collins Clear-Type Press, 1961), 32, 38, 60, 73, 84, 88-89, 101, 107, 108.

165. 예레미야 32:6-9을 연상케 하는 마태복음 27:9에 나타난 예레미야의 이름이 칼빈은 실수로 잘못 들어간 것이라 주장한다. 그렇게 함으로써 자신의 주석과 설교에 있어서도 오류가 필연적으로 발생할 수 있음에 대해 칼빈은 자유함을 가졌다.

166. Calvin. *Psalms*, 58:4.

167. Abraham Kuyper, *Lectures on Calvinism* (Michigan: Eerdmans Publishing Company, 1931), 110.

168. Ibid., 141.

169. G. Spykman, *Spectacles: Biblical Perspectives on Christian Scholarship. Potchefstroom Studies in Christian Scholarship* (Potchestroom: PU vir CHE, 1985), 89.

170. 지명수, 「이미와 아직? 현대 종말론에 관한 교의학적 연구」 (Potchefstrom: Potchefstrom 대학교 신학대학원 Th. M. Thesis, 2001), 36.

171. 신현수, "*Spiritual Renewal*," 「제 7회 피어선 학술 대회」 (평택대 피어선 성경 연구원, 2003).

172. C. Westmann, "Der Frieden (Shalom) im Alten Testament," in *Studien zur Friedensforschung*, G. Picht/H. E. Todt eds, Vol. 1 (Stuttgart, 1969), 144–77.

173. 신현수.

174. Del Ratzsch, Science and Its Limits (Downers Grove: IVP, 2000), 160–70 (Appendix).

175. Ibid., 170.

176. Jaque Ellul, *The Technological Society*, trans. John Wilkinson (New York: Knoph, 1965).

177. Harvey Cox, *The Secular City* (New York: Macmillan, 1965).

178. Wolfhart Pannenberg, trans. Geoffrey W. Bromiley, *Systematic Theology*, Vol. I (Grand Rapids: Eerdmans Publishing Company, 1988), 34.

179. Chun In Song, *A Theological-Ethical Study of The Relationship Between Eco-Justice and Economic Growth in the Context of the Social Transformation of Modern Korea* (University of Stellenbosch, 1999).

180. Del Ratzsch, *Science and Its Limits*, 11-2.

181. Alan Charmers, *What is This Thing Called Science?* (Brisbane: Queensland University Press, 1999), Introduction.

182. Del Ratzsch, 13-14.

183. 그것이 많은 경우 전투적이었음은 H. Morris가 근본주의 입장에서 쓴 *History of Modern Creationism* 에 잘 나타나 있다.

184. 레 11:5-6절.

185. Charles V. Taylor. "Dinosaurs in the Bible," *Creation Ex Nihilo Technical Journal.* Vol. 7(2), (Brisbane: CSF, 1993), 169.

186. 리워야단은 칼(Qal)형에서 동반하다(to accompany), 닛팔(Niphal) 형에서 가담하다(to be joined unto)라는 뜻을 가진 lawah에서 나온 것으로 사전 학자들은 분석한다. 아카드어 lawu는 에워싸다, 감싸다(to surround, encircle)는 뜻이 있으며 아랍어 lawa는 돌다, 비틀다(to turn, twist)의 의미가 있다. 그러므로 어원학적으로 보면 리워야단은 구불구불하고 뒤틀려 꼬여있는 어떤 존재임을 암시한다.

187. Bernard Ramm, *Protestant Biblical Interprtation* (Boston: W. A. Wilde Company Publisher, 1956), 190-95.

188. Ibid., 67, 109.

189. John E. Jenkins, *Basic Science* (South California: Bob Jones University Press, 1983), 21-30.

190. Stanley J. Grenz, *A Primer on Postmodernism* (Grand Rapids: Eerdmans, 1996), 56.

191. Karl Popper, *The Logic of Scientific Discovery* (London : Hutchinson, 1968), 이외에도 그의 논문 모음집인 *Objective Knowledge* (Oxford : Oxford Univ. Press,1972)와 *Conjectures and Refutations* (London : Routledge and Kegan Paul, 1969)을 보라.

192. T. S. Kuhn, *The Structure of Scientific Revolution* (Chicago : University of Chicago Press, 1970).

193. 그러한 과학자들로 Galileo Galilei(1564-1642), J. Kepler(1571-1630), I.

Newton(1642-1727), C. Von Linneaus(1707-1778), J. Ray(1627-1705), J. C. Maxwell(1831-1879), M. Faraday(1791-1867), Lord Kelvin(1824-1907), L. Pasteur(1822-1895), G. Mendel(1822-1884) 등이 있다.

194. John N. Moore, *How to Teach Origins* (MI: Mott Media, 1983), 58-59.

195. 예를 들어 1시간 전에 분명 비어있던 방에 갑자기 꽃병이 놓여있을 경우 실험해보거나 목격한 적은 없더라도 그 꽃병이 누군가에 의해 방으로 옮겨졌다는 것은 간단한 논리이다. 이렇게 비록 모든 것을 관찰하거나 실험해보지 않아도 과학적 경험과 실험의 결과 알아낸 외삽(外挿)과 과학적 논리로 과학적 해석을 이끌어 낼 수 있다.

196. Bacon's views are developed in his *Novum Organum*, especially the second book, begining with section 10.

197. Del Ratzsch, *Science and Its Limits*, 18-20.

198. Ibid., 20.

199. J. P. Moreland, *Christianity and the Nature of Science* (Grand Rapids: Baker Book House, 1989), 56-57.

200. Ibid., 59-101.

201. Ibid., 108-13

202. Eileen Baker, "Thus Spake the Scientist: A Comparative Account of the New Priesthood and Its Organizational Bases," *Annual Review of the Social Sciences of Religion* 3 (1979), 79-103.

203. *New Dictionary of Theology* Editors, Sinclair B. Ferguson (Downers Grove: IVP, 1988), 433.

204. A. J. Gordon, *The Ministry of Healing: Miracles of Cure in All Ages* (Harrisburg, 1894).

205. D. Hume, *Dialogues Concerning Natural Religion* (New York: The Bobbs-Merril Company, 1947).

206. 조인래 외, 「현대 과학 철학의 문제들」 (서울: 아르케, 1999), 150.

207. D. Hume "of Suicide," *Essays Moral, Political and Literary*, ed. E. F.

Miller (Indianapolis: Liverty Classics Pub., 1985), 581.

208. B. B. Warfield, "The Question of Miracles," *Selected Writings*, Ⅱ (1903), 176, 181.

209. Ibid.

210. Francis Bacon, *Essays* (New York: Odyssey, 1937), 179.

211. Henry M. Morris, *The Biblical Basis for Modern Science* (Michigan: Baker Book House, 1984), Chapter 1.

212. 골 1:17, 히 1:3, 벧후 3:7.

제 3 장

우주와 생명의 기원

1. 기원 문제의 중요성

복음주의 과학관에서 기원 문제는 당연히 중요하다. 왜 그러한가? 그에 대해 헨리 모리스는 과학적, 사회학적, 개인적 이유를 든다.[1]

첫째, 과학적 이유이다. 과학은 사물의 본질과 그 근원에 대해 질문함이 원칙이다. 또한 과학은 인과론에 그 기반을 두는데 결국은 최초의 원인에 대해 귀착된다. 복음주의는 기원의 문제에 지극한 관심을 두지 않을 수 없다.

둘째로 과학이 현실적으로 사회학적 영향이 크다는 사실이다.[2] 예컨대 핵에너지, 화석 연료, 생태학, 유전공학, 환각제 문제 등 사회에 영향을 주는 물리적 반응들은 기원에 대한 올바른 이해에 따라 적용 방식이 달라질 수 있다. 복음주의의 신앙을 가졌는가 포스트모던 상황에 순응하는가는 전혀 다른 반응을 가져다 줄 수 있다. 뿐만 아니라 종족, 문화, 범죄, 전쟁 등의 해석과 해결에 있어 기원에 대한 이해에 따라 전혀 입장을 달리할 수 있게 된다.

셋째로 사람은 누구나 자신의 근원을 알고 싶어하며 개인적 목적을 세우는데 기원에 대한 인식은 중요한 출발점이 된다.[3]

기원의 문제가 중요한 이슈가 된 것은 계몽주의로부터 비롯됐다. 과학과 종교의 대면 시대인 계몽주의 시대는 반성경적 과학적 기원론의 등장 시기였다. 종교개혁 시대를 지나 17세기말부터 18세기 사이에 유럽과 미대륙은 계몽주의(The Enlightenment)라 불리는 변환기를 맞는다.[4]

무엇보다 계몽주의 시대는 과학의 시대였다. 이때 뉴턴으로 상징되는 근대 과학이 등장한다. 뉴턴은 진리를 발견하는 데 과학적 탐구가 유용하다는 것을 포착해냈다. 18세기의 여러 발전은 19세기 과학적 폭발의 기초를 마련해주었다.[5] 물론 복음주의는 결코 과학을 두려워하거나 멸시하지 않는다. 과학은 하나님이 주신 질서를 다루는 학문이기 때문이다.

그러므로 근본적으로 과학도 하나님의 과학으로 본다. 그래서 기독교인들은 오히려 과학의 부흥에 적극적이었다. 과학 사회학자 멀튼(Robert K. Merton)은 청교도들의 부흥과 17세기 과학의 부흥이 직접적 상응 관계가 있음을 관심 깊게 연구하였다.[6] 왕립협회(the Royal Society)로 발전한 "보이지 않는 대학"(the invisible college) 안에서 청교도들은 주도 세력이었다. 청교도적 성향이 과학적 탐구와 추구에 적응력을 가짐이 분명해진 것이다.[7] 복음주의 신앙과 과학 사이에 충돌은 18세기와 19세기 들어서도 불필요한 일이었다.

하지만 과학 혁명기를 지나면서 과학에서 종교는 서서히 열외되기 시작했다. 이성을 강조한 주도적 계몽주의 사상가들은 전통적 기독교에 대해 대단한 반감을 가지고 전통적 교의와 내용을 가만히 두지 않았다. 기독교 교리는 계몽주의 사상가들의 좋은 공격 대상이었다. 흄(Hume)과 볼테르(Voltaire)는 당시의 그런 분위기를 대표하는 사람이다. 지적 자율성은 그들의 표준이었다. 종교에 대한 냉소주의자들은 과학의 성장을 통해 종교는 어떤 식으로든 소멸의 길을 갈 것이라고 보았다. 과학은 우주의 모든 신비에 대답할 수 있다. 그리고 그것은 인류의 행복과 직결된다. 종교는 인간 진화의 단계에 있어 무지와 두려움과 감정적 오류(affective fallacy)의 소산이므로 종교는 불필요하게 된다. 이럴 경우 종교와 과학 간에는 필연적으로 긴장하고 충돌의 가능성을 갖게 된다. 계몽주의는 이런 배경을 충분히 만들고 있었다.

2. 진화론 논쟁

1) 다윈과 다윈주의(Darwinism)

19세기는 현대신학이 등장한 시기요 다윈이 등장한 시대이기도 하다. 1859년 다윈은 「종의 기원」(*Origin of Species*)을 통해 현재 지구상의 모든 종류들은 자연 도태의 과정을 거쳐 단순한 생명으로부터 고도의 유기체를 만들어왔다고 보았다. 적자생존(適者生存)이라고 부르는 이 자연도태 과정은 생물 중 어느 종이 조건에 더 잘 적응하는 가에 따라 자연적으로 결정되었다. 이것은 하나님께서 이 세상을 직접 창조하셨다는 창세기 내용에 배치되는 것이었다. 다윈의 추종자들이 나타나기 시작했다. 헉슬리(J. Huxley)는 그 대표적인 학자였다.[8] 허버트 스펜서는 「조직 철학」(*Systematic Philosophy*)에서 이제 더 이상 기독교 신앙관은 원시적 신념을 필요하지 않게 되었다고 진화론 옹호에 앞장선 학자가 되었다.[9]

그런데 다윈주의에 따르면 우리의 존재는 단순한 우연이다. 찰스 다윈(Charles Darwin)이 1859년에 「종의 기원」(*The Origin of Species*)을 썼을 때, 대부분의 서양 과학자들은 하나님이 살아있는 생물들(특히 인간을)을 설계에 의해서 창조하셨다고 믿는 기독교 유신론자들이었다.[10] 그러나 다윈에 따르면 살아있는 생물들에서 나타나는 설계된 것과 같은 겉모습은 무작위적인 변위들과 자연선택의 산물과 같은 자연주의적인 방식으로 설명될 수 있다. 다윈은 모든 종들의 개체들이 작은 변이를 드러낸다는 것에 착안했다. 육종사(育種士)들도 그러한 변이들을 다음의 세대들을 변화시키는데 이용할 수 있다는 사실들에 주목했다. 또한 다윈은 야생에서의 생물들은 제한된 자원(식량과 같은)을 두고 경쟁해야만 한다는 것과, 그들의 환경에 더 잘 적응한 개체가 생존해서 자손을 남기기가 더 쉽다는 사실들에 주목했다. 다윈은 육종사가 가축을 변화시킬 수 있는 것처럼, "자연선택"도 야생에서의 종들을 변화시킬 수 있고, 수백 만년 동안 계속된 "변화를 가진 후손들(descent with modification)"은 하나 또는 소수의 원시 형태에서부터 모든 살아있는 생물들을 만들어낸다고 주장했다. 다윈은 이 과정에서 초자연적인 설계를 위한 어떠한 여지도 보지 못했다. 그의 친구이자 지지자인 아사 그레이(Asa Gray)가 하나님께서 자연선택이 작동하는 변이들을 설계하셨다고 제안했을 때, 다윈은 이 생각을 거부했고, 1868년에 그레이의 입장에 대한 논박을 담은 「육종(育種)에 따른 동물과 식물들의 변이」(*Variation of Animals and Plants Under Domestication*)에서 논박을 마무리 지었다.

다윈에 따르면, 무작위적인 변위와 자연선택의 산물들은 설계된 것으로 고려될 수 없다; 설계되지 않은 일련의 생물 종들의 최신형으로서의 인간은 모든 것 중에서 가장 우연히 만들어진 것이다. 현대의 다윈 추종자들은 이러한 설계에 대한 거부에 동의한다. 1967년에 고생물학자인 조지 게이로드 심슨은 "인간은 인간을 마음에 두지 않는 목적 없고 자연적인 과정의 산물이다"고 썼다. 1970년에 분자 생물학자이자 노벨상 수상자인 자크 모노(Jacques Monod)는 "다윈주의(Darwinism) 메커니즘은 결국 확실한 것으로 드러났다" 그 결과 "인간은 단지 우연한 사건에 지나지 않는 것으로 이해되어야만 한다"고 선언했다.[11]

다윈의 설계에 대한 거부는 기독인과 다른 유신론자들에게는 심각한 문제이다. 만일 우리가 설계되지 않은 목적 없는 과정의 부산물이라면, 우리가 하나님의 형상대로 창조되었다는 성경적인 교리는 틀린 것이 된다. 그러나 하나님이 설계에 의해서 인간을 창조하셨다는 것은 바로 기독교(그리고 이슬람이나 유대교와 같은 다른 유신론적인 종교)의 중심 교리이다. 많은 사람들은 창세기의 연대기가 기독교와 다윈주의 사이의 충돌의 근원이라는 인상을 받아 왔다. 그러나 놀랍게도 성경적인 연대기는 다윈의 이론에 대한 초창기의 반대에서는 거의 아무런 역할도 하지

않았다. 왜냐하면 대부분의 19세기 기독인들은 지구의 연대에 대한 지질
학적인 증거를 받아들였기 때문이다. 1925년, 미국의 스콥스 재판
(Scops Trial)[12]에서도 창조론자인 윌리엄 제닝스 브라이언(William
Jennings Bryan)도 오래된 지구 관점을 받아들였기 때문에 연대기는
쟁점이 아니었다. 역사적으로 그리고 신학적으로 말해서, 기독교와 다윈
주의 사이의 기본적인 충돌은 연대기가 아니라 설계이다.

어떤 유신론자들은 다윈주의자들의 설계에 대한 거부만을 제외하고서
다윈주의자들이 우리에게 말하는 모든 것들을 다 수용하는 것으로서 문
제를 피하려고 시도한다. 그러나 다윈주의는, 적어도 원리적으로는 자연
주의는 객관적인 실재의 모든 것에 대한 완전한 설명을 가지고 있다고
가정한다. 그래서 다윈주의를 받아들이는 유신론자들은 순전하게 종교
를 주관적인 입장에서만 갖고 있는 것이 되고, 설계는 우리의 상상이 꾸
며낸 것이 된다. 다윈주의적인 진화와 유신론적인 종교를 화해시키려고
시도하는 사람들의 좋은 의도에도 불구하고 심각한 대립이 둘 사이에 남
아있다. 그들 자신들을 다윈주의적인 진화에 적응시키려는 유신론자들
은 일반적으로 그들 스스로가 보호되고(patronized) 사회적으로 처지게
된(marginalized) 것을 발견한다.

  2) 다윈은 옳았는가

그렇다면 다윈의 이론은 정말 옳았는가? 우리는 중력이나 지구의 모양
을 부인할 수 없는 것과 마찬가지로 "진화는 사실이다"라는 말을 종종 듣
는다. 진화에 도전하는 사람들은, 적어도 학문적인 기반에서는, 다윈을
대중화시킨 영국의 생물학자 리처드 도킨스(R. Dawkins)에 따르면 무식
하고, 어리석고, 제정신이 아니고, 사악한 사람으로 여겨지기 쉽다.[13] 미
국에서, 진화에 질문하는 종교적인 사람들은 종종 1925년의 스콥스 재판

의 헐리우드 버전인 1960년대 영화 "바람의 상속자"(*Inherit the Wind*)
들에 의해서 촉진된 창조론자들의 희화와 연관되어 진다.

그러나 "진화"라는 말은 여러 가지 의미를 가지고 있다. 하나는 일반적
으로 단순히 변한다는 것이다. 즉 진화는 자연적이고 비목적적 모델이
다.[14] 우리가 우리 주변에서 보는 식물과 동물들은 언제나 존재한 것이
아니고, 예전에 존재했었던 어떤 생물들은(공룡과 같은) 더 이상 우리와
함께 있지 않다. 생명체들은 자연적으로 태어나고 멸절한다. 이러한 넓
은 의미에서의 자연적 변화는 분명히 사실이다(유신론자들에게 아무런
문제도 주지 않는다).

"진화"의 두 번째 의미는 모든 살아있는 것들은 하나 또는 소수의 공통
조상(common ancestors)으로부터 오랜 기간 동안 계승되어진 것이라
는 개념이다.[15] 공동 후손(common descent)에 대한 증거는 일반적인 변
화에 대한 증거보다는 훨씬 더 논쟁의 여지가 많지만 생물학자들은 종종
특정한 식물과 동물군들이 공통의 조상을 공유하는지 그렇지 않는지에
대해서 논쟁한다. 그러나 보편적인 공동 후손이 사실이라고 하더라도,
유신론자들에게는 심각한 문제를 야기시키지는 않을 것이다. 다윈의 이
론을 거부하는 90%의 미국인들 중에서 대략 절반 정도는 이러한 진화의
개념을 받아들인다.

"진화"의 세 번째 의미는 군집(populations)이 무작위적인 변위와 자
연선택을 통해서 진화한다는 것이다.[16] 그의 이론을 지지하는 데에, 다윈
은 가정의 육종을 언급했다. 가정의 농작물 또는 가축들에서의 극적인
변화들은 작은 변이들의 적절한 선택들에 의해서 만들어질 수 있다.
1859년 이래로 유사한 과정들이 야생에서 관찰되어 왔다. 모기들이 살충
제에 노출되었을 때, 다음 세대들은 보다 영향받기 쉬운 개체들이 죽어
버렸기 때문에 살충제에 더 저항력이 생기게 되었다. 나방들이 포식 새
들에게 노출되었을 때, 다음 세대들은 보다 잘 보이는 개체들이 먹혀버

렸기 때문에 보다 잘 위장하는 경향이 있었다. 다시 말하면, 무작위적인 변이들의 자연선택을 통해서 변화가 발생한다는 것에 대한 주목할 만한 증거가 있다.

그러나 얼마나 변하는가? 위에서 언급한 보기들에서는 새로운 종은 나타나지 않았고 새로운 특징도 나타나지 않았다. 가정의 육종은 양을 염소로 바꾸지는 않을 것이고, 새나 고래로는 더욱 바꾸지 않을 것이다. 새의 포식은 나방을 나비로 만들지 않을 것이고 개미나 딱정벌레로는 더욱 아니다. 생물학자들은 그들이 "소진화(micro-evolution)"라고 부르는 종들 내에서의 상대적으로 작은 변화들과, 두드러진 새로운 특징이 필요로 하는 그들이 "대진화 (macro-evolution)"라고 부르는 훨씬 더 큰 변화들 사이의 차이를 오랫동안 인지하고 있었다. 다윈의 대진화에 대한 소진화의 외삽(外揷, extrapolation)은 생물학자들 사이에서 여전히 논란이 끊이지 않고 있다.

복음주의는 종 내의 변이를 말하는 소진화는 적극 인정한다.[17] 그것은 세상을 다채롭게 창조하신 하나님의 섭리로 볼 수 있다. 하지만 진화의 결정적 증거가 없으며 성경적으로도 종류대로의 창조가 강조된 것으로 보아 다윈이 말한 종(種) 간(間)의 변이는 복음주의에서 받아들일 수 없는 것이다.

3) 복음주의와 진화론

복음주의와 다윈의 진화론 사이의 문제에 대해 좀더 살펴보자. 19세기 미국 복음주의자들은 신학자와 적절히 훈련받은 평신도는 가장 중요한 현대 과학의 결과를 성경에 대한 전통적 해석과 조화시켜야 한다고 여겨 왔다. 또한 복음주의 지도자들 일부는 과학적 결론을 전통적 기독교 신앙의 변증이 될 수 있는지를 입증하려고 노력하여 왔다. 복음주의자들은 보통 과학이란 "베이컨주의" 혹은 입증된 개별적 사실에서 출발하여 좀 더 보편적인 법칙을 엄밀하게 추론하는 것으로서 그것은 모든 학문 분야의 데이터를 이해할 수 있는 최선의 방법을 제공한다는 믿음을 가졌다.

과학에 대한 이러한 접근 방법은 찰스 다윈(Charles Darwin)의 종의 기원(Origin of Species)의 출판에 대한 복음주의의 반응으로 나타났다. 진화에 대한 현대 논쟁과 비교해 볼 때, 인류의 기원에 대한 논쟁의 초기 반응은 오늘날 믿기 어려울 정도로 다양한 복음주의적 결론과 비교적 차분한 논쟁 분위기를 유지하였다. 미국의 과학 공동체가 유기체 진화론을 받아들이기 전까지, 신학적 교리 면에서 매우 다양했던 개신교 지도자들[18]은 다윈의 변이 가설을 단순히 해로운 과학쯤으로 생각하여 한마음으로 거부할 수 있었다. 1860년대까지만 해도 다윈주의와 합리적인 복음주의 신학을 화해시킬 수 있다고 생각했던 미국인들은 소수에 불과했다.

그러나 매우 흥미롭게도, 상당히 보수적인 신학적 견해를 가지고 있던 조합 교회의 아사 그레이(Asa Gray)는 북아메리카의 지도적 다윈주의자였다.[19] 그는 미국인들이 다윈주의를 진지하게 받아들일 수 있게 하는 데 있어서 다른 어떤 과학자보다 큰 공헌을 했다. 하버드 대학 시절, 그레이는 전통적인 신학적 입장을 견지했던 자연주의자였다.

1880년에 그는 자신을 가리켜 "과학적인 면과 자신의 스타일에 있어서는 다윈주의자이고, 철학적인 면에서는 확고한 이신론자이며, 종교적인 면에서는 '보통 니케아 신경이라고 불리는 신앙고백'을 받아들이는 기독교 신앙의 지지자"라고 설명했다. 동시에 그레이는 자연 도태 이론이 세상에 대한 하나님의 섭리적 계획과 보존을 지지하는 것으로 해석될 수도 있다고 주장하면서 다윈과 논쟁하였다. 다윈은 그 점을 확신하지 못하고 있었지만, 그레이는 그것에 대해 결코 의심을 품어본 적이 없는 듯했다.

그러나 1870년대에 미국의 과학자들이 유기체 진화의 대략적인 내용을 수용하자 상황은 극적으로 뒤바뀌었다. 이제 복음주의자들은 유서 깊은 기독교의 실천을 따를 것인지-이전에 지구의 연대와 성운 가설에 대해 반응 했던 것과 마찬가지로, 전통적인 결론을 진화론에 맞추어 조정함으로써-아니면 이 새로운 도전에 대항하여 선을 그어야 할 것인지를 결정해야 했다.

지난 25년 동안 세 가지 입장이 대두되었다. 보수적인 반대자들은 일차적으로 진화론이 성경에 대한 자신들의 이해와 일치하지 않는다는 종교적인 이유 때문에 진화론을 거부하고 관할권 밖으로 내몰았다. 장로교회의 존 더필드의 말에 의하면 다윈이 설명한 진화론은 "인간의 기원과 현재의 영적 상태에 대해 성경이 가르치는 내용과 조화를 이룰 수 없었다."

그리고 진화론이 구속에 대한 기독교의 설명을 저버린 것은 그 이론이 "성경의 중심적인 종교 사상"을 잘라 버렸기 때문이다. 그러나 진화론에 대한 이러한 거부는 또한 이전에 미국인들이 베이컨적인 과학에 보였던 헌신과 하나님의 설계에서 출발하는 18세기의 논증 공식의 각 특성들이 어떻게 인간에게 교훈을 주는지 보여 주어야 한다는 당위성에 의해 형성되었다.

개신교 신앙과 진화론을 일치시키는 것이 가능하다고 생각했던 사람들은 두 개의 또 다른 집단으로 나뉜다. 신학적으로 보수적인 진화론자들과 오버린 대학의 조지 라이트(George Frederick Wright, 1838-1921)와 프린스톤 신학교의 워필드(B. B. Warfield)는 역사적인 기독교 교리의 범주 안에서 진화론을 인정하는 것이 가능하다고 생각했다.[20] 회중교회 목사이자 국제적 명성을 얻은 아마추어 지질학자였던 조지 라이트는 「진화론의 소멸」이라는 책에서 유신론적 진화론과 특별 창조론자들의 전통적인 견해 사이의 중간적 입장을 취하려는 시도를 한 사람이었다. 조심스럽게 그는 근본주의의 좌익을 택하였다.[21] 1930년대까지 근본주의자들은 맥코쉬(James McCosh)나 라이트(George Frederick Wright) 그리고 워필드(B. B. Warfield)가 제시한 대안을 철저하게 거부하였다. 그러나 대다수의 사람들은 신학에 적응하기 위한 일부로서 진화론을 수용했다. 진화론에 대한 그들의 재해석은 성경의 고등 비평과 종교 의식에 대한 새로운 신뢰, 그리고 인류의 점진적 발전에 대해 점점 더 확신하는 그런 견해들을 호의적으로 받아들이게 했다. 이러한 경향에 편승하여 현대주의적인 개신교 진화론자들은 내재적인 하나님의 관념을 옹호하였고, 성경을 발전하는 종교 의식의 표현이라고 재정의하였으며, 구속에 대한 기독교의 가르침을 유기체 진화론에서 빌려 온 표현으로 변경하기에 이르렀다.

19세기의 마지막 30년 동안 이어졌던 진화론 논쟁은 중요한 의미를 지니는데, 그것은 후기 개혁주의적, 민주주의적인 미국 사회의 복음주의자들이 과학의 중요성을 이미 전제하고 있었기 때문이다. 하나님의 존재와 성경의 진리를 과학적으로 증명할 수 있는 능력은 유럽의 복음주의자들보다는 미국의 복음주의자들에게 더 중요했다. 왜냐하면 유럽에서는 전통적인 권위가 전통적인 기독교를 계속 지지해 주었기 때문이다.

따라서 영국과 유럽의 보수적인 개신교는 미국인들이 그랬던 것과는 달리 진화론 때문에 나뉘어지지는 않았다. 이런 관점에서 볼 때, 진화론에 관한 지성적 논쟁은 또한 전통을 벗어던진 문화 속에서 개신교가 해야 할 역할에 관한 논쟁이기도 했다. 지지자들이나 반대자들은 모두 다 계몽주의 과학 사상과 전통적인 기독교사상 사이의 유대 관계에 역사적으로 개신교가 얽매어 있었다는 사실에 의문을 제기하는 데 실패했다. 이것은 복음주의자들이 사적으로 과학적 체계에 깊이 얽매어 있음을 드러내는 동시에, 무의식적으로 베이컨적인 과학의 가정에 얽매어 있었음을 드러낸다.

19세기 미국의 복음주의자들은 과학과 신학이 어떻게 통합될 수 있는

지에 관하여 상당히 세련된 개념을 발전시키기 시작했다. 복음주의자들은 계속해서 성경은 모든 것을 이해하는 포괄적인 틀을 제시해야 할 뿐만 아니라, 과학자들의 의견까지 제시해야 한다는 생각을 확고하게 견지했다. 남북 전쟁의 상흔이 가시지 않은 1869년 12월 17일 뉴욕의 쿠퍼 유니온 대학에서 당시 코넬 대학의 총장이 된 37살의 화이트헤드(A. D. Whitehead)는 신앙과 과학에 대한 폭탄을 하나 던진다. 당시까지 학생과 교직원의 선발과정에서 부여되었던 신앙적 검증 절차를 파기하고 코넬 대학을 과학을 위한 도피처(asylum)을 만들 것이라고 선언했다. 화이트헤드는 앞으로의 역사는 현세대가 종교와 과학의 관계를 어떻게 보느냐에 따라 좌우된다고 주장했다. 화이트헤드에 의하면 종교와 과학 사이의 적대 관계는 아주 사소한 것이며 기독교는 과학의 발달을 저지하기보다는 오히려 부추겼다고 봤다. 화이트헤드의 눈으로 보면 창조와 진화 논쟁은 부차적인 것이었다. 과학은 논쟁과 관계없이 진행할 것이기 때문이었다. 이것은 오늘날 과학적 이슈에 대해 복음주의의 혼란이 예견될 수 있는 발언이었다.

이것은 곧 프린스턴 신학에서 나타나기 시작했다. 그중심에는 프린스턴 신학자들이 있었다. 프린스턴 신학자들은 19세기 전체를 거쳐서 주도적 신학의 위치를 유지하면서 과학과 신앙의 대면에도 활발히 관여했다. 왜냐하면 프린스턴에 있던 지리학, 지질학, 생물학 등등의 대변자들이 그들의 동료 신학자들과 같은 종교적 세계관을 공유하고 있었기 때문이다.[22]

1812년에 프린스턴 신학교의 제 1교수 취임 연설에서 아키발드 알렉산더(Archibald Alexander)는 과학적 결론에 개방적이고자 하는 이유를 다음과 같이 밝혔다. "자연의 역사와 화학, 그리고 지질학은 성경 안에 있는 난제들을 해결하도록 성경 연구자들을 돕는 면에서, 혹은 이러한 과학의 비호 아래 만들어진 적대자의 공격을 물리칠 수 있게 하는 면에서 중요한 공헌을 했던 경우가 많았다."[23]

알렉산더의 후임자인 찰스 핫지(Charles Hodge, 1797-1878)는 한걸음 더 나아가, 거룩한 창조의 기본 틀 안에서의 과학의 제한적인 자율성을 지지했다. 성경의 완전한 신뢰성을 바탕으로 성경에서 발견될 것으로 생각되는 결론을 미리 전제하지 않고 과학자들이 각 분야에서 적절한 귀납적 연구를 추구해야 된다는 것이다. 그러나 만일 성경의 연역적 결론이 과학과 갈등을 일으킬 때는 어찌할 것인가? 과학의 가르침을 수용하고 계시를 제쳐둘 경우 위험천만한 일들이 일어나지 않는다는 보장이 있는가? 핫지는 성경에서 파악된 것이든 자연에서 파악된 것이든 사실은 자명하다고 믿는 지나치게 단순한 신앙을 가지고 있었다. 핫지에게 있어 자연은 성경과 마찬가지로 하나님의 참된 계시였다. 그러므로 핫지가 볼 때 우리가 성경을 과학으로 해석할 때 우리는 하나님의 말씀으로 하나님의 말씀을 해석하는 것이다.[24]

찰스 핫지는 1859년 다윈의 「종의 기원」(Origin of Species)이 출판된 이후 진화론에도 특별한 관심을 기울인 학자 가운데 하나였다. 핫지는 1874년 「다윈주의란 무엇인가?」(What is Darwinism?)를 통해 진화론에 대한 관심을 보여줬다. 핫지는 진화론의 특징으로 진화 또는 모든 식물과 동물의 유기체가 하나 또는 아주 적은 수의 원시 균류(primordial living germs)로부터 생겨나고 발전했다는 가정과, 이 진화가 자연 선택(natural selection) 또는 적자생존(the survival of the fittest)에 의해 일어났으며 결국 다윈의 이론은 자연선택이 초자연적 지성의 설계(design)없이 비지성적인 물리적 원인에 의해 수행되었다고 보았다.[25] 핫지는 우주의 창조와 섭리 과정에서 지성적 설계를 배제하면 하나님의 의도와 목적에 따른 창조의 가능성을 부정하므로 목적론적 설명이 배제된 다윈의 진화론은 수용할 수 없었다. 진화론의 자연선택 개념이 초자연적 설계나 목적의 원리를 방법론적으로 배제하게 되면 결국 자연에 나타난 하나님의 섭리를 인정하는 신학과 결별할 수밖에 없기 때문이다. 따라서 핫지가 볼 때 다윈 자신이 무신론자임을 주장한 적은 없으나 다윈의 진화론은 근본적으로 무신론적이었다.[26] 핫지는 성경과 과학이 원칙적으로 조화를 이룬다고 보았다. 핫지는 성경의 영감과 무오를 믿는 사람이었다.[27] 그러므로 다윈의 진화론같이 하나님의 초자연적 섭리(providence)를 무시하는 자연주의(naturalism)를 이론의 방법으로 삼는 과학의 이론은 신학적으로 받아들일 수 없음을 분명히 한 것이다.

하지만 반대로 진화론을 인정하는 신학자들도 나타났다. 앞에서 서술한대로 핫지의 뒤를 이은 프린스톤 신학교의 워필드(B. B. Warfield)는 대표적인 사람이었다.[28] 워필드는 진화론을 기독교가 수용할 수 있다고 보았다. 워필드는 칼빈도 자신처럼 진화론자로 보았다.[29] 마크 놀(M. A. Noll)이 칼빈을 진화론자라고 주장한 것도 결국 워필드의 견해로부터 기인한다. 하지만 이것은 너무 앞질러 간 것으로 여겨진다. 칼빈의 시대는 진화의 시대도 아니었고 칼빈의 어떤 주석에도 진화론은 등장하지 않으며 칼빈은 두드러진 과학의 이론도 아니었던 진화론에 적응할 리가 결코 없었다. 워필드는 다윈이 기독교를 거부한 이유는 사변과 가설에 너무 편견이 동원되어 생각의 위축을 가져와 바른 판단을 내리지 못하였기 때문이라고 보았다.[30] 진화론은 맞되 다윈이 세련되게 그 이론을 정리하여 기독교와 충돌하지 않도록 내놓지 못했다는 이야기이다. 이런 것들이 복음주의 진영 안의 일치되지 않는 논란을 가져왔다. 진화론과 관련된 문제를 어떻게 보아야 하는 가는 복음주의 진영 안에서 서로 일치되지 않는 골치 아픈 문제였다.

19세기의 복음주의자들은 당시 대중적이었던 과학의 내용을 자신들의 목적을 위해 효과적으로 수용했다. 이러한 수용은 지성적인 이유보다는 공리적 목적을 위해 이루어졌지만, 복음주의를 과학에 효과적으로 참여할 수 있도록 해 준 것도 사실이다.[31]

그러나 그후 과학에 대한 근본주의의 대안은 세속주의를 완전히 거부하려 했던 근본주의적 성향에 깊게 뿌리를 두고 있었고 매우 전투적이었다. 근본주의 입장에서 진화론은 과학적 자연주의를 토대로 한 이론으로 보였고 당연히 근본주의의 공격 대상이 된다.[32] 과학에 대한 새로운 대중적 견해를 반대하는 가운데 근본주의자들은 문제를 보는 방식에 있어서 복음주의 대중을 성공적으로 사로잡았기 때문이다. 복음주의자들이 계속해서 과학자들을 훈련시켜 왔다는 것은 분명한 사실이다. 지난 수 세기 동안 많은 복음주의자들이 저마다의 과학 분야에서 비교적 뚜렷한 두각을 나타냈다.

그러나 대학에서 과학을 연구하는 복음주의자, 산업체나 정부를 위해 일하는 과학 전문가로 고용된 복음주의자, 혹은 기독교 대학에서 과학을 가르치는 복음주의자들은 보통 과학적 주제를 신학이나 다른 사상 영역과 연관지어 연구하려는 의도를 가지고 학과목에 접근했다기보다는 서로 분리된 지식의 분야로써 조심스럽게 접근했다.

다시 말해 복음주의적인 과학자가 된다는 것은 지성적인 지위보다는 직업적인 지위를 갖는 것을 의미했다. 몇 가지 주목할 만한 예외가 있기는 하지만 대부분의 복음주의적 과학자들은 복음주의 운동 안에서 과학적 논쟁을 지배했던 경쟁적이고도 고도의 이론적인 문제에 대해 침묵으로 일관하였다. 그 결과 복음주의자들의 과학적 사고는 파국을 맞았다. 이러한 20세기의 대격변에 의해 초래된 재난은 특히 치명적이었다. 왜냐하면 이것은 복음주의 신앙의 핵심적인 지성적 급소에 영향을 주었다. 즉 세상에 대한 지식과의 관련 속에서 성경의 지혜를 이해하는 최선의 방법을 연구하려는 데에 직접적인 영향을 주었기 때문이다.

비록 복음주의 안에 완전한 일치를 찾지 못하였음에도 복음주의가 진화론을 수용할 수 없음은 분명하다.

3. 창조과학 논쟁

1) 창조과학 운동의 등장

일반적으로 근본주의 운동과 맥을 같이 하는 창조과학 운동은 성경의 문자적 해석에 관심을 둔 운동이라 할 수 있다. 성경에 뿌리를 둔 운동이라는 점에서 복음적이다. 창조론(Creationism)은 모든 자연 현상이 지성적인 창조주 하나님의 개입으로 시작되었다는 규정에서 시작된다. 그런데 이 용어는 오늘날 그 의미가 축소되어 우주와 생명의 창조에 대한 창조의 연대를 극히 젊게 보고 지질학적 전세계적인 홍수(창세기 대홍수)를 믿는 견해로 남아있다. 이와 같은 창조론이 19세기 보수적인 개신교나 20세기 초 근본주의자들의 전통적 믿음은 아니었다. 20세기 초기 근본주의자들은 결론에 있어서 성급하지 않았다. 1930년대 이전의 보수적인 개신교인들은 대부분 창세기 1장의 "날"이 지질학적 발전의 오랜 시대를 나타낸다고 믿거나, 세상의 첫 창조와 그 이후의 일련의 창조 행동 사이에 긴 공백이 있어서 그때에 화석이 형성되었다고 믿었다. 적응 이론의 영향은 분명히 존재하였다. 하지만 진화론이 단순한 이론에 그치지 않고 모든 학문 영역으로 뻗어가면서 양상은 달라지기 시작했다. 법률 검사였던 윌리엄 제닝스 브라이언(William Jennings Bryan, 1860-1925)은 진화론의 반대편에 선 대표적인 사람이었다.[33] 하지만 1920년대에 진화론을 대중적으로 반대했던 사람들도 지구가 태고에 형성되었다는 점을 받아들이는 데에는 큰 어려움이 없었다. 그의 후원자들은, 전혀 감지하지 못했던 예리함을 갖고 있던 브라이언은 진화론의 가장 큰 문제는 과학적 방법에 있는 것이 아니라, 형이상학적 자연주의와 그로 인해 나타나는 사회적 다윈주의에 있다는 점을 분명하게 인식했다.[34] 그런데 사회적 다윈주의는 그 정당성을 과학적 진화론에서 찾는 경우가 많았다.

이와는 대조적으로, 현대 창조론은 열성적인 제 7일 안식일 예수 재림교의 노력이 컸다.[35] 그들은 예수 재림교의 창시자인 엘렌 화이트의 거룩한 문서들이 지구의 역사 연구의 기본 틀을 제공해 준다는 사실을 보여 주고자 했다. 이러한 목적을 성취하는 데 있어서 특히 중요한 공헌을 했던 인물이 장로교 목사였던 해리 림머(Harry Rimmer, 1890-1952)와 예수 재림교의 이론가인 프라이스(George McCready Price, 1870-1963)였다.[36] 프라이스는 지질학을 연구하면서 1923년에 절정에 달했던 창조론의 몇몇 결과물을 「새로운 지질학」 이라는 이름으로 발간했다. 이 책은 창세기의 첫 부분에 대한 "단순한" 혹은 "문자적" 해석을 통해, 하나님께서는 세상을 6,000-8,000년 전에 창조하였고 지구의 지질학적 과거를 형성하기 위해 대홍수를 사용했다는 사실을 알 수 있다고 주장했다. 프라이스는 이전에 훈련이나 현장 경험이 전혀 없었던 독학의 지질학자였다.[37] 그는 그런 신앙을 가진 사람이 태고의 지구를 알려 주는 지질학적 단층과 분명한 증거에 대한 전통적인 이해를 문제 삼기 위해, 자연의 역사를 어떻게 재구성할 수 있는지를 실증해 주었다. 전문 지질학자들은 프라이스의 생각을 전혀 심각하게 받아들이지 않았으며, 프라이스의 생각은 재림교의 모임 밖에서는 거의 영향을 끼치지 못했다.

한 가지 예외가 있다면, 루터교회의 미주리 회의였다. 미주리회의가 관심을 가지고 있었던 다른 종교적인 질문들은 제 7일 예수 재림교의 그것과 완전히 동떨어져 있었지만, 현대 세계를 열정적으로 비판했던 몇몇 사람들은 프라이스의 성서적 문자주의가 설득력이 있다고 생각했다.[38] 프라이스와 그의 여러 동료들이 여려가지 창조론 단체들을 결성했지만, 이 모임들은 오래 가지 못했다. 마찬가지로 초기 창조론의 문헌들은 협소한 모임에서밖에는 영향력을 거의 발휘하지 못했다. 장로교 사역자인 해리 림머와 같은 몇몇 근본주의자들이 홍수에 관해 비슷한 견해를 제시했지만, 림머의 영향력은 그가 죽을 즈음에는 크게 경감되었다.

2) 헨리 모리스의 시대

오늘날 창조과학 운동에 있어 헨리 모리스(H. M. Morris)가 차지하는 상징성은 대단히 크다. 모리스는 자신이 창조론에 눈을 뜨는 데에는 프라이스의 공헌이 크다고 말했다.[39] 하지만 모리스는 자신이 침례교도로서 프라이스가 믿는 안식교(SDA)의 교리는 분명 수용하지 않음을 밝혔다.[40] 모리스 개인의 이름이 창조론의 표면에 등장하기 전, 먼저 대학에서 훈련받은 보수적 복음주의 과학자들로 이루어진 새로운 군단이 나타난다. 이들은 1941년에 미국 과학 연맹(American Scientific Affiliation, ASA)을 결성한다.[41] 창조론의 홍수 지질학자들은 이 단체가 자신들의 결론을 수용하는 토론의 장을 마련해 줄 것을 기대했다. 하지만 이들은 성경의 권위에 대해 확고한 견해를 고수하며 자연 세계 위에 있는 하나님의 주권을 옹호하기는 했으나, 대부분은 과거의 날-시대 이론 혹은 단절 이론(gap theory)의 편에 선 사람들이었다. 비록 ASA가 창조에 대해 명확한 공식 입장을 취한 것은 아니었지만 초기에는 엄격한 창조론자들에게 흡족한 분위기가 이어졌다.

그러나 이들 중에, 창세기 안에 있는 거룩한 계시와 실증적 연구를 통해 주어지는 자연 계시가 19세기 초반 이후에 계속 시도되었다가 개정되고, 다시 시도되었던 것과 같은 방식으로 조화를 이룰 필요는 없다고 느끼는 사람도 있었다. ASA 안에서 이러한 질문들의 대한 내적 논쟁이 지루하게 계속되었다.[42] ASA가 유능한 과학자들의 건실한 산실로서 유지되었고, 논쟁적인 과학적 문제에 대해 탁월한 자료들을 발간했음에도 불구하고, 이러한 문제들에 대한 상투적인 태도-즉 근본주의적 의제에 매달리는 상투적인 태도-로 인해 좀더 폭넓은 과학 세계에는 제한적인 영향만 주고 말았다. 그럼에도 불구하고 창조과학이 ASA를 바라보는 시선은 대단히 부정적인 편이다. 즉 ASA를 창조과학의 편이 아닌 것으로 보는 것이다. 창조과학이 얼마나 근본주의적인지를 단적으로 보여주는 보기이다.

창조과학이 ASA와 대화하는 일이 어려워지면서 1950년대 후반에 새로운 상황이 전개되었다. 은혜 형제 교단인 그레이스 신학교의 신학자인 존 휘트콤(John C. Whitcom, Jr.)과 남침례교 배경의 수력 공학자인 헨리 모리스(Henri M. Morris)는 각각 프라이스의 저작에서 증거를 찾기 전에 잠시 창조론의 방향으로 움직이고 있었다. 또한 두 사람은 복음주의적인 침례교 신학자인 버나드 램이 1954년에 「과학과 성경에 대한 기독교적 관점」(*The Christian View of Science and Scripture*)이라는 책을 발간했을 때 혼란을 느꼈다. 그 책은 자연의 증거와 성경의 이해를 화해시킬 수 있는 좀더 유연한 접근 방법을 제안했기 때문에 ASA 구성원들은 대부분 이 책에 만족했다. 예를 들어, 램은 근본주의자들이 적절한 문화적 상황 안에서 성경을 읽지 못하고 19세기 베이컨 시대의 본문인 것처럼 읽고 있다는 이유로 근본주의자들을 비난했다. "지나친 교조주의의 가장 심각한 오류는 조화에 방법이 있다는 점을 보지 못하는 것이다. 우리는 하나님의 계시가 성경의 언어와 그 언어에 수반된 문화 안에서, 그리고 그것을 통해 주어졌다는 명제가 진실이라고 믿는다."

램은 또한 프라이스와 림머가 제시한 일치를 호되게 공격하였다. 램의 책이 나온 바로 직후 휘트콤과 모리스가 만났다. 그들의 협력은 드디어 1961년, 모리스를 일약 창조론의 중심에 서게 만든 「창세기의 대홍수」(*Genesis Flood*) 발간으로 이어졌다.[43] 이 책은 프라이스 저작의 현대판이기는 하지만, 휘트콤의 신학적 기여와 모리스의 과학적 전문 기술을 통해 프라이스의 논점을 좀더 설득력 있게 제시한 책이다. 이 책은 현대 지질학의 동일과정설(同一過程說, uniformitarianism)의 입장을 창조론적 관점에서 조목조목 비판한 책이었다. 이 책에 대한 평판은 압도적이었다. 그것은 잘 마른 나뭇잎에 성냥불을 던져 넣은 것과 같았다. 엄청난 주문량이 쏟아졌으며, 수백 만의 다른 책과 논문, 소책자, 그리고 주일

학교 강의를 통해 창조론의 관점이 대중화되었다. 창조론은 곧 영국에 영향을 주었는데, 이전까지 영국에서는 보수적인 반진화론자(antievolutionist)들도 지구의 형성 연대가 오래지 않다는 생각을 발전시켜 본 적이 없었다.[44] 이후로 모리스는 지금까지 수십 권의 창조론 도서를 쏟아내며 창조과학 운동의 중심에 서게 되었다. 창조론의 자료들은 이슬람교의 교육을 위해 터키를 비롯한 여러 외국어로 번역되었다. 어떤 창조론자들은 기독교 중심의 "성경적 창조론"에서 탈피하여, 공공 교육 기관에서 "창조과학"을 교육시켜야 한다는 대중적인 요구를 호소하는 운동을 후원하기도 했다. 창조론을 발전시키기 위해 여러 연구 기관들이 설립되었고, 열정적인 평론가들은 공식적인 공개 토론에서 진화론자들과 논쟁하면서 창조론을 옹호했다. 대학에서 훈련받은 지질학자들 중에서도 점차 창조론의 관점을 옹호하는 사람들이 나타났다. 나중에 법정에서 뒤집어지기는 했지만, 알칸사스와 루이지애나의 입법자들은 창조과학을 진화론의 대안 이론으로 가르치게 하는 법안을 통과시켰다.[45]

당시 미 대통령 후보였던 로널드 레이건은 창조과학을 가르치는 시간을 똑같이 배분해야 한다고 공립 학교에 요청했다.[46] 이에 상처 입은 기존 과학의 옹호자들은 이에 대한 응답으로 책을 발간했다. 그리고 학교에서 진화론을 어떻게 가르쳐야 하는지, 혹은 어떻게 가르쳐서는 안 되는지 하는 문제를 놓고 여러 마을과 도시에서 격렬한 논쟁이 일어났다. 1960년 이후 창조론은 미국의 공공생활에서 낙태 문제를 제외하고는 그 어떤 문제보다 더욱 격렬한 문화적 전쟁을 불러 일으켰다. 노벨상 수상자들도 이 논쟁에 뛰어들었다. 1967년 과학자로서 노벨 평화상을 수상한 왈드(George Wald) 박사는 사람들이 진화론을 과학적인 사실로 널리 인정하는 이유는 과학적으로 증명될 수 있기 때문이 아니라 그것을 받아들이지 않으면 단지 또 다른 오직 하나의 대안인 창조를 받아들일 수밖에 없는 선택의 길이기 때문이라고 주장했다.[47] 창조를 피해가려는 이론은 진화론을 천체로 옮겨 놓기도 하였다. DNA의 2중 나선 구조를 밝힘으로써 노벨상을 공동수상한 크릭(F. Crick)은, 생명체는 지구에서 직접 생겨난 것이 아니라 먼 옛날 언젠가 지구 밖 외계에서 유입(directed panspermia)된 것이라고 주장하였다.[48]

1980년, 한국의 창조과학회가 설립되는 데에도 모리스는 결정적 영향을 끼친 인물이라고 볼 수 있다.[49] 오늘날 모리스의 저서들은 도서출판 생명의 말씀사 등을 통해 우리나라에서도 꾸준하면서도 활발하게 번역되고 있다. 창조과학 운동과 그 논쟁에 있어 모리스의 영향력은 21세기에도 여전히 계속되고 있는 것이다.

3) 창조과학 운동의 전투적 특징

복음주의 입장에서 보면 분명 과학도 피조물의 한 부분이다(골 1:16-17). 그러므로 성서 해석에 있어 과학과 기독교의 충돌이 일어날 가능성은 없다. 그럼에도 불구하고 전투적 창조과학운동이 갑작스럽게 등장하고 부각된 이유는 무엇인가? 창조론이 복음주의자들 사이에서 공적 세력으로 분출되었던 첫 번째 원인은 창조론이 성경의 단순한 가르침을 구체화한 것이라는 복음주의자들의 직관적 신앙 때문이었다. 헨리 모리스(H. Morris)와 휘트콤(J. Whitcomb)의 책[50]은 성경을 이해할 수 있게 만들었기 때문에 수많은 복음주의자들에게 확신을 주었다. 이 문제는 대단히 중요한 것이기 때문에 창조과학의 성경적 근거에 대해서는 별도로 생각해 보아야 할 문제이다. 근거의 사실 여부를 떠나 창조론이 과학적 세대주의라고 불려진다는 데 안타까움이 있다. 세대주의자들이 성경에서 그렇게 했던 것과 똑같이 창조과학자들은 자신들의 과학뿐만 아니라 대재난과의 엄격한 단절을 고수했기 때문이다.

그렇다면 창조과학은 순수 복음적이라 할 수 있는가? 창조과학의 몇 가지 전투적 특징을 살펴보자.

먼저 창조과학의 핵심은 지구와 우주의 오래된 나이에 대한 많은 증거들을 부정한다.[51] 지구와 생명체들이 6천 년에서 1만 년 사이에 24시간이 하루일 때 6일 동안에 창조되었다는 주장을 주로 고수한다. 문제는 창조역사가 단 한번이었으므로 우리가 알고 있는 자연적 메카니즘 안에서 이 것을 검증하기가 거의 불가능하다는 데 치명적 난점이 발생한다.

문제는 이것을 모든 복음주의자들이 수용하는 것이 아니라는 데 고민이 생긴다. 헨리 모리스의 「창세기 대홍수」(*The Genesis Flood*)는 침례교 계통의 복음주의 신학자 버나드 램(1912–1992)의 책 「과학과 성경에 대한 기독교적 관점」(*The Christian View of Science and Scripture*)을 반박하기 위한 시도로부터 시작한다.[52] 복음주의 진영의 분열이 생긴 것이다. 미국 미시간 칼빈대의 복음주의 지질학자 데이비스 영(Davis A. Young)은 대부분의 창조주의자들(과학적 창조주의자를 뜻함)은, 성서가 지구는 젊다고 가르친다고 생각하기 때문에 그들은 이 같은 주장을 열정적으로 믿고 발전시킨다고 했다. 그러나 데이비스가 전문가의 눈으로 볼 때는 젊은 지구에 대한 주장은 틀렸으며 창조주의자들은 지구의 젊은 나이를 전혀 입증하지 못했다. 소위 이들의 과학적 증거들은 불완전한 정보, 희망적 사고, 실제 지질학적 상황의 무시, 그들이 원하는 가정들을 뒷받침하기 위한 선택적인 자료의 이용, 그리고 잘못된 추론 등에 기초를 두고 있다. 문제는 과학적 증거는 전체적으로 고려되어야 하고, 우리가 지금 가지고 있는 이 증거들은 지구의 나이가 아주 오래되었음을 지지하지 않을 수 없게 한다는 것이다.[53] 그러므로 데이비스가 볼 때 헨리 모리스의 「창세기 대홍수」(*The Genesis Flood*)는 맞지 않는다.[54] 데이비스는 한때 잠시 「창세기 대홍수」의 주장에 호감을 가진 적도 있었다.[55] 하지만 그는 1969년 모리스가 창조과학 협회(CRS)에 자신을 초청하였을 때 자신의 입장이 모리스와 달라졌음을 분명히 하였다.[56]

둘째로 창조과학은 진화론적 과정들이 기계적으로 따라서 자연주의적이며 하나님이 하시는 일이 아니라고 주장함으로써 하나님과 자연적인 과정들 사이에 이원론적 쐐기를 박는다.[57] 이에 대한 유일한 핵심 증거는 화석 유물이다. 이 유물에는 많은 공백 기간이 있기 때문에 진화는 완전히 자연주의적 메카니즘으로 간주된다. 진화는 분명 비성경적이며 과학적 근거가 없음이 분명하다. 하지만 잘못하면 심각한 모순에 빠질 수도 있다. 어떤 한 현상이 기적적이고 초자연적인 것이 아니면 하나님의 것이 아니라는 것을 암시할 수도 있기 때문이다. 문제가 이 견해를 지혜롭게 적용해야 한다. 잘못하면 우리를 19세기의 자연신학 시대로 되돌려 놓을 수 있다. 창조과학 운동이 신앙적 운동임에도 보다 자연신학적인 지적 설계 운동[58]에 우호적인 것은 이런 이원론적 사고의 영향이 크다. 특별히 미국 창조과학 운동보다 한국의 창조과학 운동이 보다 더 지적 설계에 우호적인 것은 복음주의 신학에 대한 오해와 미숙의 경향으로 보인다. 이 견해에 대한 당연한 결과는 하나님은 오직 초자연적인 수단으로만 창조하신다는 것이다. 따라서 생물들은 처음 지구상에 나타날 때 완전히 발달되어서 오늘날 우리가 알고 있는 그대로이다. 이미 우리가 보았듯이 이는 창조의 의미에 대한 매우 부적절한 견해이다. 다만 우리는 대진화(Macro-evolution)와 소진화(micro-evolution)를 구별할 필요성이 생긴다. 성경은 종간(種間) 변이(macro-evolution)는 부정하는 듯하고 종 내(內)의 변이(micro-evolution)는 허용하는 듯하다.

셋째로 창조과학 운동은 복음주의 그리스도인들로부터 나온 건설적 비평에 전혀 귀를 기울이지 않는 특징이 있다. 데이비스 영(D. Young)은 "창조주의의 가짜 논의들이 그렇게 많은 책, 논설, 잡지 등에 계속 반복되는 것은 이해할 수 없는 일이다. 창조론자들은 그들이 비교적 잘 알지 못하는 문제에 대해서 말하고 있다는 비평을 받아들이는 방법을 배울 필요가 있다. 창조과학 운동은 비판을 정중한 태도로 받아들이고 유능한 그리스도인 과학자들의 주장들에 대한 비판에서 덕을 보려 하지 않은 것처럼 보인다. 같은 주장이 책마다, 논설마다, 그리고 그리스도인 앞에 놓여지기 때문에 그리스도인들은 아직 오도되고 있다”고 주장한다.[59]

복음주의 안에 창조과학의 전투적 특징에 대해 현실적 비평론자들과 반대론자들이 있다는 것은 기원 문제가 그리 간단한 문제가 아님을 보여준다. 창조과학이든 그 반대편의 복음주의 과학자들이든 성경이 결코 명확히 말하지 않는 이슈(adiaphora)들에 대해 자신의 판단을 무조건 성경적이라고 단정하는 것은 옳지 않다. 좀더 신중해질 필요성이 있다. 즉 이것은 적응(accommodation)의 문제이다. 서두르지 말고 좀더 겸손하게 성경이 말하는 명료한 입장이 무엇인지 점진적으로 찾아갈 필요가 있다.

4) 한국에서의 창조론 운동

지난 1980년에 있었던 '80 세계 복음화 대성회' 기간 중 한 분과(分科)로서 '창조냐 진화냐'에 대한 세미나(8.12 ~ 8.15)가 4일간에 걸쳐 한국대학생선교회(Campus Crusade for Christ, C.C.C.) 대강당에서 개최되었다. 이때 강사는 미국 창조연구소(ICR)의 소장 헨리 모리스(Henry M. Morris)와 탁스톤(Thaxton), 월터 브래들리(Walter Bradley), 듀안 기쉬(Duane T. Gish), 그리고 김영길(당시 KAIST)박사였고 일부 크리스천 과학자들이 통역 강사로 봉사하였다. 이 세미나는 일반의 예상을 뒤엎고 학생, 일반인, 교역자, 과학자 등 연 4천 여 명이 참석하는 경이적인 모임이 되었다.[60] 이를 통해서 일반인들이 '기원의 문제'에 대하여 커다란 관심을 가지고 있다는 것을 확인하고, 당시 국내 강사로는 유일하게 참석하였던 김영길 박사(당시 KAIST 교수, 한국창조과학회 초대 회장 및 현 명예 회장)를 중심으로 외국 강사의 통역을 맡았던 국내 학자 등 크리스천 과학자 25명은 간담회를 갖고 국내에서의 창조과학회 활동을 지속적

으로 하기 위한 조직을 만들기로 하였다.[61][62]

이때 참여한 외국 인사가 주로 미국 ICR의 핵심 멤버라는 데에서 한국의 창조과학 운동도 시작부터 미국의 창조과학 운동의 영향권에 놓이게 되었다.[63] 다만 한국 교회의 근본주의적 상황의 특성상 창조과학 운동은 큰 반향과 호응을 받게 되었다. 그러나 국내외적 신학적 흐름에 무지한 과학도들이 중심이 된 이 운동은 미국보다 더 전투적인 면이 강하게 나타났다. 그러므로 오늘날 한국에서의 창조과학 운동도 여전히 미국의 창조과학 운동이 가지고 있는 모습을 그대로 담고 있게 된 것이다.

이제 축적된 창조론 운동의 성과를 바탕으로 보다 조직적인 사역을 위해서는 한국 창조과학회도 교의(敎義:Tenets) 표방이 필요한 시점이 아닌가 생각된다.[64] 지금까지 한국 창조과학회는 아무런 신학적 기준이 없었다. 조직과 인적 규모가 작을 때는 입장 표현이 없이도 은혜로 유지가 가능하였으나 이제는 상당한 책임 있는 위치에 이르렀으므로 신학과의 긴밀한 이해와 교류를 위해서도 최소한 창조과학회의 입장을 정리해 놓는 일이 필요할 것이다. 과학적 성과를 바탕으로 시작된 운동이 학문적 성과 자체를 백안시하거나 외면해서는 안 될 것이다. 그래야만 때때로 돌출되던 창조과학회 내부 회원 상호 간의 현격한 입장 차이에 대한 조율도 가능해질 것이라고 본다.[65]

거기에는 창조의 시기를 규명하는 문제, 즉 연대 문제나 진화의 마지노선에 대한 확고한 입장 표명이 필요할 것이다. 필자는 그 기준에 대해서는 판단을 유보한다. 다만 그러한 입장 차이들이 회원 상호 간에 분명히 자리 잡고 있는 상황 아래에서는 자유로운 탐구 분위기가 살아날 것 같지 않기 때문이다. 또한 일부 오해가 있는 창조과학이라는 명칭에 대한 잘못된 선입관들을 불식시킬 수 있는 입장 표명이 이루어져야 한다고 생각된다.[66]

5) 복음주의와 창조과학

창조과학이 창조론의 최전선에 서서 성경과 기독교를 옹호한 것은 분명 칭찬할 만한 일이다. 성경이 하나님의 정확 무오한 말씀이요 피조 세계가 하나님의 흔적이 담긴 일반 계시의 광장이라는 복음주의의 견해와 일치한다. 그러나 성경을 과학에 잘못 적용하는 우를 범하는 경우도 분명 있었다. 문자적 해석은 간혹 엉뚱한 해석을 이끌어 내었다.[67] 또한 과학자들의 연구 결과 중 유리한 것만 취사선택하는 편법을 동원하기도 한다. 그중 대표적인 것을 들면 프레드 호일(Fred Hoyle)과 찬드라 위클라마싱(Chandra Wickramasinghe)이 주장한 우주 설계(창조주)에 대한 확률적 주장을 창조과학적 결론으로 기쉬(D. Gish)나 한국 창조과학회가 곧장 이용하는 경우이다. 이들이 계산해보니 생명 유지에 필요한 기능성 단백질들이 한 곳에서 우연히 생성될 확률은 겨우 10의 4만승 분의 1에 불과하였다. 그러므로 우주에 겨우 모든 원자의 숫자가 10의 80승밖에 되지 않으므로 설령 우주 전체가 단백질 스프(soup)로 이루어져 있더라도 단백질이 우연히 생길 확률은 불가능하다.[68] 하지만 이들은 성경을 신뢰하는 학자도 아니고 창조과학자도 아니다. 호일은 지구의 생명이 성경의 하나님이 아니라 우주로부터 날아 왔다는 판스퍼미아(panspermia)설[69]을 주장하려고 이런 주장을 편 것이다.[70] 복음주의 과학자들과는 대화를 거부하고 충돌하면서 이들 진화론 과학자들의 주장을 입맛에 맞게 포장하여 활용하는 것은 옳지 않다. 이것이 창조과학 운동이 복음의 탁월한 전사(戰士) 역할을 감당할 수 있는 좋은 위치에도 불구하고 많은 복음주의 신학자들과 과학자들에게 비판받는 원인이 되고 있다.[71] 창조과학이 호일(Hoyle)과 같은 비성경적 과학자들의 견해는 취사 선택하여 유리한 증거로 삼으면서도 오히려 신학과 과학의 대화에는 진지한 문을 열지 않고 강한 분리적(分離的) 입장에 머무른 것은 정말 애석한 일이 아닐 수 없다.

창조과학이 성경의 무오성을 사수하고 하나님의 흔적을 성찰하는 자연 계시를 주목한 면에서는 탁월했으나 칼빈의 적응에 대한 이론에 대해서는 주목하지 못한 면이 있다. 하나님께서 유대인과 헬라인의 하나님이요 남녀노소, 시대적 모든 사람들에게 적응할 수 있을 만큼 몸을 낮추시는 분이심을 간과한 것이다.

그러할 때 창조과학은 우리 과학자들이 이 어리석은 세상과 신자들을 과학을 가지고 과학적으로 계도해야 한다는 과학적 엘리트주의에 빠져 버리게 된다. 이때 성경 해석은 전혀 다른 길로 가게 된다. 즉 성경은 창조과학자들의 눈에는 그만 전혀 엉뚱한 창조과학적 관심의 책이 되고 만다.[72] 성경이 창조주를 지시하나 과학에 관심의 중심을 둔 책은 아님을 간과한 것이다. 그렇게 함으로써 창조과학은 성경과 과학에 대한 진지한 탐구가 불가능해지기 시작한다. 인간의 기원, 지구의 연대, 그리고 지질학적 생물학적 변화의 메카니즘에 대해 분명하게 사고하는 일을 어렵게 만듦으로써 복음주의에 손상을 주게 된다. 그 결과 하나님께서 만드신 세상을 볼 수 있는 능력과 우리가 보는 것을 이해할 수 있는 폭넓은 능력을 어둡게 만들었던 것이다.

근본주의적 사고 습관은 창조론의 개별적인 결론보다 더 파괴적이었다. 근본주의적 이데올로기의 편향적 특성과 19세기의 반지성적인 특성이 이러한 사고 습관에 덧붙여졌기 때문에 이러한 사고 습관은 기독교 지성에 심각한 악영향을 주고 말았다. 문제점은 자연 세계의 지식에 대해 너무 공격적이고 이원론적이다. 창조론자들이 과학의 기만적인 주장을 공격했다는 점은 인정하지만 전략은 기독교 (기독교는 경험적으로 관찰 가능한 사건의 실체의 중요성을 항상 주장했다)와 실증적인 과학(과학은 항상 세상에 대해 종교와 비슷한 가정을 전재한 상황 속에서 진행되어 왔다)의 접촉점에 대한 이후의 논의에 혼란을 초래했다. 서구 역사에서 종

교와 과학 사이의 타협은 항상 뒤얽혀 복잡했고 어떤 경우에는 역설적이
기도 했다. 그러나 이러한 타협이 지성적인 전쟁 상태로 갔던 경우는 거
의 없었다. 창조론과 창조과학자들은 종교와 과학의 타협을 전쟁의 가장
자리로 밀어 넣었다. 현대 창조론의 가장 큰 비극은 창조론의 전투적 경
보음 때문에 탁월한 복음주의 기독교 사상가들의 목소리를 듣기 어렵게
되어 버렸다는 점이다.[73] 이들의 저작은 복음주의자들이 이전 시대의 메
마른 곤경을 뛰어넘을 수 있게 해 줄 수 있다. 하지만 애석하게도 창조과
학은 그렇게 대화하지를 않았다. 직접적인 실증적 증거가 없으면 억측하
면 안 된다. 억측에 의한 것으로부터는 연역할 수 없으며, 폭넓은 실증적
증거가 없으면 과학은 불가능하다. 창조과학이 성경과 관련해서는 잘못
된 베이컨주의를 고수하고 과학과 관련해서는 건전한 베이컨주의를 포기
했다는 점은 계속 지적당하는 뼈아픈 실책이 되고 있다.

　사실 창세기의 앞 부분을 정확히 재해석하기 위해서는 고대 세계에 대
한 철저한 역사적 연구와 그 뉘앙스를 조심스럽게 살린 주해가 필요하며
그리고 과학적 과정과 결과에 대해 폭넓게 정통하고 있어야 한다. 그러
기 위해서는 복음주의자들 사이에 대화가 이루어져야 한다. 편협적 울타
리를 치고 무조건 고집해서 되는 일이 아니다. 하나님은 자유하신 분이
다. 하나님이 창조하신 다채롭고 풍성한 세상에 대한 이해에 있어 인간
개인의 생각의 울타리 안에 묶어두어서는 안 된다. 복음주의자들은 서로
겸손하게 적극적으로 대화에 나서야 한다. 그러나 창조과학은 그러하지
를 못하였다. 견해가 다른 복음의 친구들에게조차 문을 잠궈 버렸다. 그
러므로 하나님의 자유를 스스로 제한하였다는 비판을 복음주의자들에게
조차 받게 되었다. 하나님이 자연을 만드신 것에 대해 하나님께서 영광
을 돌릴 수 있는 기회를 상실한 것이다.

　칼빈의 적응 이론이나 복음주의 학자 워필드(B. B. Warfield)가 과학의
문제와 관련하여 휘트콤(J. Whitcomb)이나 모리스(H. Morris)와 기시

(D. Gish)와 조금은 다른 결론에 이르렀다는 사실은 창조과학의 결론을 포함하여 복음주의 과학의 결론에 이르는 과정이 단순하거나 상식적이거나 직관적이지 않다는 것을 의미한다. 과학은 복음주의 지지자들이 깊은 관심을 갖고 있는 도덕적 문제와 분명히 갈등을 일으키기 때문이다.

지질적 분야에 정통한 한 복음주의의 결론과 좀 더 넓은 복음주의 세계의 확신을 대조시켜 볼 때 과학에 대한 복음주의 사상의 사회적 실체가 분명하게 드러난다. 성경의 영감을 옹호하는 사람이면서 동시에 경험 많은 지질학자인 데이비스 영(D. Young)은 자신의 과학적 연구를 근거로 모리스(H. Morris)에 대해 반론을 제기한다.[74]

하지만 영(D. Young)에게도 복음주의자로서 성급한 면이 없지 않다. 즉 성경과 자연 세계 둘 다를 어떻게 이해해야 하는 지에 대해 매우 다른 견해가 있기는 하지만, 이러한 결론이 기독교의 본질에 위배되는 것이 아니라는 점이다. 여전히 성경이 영감된 하나님의 말씀임을 믿고 고백하는 신앙인들의 숫자는 적지 않다. 창조과학에 대한 무조건 반대보다는 대화의 필요성이 더 절실하다는 의미이다. 그렇지 않으면 창조과학과는 또 다른 형태의 극단주의에 빠질 위험이 생긴다.

창조과학은 분명 좋은 장점을 가지고 있는 운동이다. 반성경적 주장으로부터 신앙을 수호하기 위한 전투적 헌신과 복음에 대한 뜨거운 애정이 있다. 하지만 그에 못지않게 성경과 과학 해석(解釋)의 누(累)를 범하거나 복음의 친구를 잃어버려서도 안 된다. 창조과학이 가끔은 지사(志士)적이고 계몽 운동가적인 의협심을 내려놓고 예수님처럼 겸손히 눈을 낮출 필요가 있다고 본다. 스티븐 호킹(Stephen Hawking) 같은 비복음적 대학자도 가끔은 겸손해질 때가 있었다. 1983년 호킹은 빅뱅(Big Bang)과 특이점(singularities)에 관한 자신의 연구에서 빅뱅과 같은 경우가 일어날 확률은 매우 작음을 고백한다. 그러므로 우주의 기원에 대한 언급은 으레 종교적 측면이 발생함을 인정한다. 과학자들이 의도적으로 종교적 측면을 외면한다는 것이다.[75] 복음의 학자가 아닌 세속의 대학자 호킹이 학문에 대해 겸손해지는 만큼 자신이 피조물임을 깨달은 복음의 학자들은 당연히 우리의 한계를 겸손히 깨닫고 복음의 이웃의 작은 목소리에 귀를 기울일 필요가 있다. 본 연구는 이런 경우를 염두에 두고 창조(일반·자연 계시)와 구속(특수 계시, 성경)과 점진적 역사의 발전 속에서 적응 이론이 유용한 해석의 삼위일체적 도구 중 하나가 될 수 있음을 논증했다. 창조과학이 창조와 구속과 과학의 발달에 따른 적응의 방법 모두에 귀를 기울인다면, 대화를 거부하는 독단적 운동이라는 사람들의 의구심을 벗어버릴 수 있게 된다. 그리고 새로운 활로를 열고 복음의 대타협과 대연합의 길을 열어 갈 수 있는 실마리가 될 수 있을 것이다.

4. 외계 생명체 논쟁

1) 외계 생명체 논쟁의 발단

기원의 문제에 있어 먼 옛날 사람들은 지구가 무엇엔가 고정되어 있다고 생각했다. 이런 생각의 중심에는 아리스토텔레스(BC 384-322)가 있었다. 그는 우주가 유한하고 구형이라고 믿었다. 아리스토텔레스는 지구는 그중심에 있으면서 움직이지 않는다고 보았다.[76] 이런 지구 중심적인 우주관은 오랫동안 유지되어 왔다. 고대 이집트의 천문학자 프톨레미(Ptolemy, 100-170)도 아리스토텔레스의 이론과 별반 다르지 않았다. 그는 지구가 고정된 중심이고 별이나 그 외의 모든 행성들이 지구 주위를 돌고 있다는 천동설을 주장했다.[77]

아리스토텔레스의 철학은 가톨릭의 스콜라 철학으로 이어지면서 상당 기간 동안 지구 중심의 우주관을 유지하였었다.

하지만 코페르니쿠스(1473-1543) 이후 지구가 움직인다는 견해가 등 장하면서 우주에 대한 정통적인 해석은 손상을 입기 시작했다. 코페르니 쿠스의 등장은 정말 코페르니쿠스적 전환을 가져왔다고 보여진다. 인류 는 지구 중심의 아리스토텔레스적인 우주관으로부터 코페르니쿠스 이래 로 물리적 세계는 많은 중심을 요구하게 되었다. 이것은 기원의 해석에 대해 획기적 전환을 가져오기 시작했고 뉴턴의 만유인력으로 가는 길을 닦았다. 뉴턴의 기계론적인 우주관은 지구가 우주의 물리적 중심이 아니 라는 근거를 토대로 당연히 지구는 일개 행성에 불과한 것이라는 인식의 눈을 뜨게 되었다. 그렇다면 생명에 있어서도 인류는 우주의 중심에 있 는 생명체가 아니요 우주 변두리 행성에 존재하는 단순한 생명체에 불과 하다는 생각을 낳았다. 즉 인류는 우주에 홀로 남겨진 고독한 존재가 아 닐 것이라는 생각을 자연스럽게 유도했을 것이다. 그러나 그 저항은 만 만치 않았다. 코페르니쿠스의 지동설을 강력히 옹호하다가 종교 재판에 회부되어 화형을 당했던 지오르다노 브루노(Giordano Bruno, 1548- 1600)[78]는 외계에도 우리와 같은 지적 생명이 살고 있을 거라는 확신을 가졌던 것으로 알려지고 있다. 멜랑히톤(1497-1560)이 코페르니쿠스를 향하여 공격의 화살을 퍼부었던 것을 이해할 필요가 있다.[79]

지구가 우주의 물리적 중심은 아니지만 물리적 지구를 하나님의 관심 의 중심 영역이라는 관점이 따라다니는 한 하나님을 과학의 중심에서 완 전하게 떼어 놓는 작업은 그리 쉽지 않았다. 행성의 운행에 대한 「케플러 의 법칙」을 발견한 천문학자 케플러(1571-1630)는 개신교 목사가 되려 던 신앙인이었다. 그의 스승이었던 티코 브라헤(T. Brahe, 1546-1601) 는 코페르니쿠스를 존경하고 그의 이론을 어느 정도 존경하였으나 브라 헤는 지구가 고정되어 있음을 믿는 학자였다. 이것은 그가 믿는 성경으 로부터 왔다. 생물학에서도 오랫동안 큰 요동은 일어나지 않았다. 19세 기 초반이 되도록 고(古)생물학의 아버지요 비교해부학의 아버지로 불리

는 조지 퀴비에(George Cuvier)는 "처음에 하나님에 의해 창조된 것들
은 오늘날까지 그에 의해서 처음으로 만들어졌을 때와 똑같은 상태와 조
건으로 보존되었다"고 주장함으로써 스스로 자연신학의 패러다임 안에
굳건히 남았다.[80] 그는 광범위한 전 세계적 대홍수를 믿는 견고한 창조론
자였다.[81]

이들 현대 천문학과 생물학의 발달의 중심에 있던 과학자들은 모두 성
경을 신봉하는 신앙인들이었다.[82] 그들에게 있어 외계 생명체 문제는 그
들이 외계에 대해 어떤 생각을 가지고 있든 심각한 관심의 대상이 아니
었을 것이다.

그런데 갈릴레이 갈릴레오(1564-1642)가 망원경을 발명하면서 천문
학에는 일찌감치 엄청난 변화와 균열의 기미가 보이기 시작했다. 비록
갈릴레오 갈릴레이가 수도사가 되려했던 신앙적 인물이기는 하였으나
갈릴레이는 망원경의 발명을 통해 지구가 물리적으로 대단한 존재는 아
니라는 것을 맨 처음 확인을 한 인물이 되었다. 목성에도 목성 주위를 돌
고 있는 지구와 유사한 달이 있었던 것이다. 그것도 지구처럼 한 개가 아
닌 여러 개가 관찰되었다.

어떤 논제가 논쟁화 하려면 정보의 공유가 이루어져야 한다. 종교개혁
이 인쇄술의 발달과 보조를 같이 하는 것처럼 15세기 이후 시작된 인쇄
술은 정보의 공유와 더불어 외계 생명체 논쟁과 같은 보다 특수한 주제
에도 각 방면의 학자들에게 눈을 돌리게 하였을 것이다.[83] 데모크리토스
로부터 칸트에 이르기까지 외계 생명체 논쟁을 다룬 문헌이 있기는 하나
[84] 대부분은 인쇄술이 활성화된 1750년대 이후의 외계 생명체 논쟁을 다
루고 있는 데서도 인쇄술의 발전이 가져다준 혁명적인 파급 효과를 인식
하게 된다.[85]

이러한 배경 가운데 1859년 「종의 기원」(*The Origin of Species*)과 함
께 다윈의 등장은 자연과학에 엄청난 회오리를 가져왔다. 다윈의 생물진

화론은 영국의 토마스 헉슬리(Thomas Henry Huxley, 1825-1895)와 같은 대중적 명성을 지닌 인물의 열렬한 지지를 바탕으로 쉽게 확산될 수 있었다. 이와 같은 진화론이 학문의 이데올로기에 끼친 영향력은 충격적이었다.

진화론의 충격이 어느 정도였는가 하면 20세기를 뒤흔든 마르크스의 공산당이론도 진화론에 그 뿌리를 두고 있을 정도이다. 칼 마르크스 (Karl Marx)는 본래 기독교적 배경에서 자란 사람이었다. 실제로 그가 쓴 최초의 책은 「그리스도와 믿는 이의 연합」(*The Union of the Faithful with Christ*)이라는 자신의 믿음에 대한 고백록이었다.[86] 최소한 고등학교를 졸업할 때까지 마르크스의 기독교적인 믿음과 도덕은 변함없었다.[87] 마르크스가 공산주의 이념을 펼친 데에는 찰스 다윈의 진화론이 엄청난 사상적 배경을 제공하였다.[88] 공산주의 이론은 근본적으로 진화론으로부터 출발하고 있다. 마르크스는 공산주의의 텍스트가 된 「자본론」(*Das Kapital*)을 다윈에게 헌정하고 있다.[89] 뿐만 아니라 떼이야르 샤르댕(Pierre Teilhard De Chardin, 1881-1955)이나 쥴리앙 헉슬리 (Sir Julian Huxley, 1887-1975)같은 진화론자[90]들의 등장은 다윈의 생물학적 진화론을 강력하게 뒷받침하였다. 이들은 전문적인 신학자, 철학자, 과학자 모두의 사고를 자극한 인물이었다. 조어(造語)에 능했던 샤르댕의 「진화적 그리스도」와 같은 말은 그 의미의 확대 해석을 떠나서 단순히 샤르댕이 생물학을 전공한 진화론자요 예수회 신부라는 것 자체로도 대중들에게 폭발적 영향력을 내포하고 있었다고 보여진다.[91] 생물학자이면서 예수회 신부였던 샤르댕의 책이 바티칸과 예수회의 금서 목록에 포함된 것들과 유네스코(Unesco) 회장을 지낸 휴머니스트 쥴리앙 헉슬리 등 대중적 인기를 끈 사람들의 강력한 진화론 지지는 진화론의 확산을 자극했던 것이다. 대부분 저작들이 유작(遺作)으로 출판되기 시작한 1955년 이후 샤르댕의 사상은 가톨릭과 개신교 신학에 모두 파급되어 현

금 세계 신학의 지배적인 한 축을 구축한 것으로 보인다.[92]

생물 진화론의 충격은 곧바로 지구와 우주에 대한 해석에도 큰 변화로 다가왔다. 지구가 만일 진화된 행성에 불과하다면 당연히 외계에서도 생명의 탄생을 기대할 수 있다는 논리는 너무나 자연스러웠다. 문제는 이런 논리가 과연 기독교 신앙과 어떤 충돌을 가져왔느냐 하는 점일 것이다. 이런 면에서 과학의 이름으로 진화론이 등장하면서 그에 따른 외계 생명체 논쟁도 자연스럽게 이루어지기 시작했다. 그리고 이러한 외계 생명체 논쟁의 본격화는 정통 기독교와의 충돌을 내재하고 있었다고 보여진다.

2) 외계 생명체 논쟁과 진화론

생명체 기원 논쟁을 다루는데 있어 진화론에 대한 것은 가장 첨예한 문제이다. 일반적으로 자연과학에서 외계 생명체 문제를 다룰 경우 거의 예외없이 진화론을 전제하고 있기 때문이다.

러시아의 생화학자 오파린(A. I. Oparin)은 1936년 「생명의 기원」(*The Origin of Life*)에서 "지구의 생명체는 자연적으로 발생하였다"라는 가설을 제시하였다.[93] 그리고 1953년 시카고 대학원생이던 밀러(S. Miller)와 그의 스승이었던 유레이(H. Uray)가 오파린의 가설을 실험실에서 검증하고자 간단한 실험 장치를 고안했다. 오파린은 수억 년 전 원시대기 상태를 추론하고 처음 대기는 메탄, 암모니아, 수소, 네온, 헬륨, 아르곤, 등으로 이루어졌을 것이라고 추측하였다. 이들은 물과 메탄, 암모니아, 물, 수소를 함께 넣어 끓여서 혼합 기체에 전극을 통과시키고 냉각장치로 냉각시킨 다음 수증기를 식혀서 트랩에 물이 고이게 하였다. 그리고 2주 후에 이 농축물질을 분석하여 보니 1백 여 가지의 유기물이 생성된 것을 알게 되었다.[94] 이러한 시도들이 진화론자들에게는 매우 고무적인 사건으로 받아들여졌다. 우주의 일개 행성인 지구에서 생명은 우연히 진화되어 탄생되었다는 것을 일거에 증명하는 듯했다. 그렇다면 다른 행성에서도 과거 언젠가 이런 지구와 유사한 진화의 과정을 거쳤을 것이라는 논리는 아주 자연스럽다. 외계 생명체 논리는 이렇게 진화를 전제하면서 형성되게 된다.

그러나 이와 같은 실험에는 치명적인 결함이 있다. 이 실험은 아득한 오랜 옛날, 태고의 원시시간의 자연환경을 상상하고 가정하여 시도한 실험이다. 그러나 과연 생명체가 없던 시기에 누가 이러한 질서정연한 계획된 장치를 제공할 수 있는가라는 문제가 발생한다.

더욱이 진화의 메카니즘에 있어 가장 중요한 것은 생화학적 회로를 유지케 하는 물의 존재가 필수적이다.[95] 다른 조건은 부차적으로 하고 물이 있어야 생명을 설명할 수 있기 때문이다. 이처럼 원시상태의 지구의 바다에서 무기물이 유기물로 진화되고 이것들이 더욱 복잡한 화합물로 발달하여 세포가 만들어지고 생명체가 탄생되게 되었다는 진화론이 성립되기 위해서는 우주에서 물을 찾아내야 한다. 진화론자들이 우주공간에서 물의 흔적을 발견하려 애쓰는 이유는 거기에 있다. 진화론자들은 박테리아 등 단세포는 차치하고라도 어떤 형태로든지 물을 찾기 위해 심혈을 기울이게 된다.[96] 진화론자들은 자신의 과학을 자신의 계산대로 수십억 년 전의 자연계의 상태를 설정하고 그 위에 자신들의 논리를 과학을 가지고 증거하려 한다. 과학자들 스스로 생명체의 시작이 가정과 가설로부터 시작되었음에도 그들은 자신들의 이야기가 그러한 것들로부터 시작된 것을 바로 잊어버리고 사실로 착각해버린다.

어찌되었든 외계 생명체 논쟁은 지구 생명의 진화를 전제로 한 진화론에 밀접한 토대를 두고 있음을 보여준다. 20세기를 마감하는 이 시대의 자연과학의 일반적 흐름은 진화론을 인정하는 전제에서 21세기로 넘어가고 있다. 진화의 전제로부터 외계 생명체의 가능성에 대한 과학자들의 추구는 당연하다. 생물학을 우주로까지 확장시킨 전 코넬대 교수였던 천문학자 칼 세이건(Carl Sagan)도 외계 생명체에 대한 확신이 있는 사람이었다. 그가 외계 생명체에 대해 가지는 믿음과 같은 신념도 우주와 지구가 진화되었다는 전제에서 비롯된다.

이러한 진화론은 우주 생물학을 낳게 되었다. 1976년 바이킹 1호가 최초로 화성에 착륙했을 당시 화성 토양의 유기물이 함유되어 있는지를 조사하기 위하여 가스 크로마토그라피(gas chromatography)와 매스 스펙트로(mass spectrometer)를 이용한 토양표본에 대한 조사를 한 적이 있다. 당시의 상황은 상당히 고무적인 것이었다.[97] 하지만 결국은 비생물적인 활동으로 수정하여 해석을 하게 되었다. 이후 1997년 미국의 무인 화성 탐사선 패스파인더(Pathfinder)호가 화성 아레스 발리스(Ares Vallis)에 안착하여 수행한 일 중 가장 핵심도 채취한 암석과 토양 성분을 자체 내에 부착된 초소형 X-선 분광계를 가지고 화성에 생명의 흔적이 있는가를 밝혀보려는 작업이었다. 외계 생명체 문제는 분명 진화론과 분리될 수 없는 관련성을 가지고 있음을 알 수 있다.

3) 기원론의 확장으로서의 외계 생명체 논쟁

생물의 진화를 가져다 주었던 점진적인 과정, 다시 말해 유익한 돌연변이로 인한 계속적인 선택 현상이 생명의 기원 문제에도 적용될 수 있다는 이론이 진화론적 생물학자들에 의하여 오늘날은 신념으로까지 발전되어 있다. 따라서 최초의 세포는 오랜 기간 동안의 준세포적 진화 과정을 거친 후에 출현했으리라고 생각하고 있다. 그 진화 과정은 자기 복제가 가능한 단순한 분자로부터 출발했으리라고 추정하고 있는데, 이 원시적인 분자로부터 자기 복제 효율이 좋은 돌연변이 분자들이 서서히 생겨나 축적되었을 것이라고 한다. 이러한 자기 복제 분자는 여러 세대에 걸치면서 세포막과 대사 기능을 획득하게 되었다. 마침내 세포에 갖추어져 있는 모든 생화학적인 기능을 갖추게 되었다는 것이다. 생명은 확률과 선택에 의해서만 진행되는 완전히 자연 과정의 결과로서 적당한 지질 화학적 및 지질 물리학적 성질을 가진 혹성의 표면이라면 어느 곳에서도 필연적으로 발생될 수 있다는 주장을 오늘날 많은 사람들이 널리 받아들이고 있다. 인간들의 생각이 생명이란 우주 속에 편재하고 있다는 사고 방식에 젖어 있는 까닭에 지구 밖의 문명으로부터 지구로 보내 오는 메시지를 포착하려고 진지하게 노력도 해보고, NASA가 우주 탐사선인 파이오니아(Pioneer) 10호에 지상 생물에 관한 정보를 금속판에 기입하여 탑재시키는 작업 등을 시도해 보고 있는 것이다. 화성에 대한 생명탐사 노력들도 이와 같은 사고에 기인한다.

만일 생명이 우주 어느 곳에나 편재되어 있다는 사실이 확인된다면, 이는 지구상의 생명의 기원에 대한 수수께끼를 풀 수 있는 주요한 열쇠가 될 것이다. 왜냐하면 그러한 발견은 전통적 진화 사상에 대한 강력한 증거를 제공할 수 있고, 적당한 조건이 충족된다면 어느 천체에서든 물질에서 생명이 탄생하는 자연 과정이 존재한다는 신념에 대한 확고한 지지가 될 수 있기 때문이다.

다른 천체에 생명체가 존재하는지의 여부는 수세기에 걸쳐서 인류의 흥미를 자아내 왔다. 17세기에 독일의 물리학자인 크리스티아누스 후이겐스(Christianus Huygens)는 「혹성 세계, 그 주민과 형성에 관한 새로운 사고」(*New Conjectures Concerning the Planetary Wards Their Inhabitants and Productions*)라는 저서에서 "이 훌륭하고 멋진 생물들은 우리가 지구상에서 보거나 섭취하고 있는 것과는 다른 것을 먹으면서 자라면 생명을 유지하고 있을 것이다. 어쩌면 그들이 먹는 '동식물'은 지구상의 것과는 다른 영양분을 가지고 있을 것이다."라고 지구 밖의 생명체 존재 가능성에 대한 추론을 자유분방하게 전개하고 있다.[98] 미 항공 우주국(NASA)이 1996년 한 화석을 화성 생명체의 흔적을 가진 화성으로부터 온 것이라고 발표했을 때에도 이것이 종교성을 가지고 있음을 이미 많은 사람들이 간파했다. 우리 나라의 주간지 「한겨레 21」은 이것이 종교의 패러다임을 뒤엎을 수 있는 사건이라고까지 흥분했었다.[99] 미국의 한 신문 기자도 화성 생명체 발표는 창조론자들(creationists)과 성경무오론자들(inerrantists)에게 설명의 괴로움과 암흑의 재앙을 선물할 것이라고 흥분했었다.[100] 이러한 진화된 외계 생명에 대한 바람은 자연스럽게 생물이 그저 생물이라고 하는 사실을 넘어서 이성을 가진 생물을 기대하게 만든다.

19세기 다윈의 조언자 중 한 사람이었던 캠브리지 대학의 윌리엄 휴엘(William Whewell) 역시 지구 밖의 생명을 믿는 사람들 중의 하나였다. 인류와 같은 지적인 생물이 존재하리라고 생각한 것은 아니지만 그는 목성에 사는 주민에 대하여 그곳에 서식하고 있는 생물의 모습을 그릴 수 있는 사람은 아무도 없지만, 그들은 수천 평방미터에 걸쳐서 떠돌이 생활을 하고 있는 조류와 비슷한 생물이거나 해파리 모양의 생물일지도 모르며, 연골상의 또는 콜로이드상의 응집물로서 존재하고 있을지도 모른다고 상상하였다.[101] 그러면서 거기에 생명이 있다고 해도 골격을 가지고 있지 않은 액체 상태의 흐물흐물한 생물 이상의 고등 생명체라고는 생각되지 않는다고 상상의 날개를 폈다.[102]

오늘날 우주 생물학에 대한 관심은 갈수록 높아가고 있다. 대중의 큰 인기를 끌었던 미국의 천문학자인 칼 세이건은 그의 저서인 「우주에 있어서의 지적 생명」에서 "지구 외의 천체에서 예컨대 화성에서 생명체가 발견된다면 미국의 물리학자인 MIT의 필립 모리슨의 말처럼 생명의 기원은 기적의 세계로부터 증명 가능한 문제로 전환될 수 있을 것"이라고 주장한다. 1996년 사망하기까지 외계 생명체에 대한 그의 관심은 각별하였다.[103]

20세기 그중에서도 최근 수십 년 간에 걸쳐 우주에는 단순히 생명체가 존재하고 있을 뿐 아니라 인류 문명보다 더 진보한 문명이 존재할 수 있으리라는 주장이 일반화 되어가고 있다. 이 같은 사고가 과학계에도 널리 파급되어 있다는 사실은 60년대 초 이래로 많은 전파 천문학자들에 의하여 우주에서 오는 지적인 신호를 포착하려는 계획이 세워졌던 것을 보아도 알 수 있다. 그중에서 가장 널리 알려져 있는 것은 당시에 웨스트 버지니아(West Virginia)주 그린 뱅크(Green Bank)의 국립전파관측소(NRA)에 근무하고 있던 미국의 전파전문학자인 프랭크 드레이크(Frank Drake)가 입안한 속칭 "오즈마 계획"(Ozma Project)이었다.[104] 이 계획은 사실 그리 대단한 프로젝트가 아니었다. 가까운 항성으로부터 전파 신호가 송신되는지의 여부에 관해 겨우 200시간 정도 조사를 진행했던 정도에 불과하다. 그럼에도 이와 같은 계획에 대한 일반인들의 관심은 지극하다.

이러한 다양한 관측과 바람에도 불구하고 아직까지 외계 생명체의 흔적은 전혀 없다. 즉 아직 외계 생명체의 유무에 대해서는 어떠한 과학자도 구체적으로 검증한 것이 없다.

그러므로 외계에서 진화가 일어났는지는 아직 더 관찰할 필요가 있다고 본다. 평가를 유보해야 하는 것이다. 그러나 앞으로 혹시라도 외계에서 생명이 발견된다면 그것은 진화의 결정적 증거로 삼을 수 있다는 의미와 동일한가? 반드시 그렇지는 않다고 본다. 만일 외계에서 생명이 발견되는 상황이 발생된다고 하더라도 다음의 몇 가지 가능성을 놓고 평가해야 될 것이다. 첫째, 진화론에서 예측하듯이 정말 진화가 되었다고 보는 경우이다, 아마 가장 일반적인 해석법이 될 것이다.

둘째로 만일 지구 가까운 천체에서 생명체가 발견되었다면 거꾸로 지구 생명체가 다른 천체로 옮겨갔을 가능성에 대한 검토가 필요하다고 본다.

미생물은 9-15Km의 고도에서도 풍부하게 살고 있다.[105] 태양풍은 미세한 미생물체를 태양계 밖이나 더 먼 곳까지도 옮길 수 있다. 많은 미생물들이 영하 200℃에서 약 6개월 동안 생식 능력을 잃지 않고 살아갈 수 있다. 어떤 미생물들은 X-레이 방사선을 600 길로래드나 받고도 생존할 수 있다.[106] 섭씨 수백 도에 이르는 뜨거운 화산 용암지대에서도 견디는 미생물 종들도 보고되고 있다. 직경이 90Km 이상 되는 분화구를 만들 수 있는 운석은 지구 바위를 쳐서 지구 중력을 벗어나게 할 수 있다. 그렇게 튀어나간 바위 1천 개마다 17개 정도가 지구의 생명체를 갖고 화성에 부딪치게 되는 경우를 배제할 수 없다.[107]

만일 미생물의 시체가 화성에서 발견되면, 그것이 생물의 자연적인 진화를 알리는 데 사용되리라는 것은 의심할 여지가 없다. 그러나 그것은 단순히 하나님께서 만드신 미생물의 초자연적 생존력을 증명하는 것이 될 수도 있다고 본다.

셋째로 외계 생명체가 발견되더라도 그것이 무조건 진화를 증명하는 것이 아니라 지구에서 처럼 창조되었다는 견해도 있을 수 있다.

최소한 현재까지 인류가 밝혀낸 것은 생명의 정보에는 상당한 설계와 계획이 요구된다는 것이다. 그렇다면 혹시 있을지도 모르는 외계 생명체도 최소한 지적 정보에 의해 시작되었다고 볼 수 있다, 그것은 외계에서라고 해도 우연한 진화가 이루어진다는 것이 아니라 지적 설계를 필요로 한다는 의미이다. 폰 노이만(Von Neumann)은 자신의 저서 「자동 복제 이론」(*Theory of Self-Reproducing*)[108]에서 자기 복제 능력이 있는 기계를 제작하기 위해서는 정보의 축적과 복제에 필요한 정보와 저장되어 있는 정보를 꺼내어 공장 자체뿐 아니라 기계의 부품까지도 제작할 수 있는 그런 자동 공장을 설계할 수 있어야 한다고 주장한다. 지적 설계자가 없이 우연한 생체 설계가 가능하다고 보기는 어려운 일이다.

과학과 신앙을 떠나서도 외계 생명체에 대한 관심은 광범위하다. 새턴 로켓을 개발하여 아폴로 11호 우주선이 달에 착륙하는 데 큰 공헌을 남긴

베르너 폰 브라운(Wernher von Braun)에게 영감을 불어넣은 것으로 알려져 있는 루마니아 태생의 헤르만 오벨트도 외계 생명체에 대한 대단한 확신이 있었던 것은 잘 알려져 있다. 1930년 오벨트에 의해 만들어졌던 원시적인 '원추 엔진 로켓'은 오벨트와 브라운의 합작품으로 알려져 있다. 브라운도 오벨트의 우주에 대한 생각을 어느 정도 수용하였을 가능성이 있다. 신앙인이었던 브라운조차도 외계 생명체에 대한 관심은 여전했던 것이다.[109]

유명한 진화론자 헉슬리(J. Huxley)가 주장한 것처럼 진화론이 사실이고 또 그것이 우주적 과정이라면 이 우주에는 지능을 가진 문명이 많으리라는 것은 지극히 당연한 것이다. 이들 중 문명이 지구보다 훨씬 진보한 것도 있을 수 있다.

즉 진화론을 과학의 설득력있는 이론으로 수용하는 전제라면 외계 생명체에 대해 다양한 관심을 가지는 것을 당연하다고 생각된다. 현대는 바로 그런 시대이다. 우주 과학은 이러한 시대성을 반영하여 외계 생명체를 연구하는데 많은 힘을 기울이게 마련이다.

1972년 발사된 미국의 파이어니어(pioneer) 10호에는 그런 소망이 담겨 있었다. 아마 외계 생명체가 있다면 우리와 언어도 다르고 물질 문명의 단계도 다르고 문화도 다를 것이다. 그런 관점에서 어딘가 있을 지도 모르는 외계 생명체와의 조우를 기대하며 그림 문자, 각국 언어, 심지어 다양한 음악 등 어딘가 있을 지도 모르는 그들 외계인과의 커뮤니케이션을 위한 다양한 소품들이 우주선 안에 포함되어 있었다.[110]

외계 생명에 대해 인간 누구나가 일정한 관심이 있다는 증거이다. 그러나 설령 진화론을 받아들인다고 해도 그러한 관심이 현실화되기에는 여전히 많은 난관이 존재한다. 파이어니어 호가 태양계를 벗어나서 여행을 무사히 계속한다 하더라도 지구와 가장 가까운 별인 켄타우르스 알파까지 도달하는 데에도 25만 년이 걸린다.

또 다른 관심과 노력은 프에르토리코에 있는 미국 코넬 대학의 거대한 전파망원경이다. 이 전파 망원경의 가장 큰 활동은 외계 생명체의 흔적을 찾아내는 것이다.

실리콘 벨리에 본부를 두고 있는 외계문명탐사연구소(SETI)는 지난 2000년 8월 2일(2000년) 마이크로소프트사의 공동창업자인 폴 앨런이 외계 문명 탐사에 사용될 세계에서 가장 강력한 전파망원경 건설에 1150만 달러를 기부했다고 밝힌 적이 있다.[111] 거금을 거뜬히 기부할 만큼 외계생명체 탐사는 일반인들의 관심사인 것이다. 가능성 없는 일에는 여간해서 잘 투자하지 않는 사람의 본능으로 볼 때 많은 사람들이 외계생명체에 지극한 관심을 갖고 있음을 알 수 있다.

외계 생명에 대한 다양한 계층의 다양한 관심은 진화를 염두에 둔 관심사로 보여진다. 만약 진화가 정말 사실이라면 우리는 자연스럽게 외계 생명을 기대해야 한다. 우주의 법칙은 태양계나 지구에 국한된 것으로 볼 수 없기 때문이다. 그렇다면 혹시라도 우리가 찾는 그들이 먼저 이미 지구를 방문한 것은 아닐까?

칼 세이건은 UFO현상에 대해 오늘날과 같은 과학 시대에 고전적인 종교신화들에 대한 대체물로서 전지전능하고 진보된 외계 문명의 전령이 지구를 방문하고 있다는 발상은 오늘날 사람들이 받아들일 만한 합리적인 발상임을 주장했다.[112] 그러나 진화를 전제하더라도 그럴 가능성은 매우 희박해 보인다. 2000년 9월 초 제주도에서 열렸던 'COSMO 2000' 학회에 참석하기 위해 두 번째 방한(訪韓)한 세계적인 천체물리학자인 스티븐 호킹(당시 케임브리지 대학 석좌 교수)은 고등과학원 이기명 교수와의 대담[113]에서 '은하계 안에서 혹시 원시 생명체를 발견할 수 있을지는 모르나 우리 인간과 같은 생명체는 없을 것으로 보인다' 는 견해를 밝혔다.[114] 현존 최고 천체물리학자 중 한사람인 호킹은 부정적인 것이다.

칼 세이건도 드레이크의 방정식을 통해 독립된 두 외계 문명이 지구를 방문할 가능성은 거의 없다고 주장했다.[115] 그렇다면 UFO를 외계인과 관련하여 설명한다는 것은 지나친 비약으로 볼 수 있다. 그러나 인류의 호기심은 그 가능성에 대해 늘 문을 열어 두고 있다. 그 존재의 유무를 떠나 호킹과 같은 세계적 관심의 대상인 저명한 인물의 입에서 외계 생명체 문제가 자주 거론되는 것 자체로도 이 논제가 늘 인류의 관심권 안에 있음이 분명하다. 그러므로 창조 신앙을 가진 기독교적 관점에서 이 문제에 대한 정리는 반드시 필요하다.

4) 우주 연대 논쟁[116]

(1) 진화론적 관점에서 본 오래된 우주와 오래된 지구 생물계

우라늄을 이용한 방사성 동위 원소 연대 측정법에서 알려진 약 150-200억 년의 우주 연대와 45억 년의 지구연대를 그대로 수용하여 이 긴 기간 동안 자연발생적으로 생물진화가 이루어졌다고 보는 견해이다.[117]

생물 진화론의 가장 큰 문제점은 종과 종 사이의 중간상태 화석의 부재이다. 이와 함께 최초의 생명체에 이르는 화학 진화 과정이 열역학적으로, 확률적으로 불가능하다는 것이다. 그리고 지질학의 동일 과정설의 가장 큰 문제점은 현재 발생하는 퇴적과정이 과거의 것과 전혀 다르다는 것이다. 현재 관측되는 어떠한 퇴적작용도 그랜드 캐년이나 콜로라도 대평원같은 지층을 형성하는 경우는 없다. 또한 동일과정설은 화석의 형성 과정을 분명하게 설명할 수가 없다. 완전하게 보존된 수많은 부드러운 조직을 가진 생물들의 화석들은 분명히 매우 급격하게 퇴적되고 매몰되었음을 증명하고 있다.[118]

'오래된 우주'는 물리학과 천문학에서 나온 연구결과이다. 사실 진화론과는 직접적인 관련이 없다. 다만 자연주의 과학자들이 우주 진화의 개념을 생물진화의 연장선 상에 놓았을 뿐이다. 이미 뉴턴이 고전역학을 완성하면서부터 도입된 개념이다. 뉴턴의 정적인 무한우주론에서 시작하여 허블(Hubble)의 우주팽창의 관측으로 인하여 현재의 팽창하는 유한우주론에 도달한 것이다.

이 견해는 진화론과 우주의 오랜 연대를 모두 수용함으로써 외계 생명체 논쟁에 있어 아무런 장애 요소가 없다. 이 견해에 의하면 우주는 진화하고 있으며, 오랜 시간과 적절한 환경이 주어지면 생명체의 출현은 필연적이므로 UFO와 외계 생명 모두에 대해 열린 사고로 접근할 수 있다. 만일 기독교적 관점에서 이 이론을 따를 경우 진화론적 체계를 받아들이므로 외계 생명체 논쟁에 있어서도 세속 학문과 갈등을 일으킬 염려가 전혀 없다. 현실적으로 은하계(Milkyway Galaxy)의 횡축만 해도 10만 광년[119]에 달하는 상황에서 기존 천문학과 갈등 없이 모든 것을 수용할 수 있다. 또한 기존 천문학의 팽창 우주설을 수용함으로써 외계 생명체 논쟁에 있어 운신이 자유롭게 된다.

그러나 이 이론이 진화론과 충돌하지 않기는 하나 성경적일 수는 없다. 진화론과의 논쟁에서 지질학을 제외하고 단지 생물진화론만을 논박하면 되나 전체적 구조가 진화론 체계에 너무 가깝다는 위험성이 있다. 또한 창세기 대홍수 사건을 역사적으로 해석하는데 있어 상당한 난관을 감수해야 한다. 성경(마 24:37:39,눅 17:26-30)이 말하는 그리스도의 역사성과 창세기 대홍수, 그리고 역사적 예수의 재림은 결코 분리될 수 없는 것들이다.

이 이론을 수용할 경우 외계 생명체 논쟁에 있어 자유롭기는 하나 기독교적 관점에서 수용하기란 쉽지 않은 견해이다.

(2) 창조론적 관점의 오래된 우주와 오래된 지구 생물계

진화론과 마찬가지로 오래된 우주와 오래된 생물계를 주장하지만 진화론과는 반대로 창조론적 입장을 취하는 주장이다.[120] 지구의 나이도 마찬가지로 오래되었다고 보며 따라서 지질학의 층서학(Stratigraphy)과 지사학적 체계를 받아들인다.[121] 노아의 홍수를 유프라테스강 유역의 지역적 홍수 사건으로 받아들이므로 그들의 창조론에서 노아의 홍수사건은 큰 의미를 갖지 않게 된다. 창세기 7장에 나타난 홍수에 대해 지역적 홍수라는 주장은 이미 버나드 램(Bernard Ramm)[122] 등을 통하여 주장된 이론이다.

이 이론은 생물 진화론을 반대하며 창세기 1장의 하루를 긴 시대로 해석하여 지사학과 연결시켰다. 하부지층에서 상부지층으로 옮아감에 따라 생물화석들이 중간상태의 화석이 없이 계단적으로 변화해 가는 것을 각 단계마다에 신에 의한 창조의 결과로 해석한다. 천문학과 지질학과의 자연스러운 조화를 이루지만, 근본적으로 창세기의, 노아의 홍수사건의 중요성을 상실하며 앞에서 제시되 동일과정설의 문제점들을 극복하지 못하는 단점이 있다.

창세기 1장의 날들을 상징적으로 해석하는 이러한 견해는 어거스틴과 이레니우스(Irenaeys, A.D.130-200)와 같은 초대 교부와 찰스 핫지(Charles Hodge, 1797-1878), 그리고 20세가 들어와서 반틸(H. J. Van Til), 칼빈 대학의 데이비스 영(D. A. Young), 비브리칼 신학교의 천체물리학자 로버트 뉴먼(R. C. Newman), 도르트 대학의 럿셀 마트만(R. Maatman)123) 등 저명한 북미 학자들의 지지를 받고 있다.

(3) 창조론적 관점에서 본 오래된 우주와 젊은 지구 생물계

이 견해는 천문학적 우주 창조에 대해서는 기존 세속 학문의 결과를 어느 정도 수용하고 지구의 생명체는 비교적 오래지 않은 창조의 연대를 가진다는 이론이다. 이러한 대표적인 신학적 견해에는 간격설(Gap Theory)이 있다.[124]

일반적으로 이 견해는 창세기 1장 1절 "태조에 하나님이 천지를 창조하시니라"에서 '천지'를 전체 우주와 지구로 해석한다. 이것은 욥기서 38장 4절에서 7절에 나타난 "그때에 새벽별들이 함께 노래하며 하나님 의 아들들이 다 기쁘게 소리하였느니라"는 지구 창조에 대한 기록과 조화가 된다고 본다. 이 구절은 지구가 창조되던 당시에 별들이 이미 존재하고 있었음을 묘사한다는 주장이다. 창세기 1장에서 태양과 달과 별들은 제 4일에 나타난 것으로 기록되어 있지만 제 4일에 창조된 것이 아니라 제 4일에 비로소 맑게 개인 대기권을 통하여 그 모습이 하늘에 보이기 시작했다고 해석한다. 그 근거로 창세기 1장 15절에 '땅에 비취라'고 한 것과 창세기 1장16절에 '별들을 만드시고'의 말씀이 창조가 아닌 만듦임을 제시한다.[125]

그러나 간격 이론은 근본적으로 아담 이전 아담론을 근저에 두고 있으므로 구속론적 관점에서 받아들이는 것이 쉽지 않다.[126]

간격 이론과는 조금 다르게 무생물 창조(창조의 1.2.4째날)는 기존 천문학과 조화시키고 생물 창조(3,5,6째날)는 젊은 연대를 고수하려는 견해가 있다. 이 견해는 최근 천문학이 밝혀내고 있는 직경 약 200억 광년의 우주의 방대한 크기와 약 200억 년으로 추산되고 있는 우주의 나이를 자연스럽게 성서와 조화시켰다. 그러나 이 견해는 천문학과 성서 모두를 만족시키려는 이론이기는 하나 성서적 비약이 너무 큰 약점을 동시에 안고 있다고 보아야 할 것이다.

즉 오래된 우주, 젊은 생물에 대한 견해는 외계 생명체 논쟁에 있어 또다시 비논리적인 꿰맞추기식이 될 가능성이 따르게 된다. 하나님께서 무의미하게 우주를 생명도 없는 오랜 침묵과 혼돈의 상태로 방치하셨느냐는 질문 앞에 기존 천문학과 성경 앞에 또다시 방황해야 하는 기로에 서게 되는 것이다. 천문학과 생명 창조를 조화시키려는 설득력 있는 이론이기는 하나 외계생명체 논쟁에 있어서는 논쟁의 틈바구니를 찾기 어려운 약점이 있다고 보인다.[127]

(4) 우주와 지구와 생물의 나이가 젊다고 보는 견해

젊은 우주와 젊은 생물계를 주장하는 견해는 창조론적 견해이다. 이 견해를 주장하는 측은 창세기 1장 1절과 1장 2절 사이에 시간 간격이 없으며 창세기 1장 전체는 전체 우주의 창조에 대한 기록이라고 해석한다. 지구뿐 아니라 전 우주의 나이가 매우 젊다는 입장이다.

종교개혁자들인 멜랑흐톤이나 마르틴 루터, 칼빈 등은 모두 어거스틴의 해석과 다른 문자적 6일 창조에 따른 젊은 우주, 젊은 지구론자들이었다. 물론 칼빈에게 있어서는 루터와 조금 의견이 달랐다. 칼빈에게 있어 중요한 것은 창조는 창조 주간의 길이의 문제가 아니라 창조의 주체이신 하나님과 창조의 목적, 창조의 의미였다.[128] 적응의 방법을 믿는 칼빈에게 있어 '성령은 우리와 함께 말을 더듬으시는 분이요, 성령은 스스로 인간의 통속적 오류에 자신을 맡기신다' 는 성경관은 창조 주간의 길이에 대한 문제에 그리 집착하지 않게 만들었다.[129] 그러므로 칼빈에게 있어 외계는 생명체의 유무를 따질 대상이 아니었다. 오히려 사람들의 무분별한 외계 숭배가 그의 근심걱정의 중심이었다.[130]

오늘날 우주와 지구와 생물의 나이가 젊다고 보는 입장을 강력하게 대변하는 대표적인 그룹은 주로 미국의 안식교 지질학자들과 ICR(Institute for Creation Research), 그리고 한국의 한국 창조과학회 (Korea Association of Creation Research, KACR)의 주축 멤버들이다.[131] 「성서-과학 뉴스레터」(*Bible Science Newsletter*)도 상당히 완강한 젊은 지구를 고수하는 저널이다.[132] 이들은 지구와 우주의 나이가 젊다는 많은 과학적 증거들을 제시하고 있다.

우주는 직경이 약 200억 광년이고 그 별빛이 현재 지구에 도달하고 있다면 간단히 생각해서 그 나이는 200억년 이상이 된다. 허블(Hubble)의 팽창 우주론에 입각한 상대론적 우주론을 그대로 적용하면 현재 우주의 나이는 약 200억 년이다.[133] 그렇다면 젊은 우주를 주장하는 사람들은 물리학과의 이런 모순을 어떻게 설명하려는 것인가. 젊은 우주론자들은 '성년창조설'을 내세워 눈에 보이는 현상 연대와 참연대는 다르다는 주장을 편다. 즉 전 우주는 그리 오래되지 않은 과거(수천, 수만 혹은 수백만 년 전)에 순간적으로 창조되었으며, 다만 '오래된 것처럼' 보일 뿐이라고 한다. 이 견해는 과학적 근거에 의한 것이라기보다는 성서 해석의 차이에서 오는 것이다. 또한 오래된 우주를 인정하면 마치 진화론을 수용하게 되는 것과 같다는 관점에 의한 것일 수도 있다.

대폭발설에 비해서, '젊은 우주론' 자들은 우주의 최초의 창조된 상태가 바로 현재의 상태라는 '성년 창조설'을 주장한다. 즉, 생명체가 부모 없이 최초로 창조된 순간에는 스스로 생존할 수 있도록 완전히 기능할 수 있어야 한다. 예를 들면 아담은 청년의 상태로 창조되었다고 보아야 한다. 따라서 창조된 직후의 아담의 신체를 조사해 보면 마치 아담의 아들이 수십 년에 걸쳐 자란 것과 똑같이 보일 것이다. 필연적으로 현상 연대와 참연대 사이에는 차이가 생기게 된다.[134] 이 견해는 분명 현대 천문학의 업적들을 많이 거부한다, 현대 천문학과 지질학과 당연히 충돌하고 있다.

이에 대한 대답으로 제안된 것으로 1987년 배리 세터필드(B. Setterfield)라는 호주 사람에 의한 역사적 빛의 속도 감소에 대한 연구가 있다.[135] 지난 3세기 이후 측정된 빛의 속도는 감소하고 있으며 그럴 경우 빛의 속도를 외삽(外揷)하여 보면 우주의 초기에는 빛의 속도가 거의 무한하다는 것을 알 수 있고 따라서 가장 먼 거리에 있는 물체에서 나온 빛이 우리에게 도달할 수 있음을 보여 준다.[136] 이 문제는 지난 10여 년 동안 창조론자들의 논란을 가져왔다. 이 관측이 사실이라면 먼 거리에 있는 빛이 어떻게 이 지구에 짧은 시간 안에 도달할 수 있느냐 하는 문제를 일거에 해결해 줄 수 있는 반면 물리학의 상수인 빛의 속도가 변화하여 왔다는 주장이 자칫 양자 역학의 틀 자체를 깨어버릴 위험성을 가지고 있는 것이다.

젊은 지구를 지지하는 증거로 최근 나온 폴로늄 할로(polonium halo) 논쟁이 있다.[137] 방사능 물질은 붕괴하면서 달무리나 햇무리와 같은 흔적을 암석에 남기게 된다. 지금까지 폴로늄 218은 우라늄이 자연 붕괴할 때, 붕괴되어 나오는 자원소로 생각되어져 왔다. 그러나 로버트 젠트리(R. Gentry)에 의하면 우라늄(Uranium) 등 모원소가 전혀 없는 운모(雲母)와 형석(螢石)에서 폴로늄 할로가 발견되었다. 이것은 폴로늄이란 물질이 화강암이 생성되었을 때부터 존재해 있었던 물질임을 보여준다. 놀라운 것은 폴로늄 210은 138.4일의 반감기를 가지는 데 비하여 218의 반감기는 불과 3분밖에 안된다.[138] 이렇게 짧은 반감기를 가지는 물질은 할로를 만들 수가 없다. 만일 진화론에서 말하듯 암석이 수십 억 년에 걸쳐 서서히 식어서 형성되었다면 반감기가 극히 짧은 폴로늄은 오래 전에 이미 다른 원소로 붕괴되어 없어졌을 것이며 또한 그런 물질이 존재했었다는 것조차 도저히 알 수 없었을 것이다. 그러므로 이 증거는 지구의 모암이 폴로늄 생성과 동시에 즉시 결정화된 증거라는 주장이다. 즉 폴로늄 할로의 존재는 지구의 가장 오래된 암석들도 나이가 그리 오래지 않았다는 증거요 순간적인 창조를 웅변해준다고 보는 것이다.

태양계와 지구의 나이가 일만 년이 채 되지 않을 거라는 또 다른 대표적인 학자는 호주의 지질학자 앤드루 스넬링(A. Snelling)과 지구 물리학자이자 천문학자이며 창조론자인 해롤드 슬러셔(Harold Slusher) 박사가 있다.[139] 토마스 반즈(T. Barns)도 젊은 지구론자의 대표적 그룹이다.[140]

노벨상 수상자 후보에까지 올랐던 물리화학자 멜빈 쿡(Melvin Cook)은 헬륨의 양을 갖고 측정할 때 지구의 나이는 그리 오래되지 않았다고 주장했다.[141]

현실적으로 젊은 우주와 지구에 대한 자연과학적 증거는 현실적으로 엄연히 존재하는 셈이다. 총신 대학원의 서철원 박사는 창조의 시기에 대해 하나님께서 천지를 창조하시는 데 수십 만 년, 수백 만 년이 걸렸다는 것은 하나님의 전능교리에 배치되며 결국 하나님의 창조를 부인하는 데에 이르게 된다고 주장한다.[142]

외계 생명체론은 주로 진화론적인 우주관으로부터 시작됐다. 진화론은 반드시 오랜 연대를 가정하게 되는 것이다. 만일 젊은 지구, 젊은 우주, 젊은 생명의 성경적 견해가 맞다면 외계 생명체 논쟁에 종지부를 찍을 수 있을 것이다. 그러나 성경적 견해가 일치하지 않는 현실이 외계 생명체 논쟁에 대한 일치된 성경적 견해를 거부하고 있다.[143]

또한 필자의 생각으로는 안식교 학자들 중 유난히 젊은 지구 젊은 우주론자들이 많다는 것이 종교개혁자들이 지지하였고 많은 설득력을 가진 주장임에도 불구하고 젊은 우주, 젊은 생물론에 대한 반감의 원인의 일부가 되었을 것으로 보인다.[144]

(5) 우주의 연대 문제에 대한 기독교적 이해

그렇다면 어떤 견해가 보다 더 성경적 체계에 부합되는 것인가. 창세기 1장의 하루(יוֹם:yom)를 긴 시대로 보느냐 혹은 24시간으로 보느냐의 관점은 창조론 연대기의 문제에 있어서 핵심적 과제이다. 약간의 우주론에 대한 배경을 가지고 여러 가지 형태로 나타나는 창조론 연대기에 대해서 생각해 본다. 창조론 연대기는 우주의 나이, 지구의 나이, 그리고 생물계의 나이에 따라 분리되어 나타나며 이것들은 우주론, 지질학, 생물진화론에 대한 이론의 영향을 받는다. 극단적 '젊은 우주론자' 들은 창세기 1장의 하루를 24시간으로 해석할 뿐 아니라 창세기 1장을 전체 우주의 창조에까지 적용시키고자 한다. 또 다른 극단의 경향은 바로 진화론자들로서 우주뿐 아니라 전체 생물계까지 수억 년 이상의 나이를 가졌다고 한다. 그리고 이 양 극단 사이에 대화를 위한 시도로 '오래된 우주,

젊은 생명계'의 주장이 있다.

이와 같은 상이한 주장들의 배경에는 창세기 1장의 해석의 차이뿐 아니라 창세기 7장의 노아의 홍수가 전(全)지구적이었는가 아니면 지역적이었는가의 문제가 매우 결정적 역할을 하게 된다. 지역홍수설을 지지하게 되면 자연적으로 지층의 해석에 있어서 지질학의 이론인 동일과정설을 받아들이게 되고 '오래된 생물계'가 되고 만다. 이에 비해서 전체홍수설을 받아들이면 전통적 지질학의 지사학 계보를 거부하고 극히 일부분을 제외한 모든 지층은 노아의 홍수 때 매우 짧은 기간에 걸쳐 형성되었으며 이때 생물들의 화석이 함께 형성된 것으로 믿게 되어 '젊은 생물계'의 주장이 된다.

성경이 비록 과학책은 아니나 성경의 하나님이 우주를 만드신 창조주이시라면 진정한 과학은 성경적일 것이다. 그런 관점에서 성경은 오랜 연대를 주장한다고 보기는 쉽지 않다. 하나님의 능력을 제한할 수 있다. 그렇지만 현대 천문학의 연구 결과들을 외면할 경우 그들과의 대화가 막히는 결과가 되고 만다. 연대 문제가 외계 생명체 문제를 다루는데 있어 중요한 관련 사항이기는 하나 어떤 연대의 주장이 맞느냐 하는 것은 본 논문의 범위와 주제를 벗어난다. 사실 최근까지 창조론을 믿는 학자들 가운데에도 오래된 우주론자들과 젊은 우주론자들 사이에 날카로운 대립이 계속되고 있다.[145] 그 대립의 복판으로 뛰어드는 것은 본서의 한계를 벗어나는 것이다. 다만 성경이 젊은 우주든 오래된 우주든 이 문제에 침묵하고 과학도 이 문제에 대해 날카롭게 대립한다면 우리는 좀더 겸손해질 필요가 있다. 적응의 필요성이 생긴다. 천문학자 존 베로우(John Barrow)와 조셉 실크(Joseph Silk)는 우주가 훨씬 작았다면 어떤 천문학자도 필요가 없었을 것이라고 했다.[146] 성경 어디에도 하나님이 순간적으로 세상을 창조하셨다는 기록은 없다. 순간적으로 창조하셨든 어마어마하게 오랜 기간에 창조하셨든 그게 문제가 되지 않는다. 우주를 유지와 섭리의 측면에서 보면 즉각적 창조보다 오래된 창조가 훨씬 더 큰 기적으로 다가올 수도 있다. 단 한군데 생명의 요새(지구)를 보존하기 위한 더 큰 우주, 더 오래된 우주[147]에 대한 생각이 결코 창조의 능력에 대해 위대성을 감소시키지 않는다. 그 반대의 경우도 물론 마찬가지이다. 젊은 우주든 오래된 우주든 하나님의 행하신 일은 얼마나 위대한가.[148] 피조물인 우리 인간은, 하나님의 시간이 우리의 시간과 결코 동일하지 않음을 늘 명심하고 겸손해야 한다.[149] 그러므로 여기서는 우주의 연대에 대한 각 견해의 입장과 외계 생명체 논쟁에 있어 기본적인 관련 부분들만을 다루었다.

복음주의 과학관이 진리를 거부하는 포스트모던 시대를 뛰어넘는 방법은 정확하지 않은 과학으로 신앙을 변명하지 않는 것이다. 지구의 정확한 나이나 창조의 시기에 대한 무익한 토론과 논쟁으로 불특정 다수와 무차별 전쟁을 벌여서는 안 된다. 과학은 성경을 주도해서는 안 된다. 예를 들어 6일 간 창조가 정말 지금 우리가 생각하는 6일이냐 아니냐 하는 문제는 성경과 과학이 명확한 증거를 주지 않는다. 성경도 증거하지 않고 과학도 해결 불가능한 논제를 가지고 무익한 논쟁에 휘말려서는 안 된다. 성경도 구체적으로 말하지 아니하고 지금의 과학으로 결론 내릴 수도 없는 이슈를 성경적이라고 우겨서는 안 되는 것이다. 더욱 중요한 것은 그것을 태동시키고 계속 보전케 하는 분이 계심을 인정하는 것이다.[150] 과학은 성경과 그리스도로 향하는 몽학(蒙學) 선생으로 그쳐야 한다. 이것이 칼빈의 적응 방법이요 복음주의의 과학관이요 유신론적 과학(theistic science)이다.

5) 복음주의 과학관과 외계 생명체 논쟁

현대 신학자 폴 틸리히(P. Tillich)는 우주의 존재 이유를 지구에 두지 않았다.[151] 그것은 인류에게 생명의 중심을 두지 않음을 의미한다. 틸리히에 의하면 또 다른 천체, 또 다른 역사, 또 다른 피조물이 우리를 대체할수 있다.[152] 현대 과학과 직접적 관련이 없는 신학자 틸리히조차 외계 생명에 대해 많은 관심을 주고 있음을 알 수 있다. 사실 진화론자라면 신학자든 누구든 외계 생명체에 대해 지극한 관심을 두지 않을 수 없다. 물론복음주의 학자라고 지적 외계 생명체에 관심이 없다는 말은 아니다. 외계 생명체 유무를 바라보는 관점이 너무도 서로 다르다는 의미이다. 복음주의가 창조주이신 삼위일체 하나님 중심으로 외계 생명체 문제를 바라보는 반면 많은 현대 신학자들은 외계 생명의 유무에 대해 신앙의 영역을 뛰어넘는 상상을 자주한다. 틸리히는 우리 인류는 이제 무지와 편견을 버리고 지구와 우리의 역사, 심지어 기독교를 넘어서는 과학의 상상력을 막지 말아야 한다고 주장했다.[153] 외계 생명체 논쟁이 이미 현대신학자들의 관심의 영역에 들어와 있음을 보여주는 보기이다.

복음주의는 지구를 물리적 중심이라 말하지는 않는다. 그러나 인류의존재 이유에 대해서는 분명 틸리히와 견해를 달리한다. 지구를 우주의물리적 중심이라고 보지는 않더라도 복음주의 생명관은 지구에 관심의중심을 둔다. 지구와 지구의 인류와 생명체가 하나님 복음의 중심이 되기 때문이다.[154] 물론 복음주의는 하나님의 영향력의 범위에 대해 우주적이다. 박윤선 목사도 저 넓고 경이로운 우주는 하나님께서 인간을 사랑하시어 지으셨다고 이해했다.[155] 복음주의는 아직 수십 년 간의 교신 시도에도 불구하고 아무런 작은 흔적조차 찾지 못하고 있는 우주의 어떤존재에게까지 한가하게 죄와 복음의 의미를 전해야 하는 문제에 대해 걱정하지는 않는다. 박윤선 목사는 성경을 바로 이해하고 과학을 바로 이해하는 칼빈주의(Calvinism)에서는, 지구 이외의 다른 별들의 세계에는사람과 같은, 혹은 사람 이상 되는 어떤 실존이 살고 있는 것으로 보지않는다(Hepp, Calvinism and Philosophy of Nature, 179)[156]고 결론 내렸다.

　복음주의 과학관은 외계 생명체 논쟁에 대해 관심은 가지나 진화론적 관점에서 이 문제를 논의하는 것은 분명 부정한다. 성경은 다만 이 문제에 대해 침묵할 뿐이다.

5. 평가

　현대 문화 안에서 진화론이 생물학 이상의 것을 의미한다고 본 창조과학자들의 인식은 타당한 것이었다. 생명과 우주의 기원 문제에 있어 현대 진화론은 분명 받아들일 수 없는 이론이다. 진화론은 명료하게 무신론적이요 반성경적이며 창조론과 기독론을 모두 훼손시키는 이론이다. 복음주의 과학관은 명료하게 진화론을 반대한다.

　창조과학 운동은 진화론에 대해 전투적이며 성경을 신뢰하는 점에서 분명 복음적이었다. 하지만 젊은 지구에 대한 강력한 주장이 다른 견해를 가진 수많은 복음주의자들과 친구 되기를 포기 하거나 때론 적대적으로 만든 점은 아쉬운 점이 있다. 성경과 과학은 연대 문제에 대해 명확한 답을 아직까지 우리 인류에게 전해주지 않고 있다. 적응의 이론으로 볼 때 이 문제는 겸손과 기다림이 필요하다. 우리의 적은 복음주의 친구들이 아니기 때문이다. 그러므로 오늘날 이 은유를 전 포괄적인 세계관의 기초로 삼는 것은 과연 합당한 가를 질문하는 것은 당연히 가치 있는 것이다.[157] 이것이 창조과학의 마지노선으로 보인다. 그럼에도 반이성적 태도와 우군까지 공격하게된 것은 창조과학의 큰 비극이다. 진화론을 앞에 두고 함께 싸워야할 우군을 적군으로 돌리는 우를 범한 것이다. 마치 출생의 비밀에 대해 어린 아이들이 자신의 견해가 맞다고 우기며 서로 결별하는 것과 다를 바 없는 고집을 꺾지 않은 것이다.

복음주의는 이제 다시 한번 십자가를 그중심에 놓아야 한다. 그리고 그 아래 모여야 한다. 우군(友軍)과 적군을 구별해야 한다. 성경의 진리성과 충족성을 믿는 복음주의자들은 서로 적군이 아니다. 1920년대에 벌였던 것과 같은 방향이 잘못된 쟁점에 휩쓸리지 말아야 한다.[158] 함께 손잡고 복음의 친구들과 일하며 대화할 필요성이 있다. 창조과학은 진화론을 방어하는 데 있어 늘 유효적이기 때문이다. 창조과학의 전투적 경향은 진화론의 공격으로부터 성경의 권위를 변호하는 데 어느 정도 공헌한 바가 있다. 그러나 성서 해석에 있어 보다 더 풍부한 해석의 여지를 남긴 것이 아니라 가두어 놓은 아쉬움이 있다. 많은 창조과학자들이 창조와 진화 기원 논쟁을 뛰어넘어 윤리의 문제와 텍스트 해석의 문제에 있어 다양하고 풍부한 컨텍스트로 시야를 넓혀가지 못한 것은 창조과학 운동의 공헌에도 불구하고 여전한 숙제로 남아있다.

외계 생명체 논쟁은 진화론과 연관지어 조심스럽게 풀어갈 수 있었다. 즉 외계 생명체 논쟁은 진화론과 우주 연대 문제와 밀접한 관련이 되어 있었다. 복음주의 생명관은 다른 생명관이 존재하는 세계에 대해 반대하지는 않으나 주목하지도 않는다. 성경이 그 부분에 대해 아무런 관심을 비치지 않으며 침묵하기 때문이다. 하지만 적용의 방법으로 볼 때 전면적으로 외계 생명체에 대해 부정하지도 않는다. 혹 외계 생명체가 발견되더라도 그것이 성경에 흠집이 있음을 나타내는 것은 아니기 때문이다. 다만 성경이 말하지 않는 부분에 대해서까지 서둘러 나서서 교통 정리하지 않으며 겸손히 기다릴 뿐이다.

1. Henry M. Morris, *Scientific Creationism*, (El Cajon: Master Books, 1985), 1-5.

2. Ibid., 2.

3. Ibid., 3-4.

4. 계몽주의의 문화적 지적 분야를 대표하는 사람들로 흄(David Hume, 1711-1776), 기번(Edward Gibbon, 1737-1794), 볼테르(F. Marie Arouet Voltaire, 1694-1778), 루소(Jean Jaccques Rousseau, 1712-1778), 볼프(Christian Wolff, 1679-1754), 레싱(Gotthold Ephraim Lessing, 1729-1781) 비코(Giovannt Battista Vico, 1668-1744), 제퍼슨(Thomas Jefferson, 1743-1826)을 참조할 것.

5. 계몽주의가 기독교에 미친 영향에 대해서는 Alister E. McGrath, *Reformation Thought* (Massachusettes: Blackwell Publishers, 1994), Gilbert Highet, *The Classical Tradition* (New York: Oxford University Press, 1949), A. Richardson, *History, Sacred and Profane* (Philadelpia: Westminster, 1964). 계몽주의에 대한 종합서로 E. Cassirer, *The Philosophy of the Enlightenment* (NJ: Prinston, 1951)를 볼 것.

6. Robert K. Merton, "Science and Society in the Seventeenth Century," *Osiris* 4 (1938), 360-632.

7. Ibid.

8. Andrew Dickson White, *A History of the Warfare of Science with Theology* (New York: The Free Press, 1965), 90-91.

9. Ibid., 88, 90.

10. Ibid., 89-91.

11. Jacques Monod, *The Eighth Day of Creation* (New York: Simon & Schuster, 1979), 217.

12. H. M. Morris, *A History of Modern Creationism* (San diego: Master Book Publishers, 1984), 63-69.

13. Richard Dawkins, "Review of Donald Johnson & Maitland Edey's Blueprint," *The New York Times* (April 9, 1989, sec. VII), 34.

14. H. M. Morris, *Scientific Creationism* (El Cajon: Creation-Life Publishers, 1985), 9-12.

15. Ibid., 13.

16. Ibid.

17. John N. Moore, *How to Teach Origins* (Milford: Mott Media, 1983), 212.

18. 조합 교회의 호레이스 부쉬넬(Horace Bushnell)과 같은 진보적 사상가와 감독 교회의 필립스 브룩스(P. Brooks)와 같은 온건주의자 그리고 장로교의 찰스 핫지(Charles Hodge)와 같은 보수주의자들을 포함한다.

19. Charles Hodge, *What is Darwinism,* eds. Mark A. Noll & David N. Livingstone (Michigan : Baker Books, 1994), 34-35.

20. Hodge, *What is Darwinism,* 101.

21. G. Frederic Wright, *Story of My Life and Work* (Oberlin, Ohio: Bibliotheca Sacra Co., 1916).. David N. Livingstone, "The Idea of Design : The Vicissitudes of a Key Concept in the Princeton Response to Darwin," *Scottish Journal of Theology* 37 (1984): 329-57.

22. David N. Livingstone, "The Idea of Design : The Vicissitudes of a Key Concept in the Princeton Response to Darwin," *Scottish Journal of Theology* 37 (1984): 329-57.

23. Ibid.

24. B. B. Warfield, "The Princeton Status of the Doctrine of Evolution," *Presbyterian Messener* 3/10, (Dec. 5, 1895), 7-8.

25. Hodge, *What is Darwinism*, 161.

26. Ibid. 29-30, 160-69.

27. 복음주의 역사가 Marsden은 성경 무오성 교리가 A. A. Hodge와 B. B. Warfield가 쓴 *Inspiration* (1881)이라는 논문에서 처음 제시되었다고 주장한다, 하지만 성경 무오성 교리는 기독교 역사 가운데 견지되어 온 성경관으로 이미 찰스 핫지를 비롯한 프린스턴 신학자들의 당연한 성경관이었다고 본다.

28. B. B. Warfield, *Evolution, Science, and Scripture* Ed., Mark A. Noll & David N. Livingstone (Michigan : Baker Books, 2000), 25-44.

29. B. B. Warfield, "Calvin's Doctrine of the Creation," *Princeton Theological Review* 13 (1915): 190-225, *Calvin and Calvinism* (New York: Oxford University Press, 1931), 31, 304-5.

30. B. B. Warfield, "Darwin's Arguments Against Christianity and Against Religion" (1889), *Selected Writings*, Ⅱ, 137, 141.

31. Mark A. Noll, 「복음주의 지성의 스캔들」(*The Scandal of the Evangelical Mind*), 이승학 옮김 (서울: 엠마오, 1996), 256.

32. Ronald L. Numbers, "Creationism in 20th-Century America," *Science* 218/5 (November, 1982), 540.

33. Morris, *A History of Modern Creationism* (El Cajon: Master Book Publishing, 1984), 64-7.

34. Ibid.

35. 이에 대해서는 안식교 출신 역사학자 로널드 넘버스(Ronald S. Numbers)의 *The Creationists* (London: University of California Press, 1993)에 잘 나타나 있다.

36. Morris, *A History of Modern Creationism*, 79-85.

37. Ibid., 60-61.

38. Ibid., 84-87.

39. Ibid., 79-80.

40. Ibid., 80.

41. Ibid., 130-44.

42. Ibid.

43. Ibid., 145-46.

44. Ibid.

45. Ibid.

46. Ibid., 231, 325.

47. Scott M. Huse, *The Collapse of Evolution* (Michigan: Baker Book House, 1986), 17-18.

48. Michal Denton, *Evolution: A Theory in Crisis* (Maryland: Adler & Adler, 1986), 265, 271.

49. 조덕영, 「한국의 창조과학 운동 연구」 (안양: 성결교 신학 대학원, 1997), 5-7.

50. H. M. Morris & John C. Whitcomb, *The Genesis Flood* (Philadelphia: Presbyterian and Reformed Publishing Co., 1961).

51. Morris, *Scientific Creationism* , 131-70.

52. Davis A. Young, *The Biblical Flood* (Grand Rapids: The Paternoster Press, 1995), 258.

53. Davis A. Young, *Christianity and the Age of the Earth* (Grand Rapids: Wm. B. Eerdmans, 1982), 1-67.

54. Young, *The Biblical Flood*, 257-66.

55. Ronald L. *Numbers, The Creationist* (Berkeley: University of California Press, 1993), 276.

56. Ibid.

57. Morris, *Scientific Creationism*, 1-13.

58. William A. Dembski, *Intelligent Design* (Downers Grove: IVP, 1999), 247-252.

59. Young, *Christianity and the Age of the Earth*, part. 3.

60. 조덕영, 「기독교와 과학」 부록.

61. Morris, *A History of Modern Creationism* 298-300.

62. KACR의 설립 비화에 대해서는 일반적으로 알려진 것 이 외의 증언이 있다. 안
    명준 교수(평택대)는 양승훈 박사(캐나다 벤쿠버 세계관 대학원원장)와 함께 한
    국에서 창조과학회를 만들 것을 최초로 구상하고 초대 회장으로 김영길 박사를
    추대 키로 제안하여 1980년 1월 31일 서울 전경련 회관에서 창조과학회가 설립
    되었음을 필자에게 증언하였다.

63. Ibid., 299.

64. 조덕영, 「한국의 창조과학 운동 연구」(안양: 성결교 신학 대학원, 1997), 67-68.

65. Ibid., 68.

66. Ibid., 68-69.

67. 많은 학자들이 창조 주간에 대한 설명으로 해석하는 시편 104편(박윤선 ?시편 주
    석? 참조)을 대홍수의 증거로 해석한다든가 성경의 문자적 해석에 이중 잣대를
    대는 경우가 있었다. 또한 문자적 근본주의가 되면 오늘날 형이 사망하였을 때에
    형수(兄嫂) 취수 등에 대한 율법은 어떻게 문자적 적용을 할 것인가 큰 문제가 발
    생하게 된다. 이런 부분은 문자적 해석이 아닌 그 정신을 수용하여 적응해야 하
    는 것이다.

68. Fred Hoyle and Chandra Wickramasinghe, *Evolution From Space*
    (London: J. M. Dent and Sons, 1981), 24.

69. Fred Hoyle, Chandra Wickramasinghe, Thomas Gold, Leslie Orgel, 스웨덴
    의 물리학자 Avante Arrhenius(최초로 panspermia 용어 사용자), 그리고
    DNA를 발견하여 노벨상을 수상한 Francis Crick 등이 이 주장을 펴는 유명한
    과학자들이다,

70. Fred Hoyle, *The Intelligent Universe* (New York: Holl, Rinehart and
    Winston, 1983), 242.

71. Howard J. Van Till, Davis Young and Clarence Mennings, *Science Held
    Hostage - What's Wrong With Creation Science and Evolutionism*

(Downers Grove: IVP, 1988).

72. 물론 창조과학자들이 성경을 믿지 않는 사람들이라는 의미가 아니다. 오히려 성
    경에 대한 신뢰는 더 대단하다. 다만 주관적 성서주의(biblicism)에 대해 경계하
    는 것이다.

73. 예를 들면 미국 과학 연맹에 있던 많은 사람들, 혹은 대규모 다원주의 이론의 철
    학적 가정을 공격했던 필립 존슨과 같은 인물을 말한다.

74. Davis A. Young, *The Biblical Flood* (Grand Rapids: Eerdmans Publishing
    Company, 1995).

75. Stephen Hawking, *Masters of Time-Cosmology at the End of Innocence*
    (New York: Adison-Wesley Publishing Company, 1992), 55.

76. Jack Meadows, *The History of Scientific Discovery* (Oxford, 1987), 9-28.

77. 고대인들의 생명관에 관한 일반적인 자료는 한국창조과학회 홈페이지
    (http://www.kacr.or.kr) 참조.

78. 양승훈, 「과학자와 물리 교육」 (서울: 크리, 1997), 55.

79. 김용준, 「과학이란 무엇인가」 (서울: 해동문화사, 1990), 25.

80. Richard T. Wright, 「신앙의 눈으로 본 생물학」, 권오식 역 (서울: IVP, 1995),
    62.

81. Henry M. Morris, *Men of Science-Men of God* (El Cajon: Master book
    House, 1988), 38-39.

82. 필자의 저서 「성서와 과학자들」(서울: 두루마리, 1997)에는 국민일보에 연재되었
    던 이와 같은 크리스천 과학자 26명이 수록되어 있다.

83. Alister E. McGrath, *Reformation Thought*, (Oxford UK & Cambridge
    USA: Blackwell, 1994), 12-15.

84. 대표적인 책으로 Steven J. Dick의 *Plurality of Worlds: The Origins of the
    Extraterrestrial Life Debate from Deocritus to Kant* 가 있다.

85. 그런 책 가운데는 *Michael J. Crowe*의 *The E.T. Life Debate, 1750-1900:
    The Idea of a Plurality of Worlds from Kant to Lowell*이 있다.

86. R. Wurmbrand, *Marx & Satan* (Illinois: Crossway Books, 1988), 11.

87. Ibid.

88. Ibid., 83-101.

89. Ibid.

90. 줄리앙 헉슬리는 영국 왕립협회 회장(1883)을 지낸 바 있는 동물학자요 유명한 진화론자인 토마스 헉슬리(Thomas Henry Huxley, 1825-1895)의 손자요 반(反)유토피아 소설의 효시인 「멋진 신세계」(1932)의 저자인 올더스 헉슬리(Aldous L. Huxley, 1894-1963)의 형이다.

91. 에른스트 벤츠, 「진화 사상과 그리스도교의 희망」, 이종성 역 (서울: 현대사상사, 1975), 228-29.

92. 조성노, 「최근신학개관」 (서울: 현대신학연구소, 1993), 14.

93. Richard B. Bliss, *Creation or Evolution*, (El Cajon: Master Books, 1988), 12-13.

94. Stanley L. Miller, "A Production of Amino Acids Under Possible Primitive Earth Conditions," *Science* 117/3046 (1953), 528-29.

95. 특별히 물은 핵산(核酸)의 일종인 DNA의 구성과 RNA 그리고 단백질 합성에 있어 절대적인 역할을 하게 된다. 풍부한 물이 존재하지 않으면 유전자 발현(Gene Expression)의 메커니즘은 전혀 불가능해진다. 즉 생명 현상 자체의 연속성을 기대하기 어렵게 된다. 그렇다면 당연히 진화도 불가능해지는 것이다.

96. 1998년 4월 6일 중앙일보는 "유럽 우주탐사선(ISO)이 토성의 타이탄 위성을 비롯 다른 행성의 위성과 항성. 성간공간 및 다른 은하 등에서 물이 존재한다는 사실을 발견했다"고 보도하고 "타이탄이 대기층에서 수증기가 발견된 것은 이 위성의 상황이 45억년전 생명체가 출현할 당시의 지구와 유사하다는 것을 의미한다"고 로저 보닛 ESA 과학국장이 말한 것을 보도하였다. 즉 타이탄에 열만 가하면 생명체가 출현할 가능성이 상당히 높다는 것이다. 이것은 유레이와 밀러의 실험과 같이 번개와 같은 에너지가 투입되면 생명체가 만들어질 수 있다는 희망인 것이다.

97. "Viking: The First Signs of Life," *Time Magazine* (August, 9, 1976), 48.

98. Christianus Huygens, *New Conjectures Concerning the Planetary Wards*

Their Inhabitants and Productions (1670), Sagan, "Intelligent Life in the Universe", 214에서 인용.

99. 주간 「한겨레 21」의 인터넷판 han21.co.kr 참조.

100. Rowland Nethaway, "Life on Mars may Confound Religions," *Duluth News-Tribune.* Aug. 11. 1996. 14.

101. William Whewell, *Plurality of Worlds* (London, 1854), 24.

102. Ibid., 286.

103. 칼 세이건(Carl Sagan)은 코넬대 천문학 및 우주과학 교수 역임했으며 1977년 「에덴의 용」(The Dragons of Eden)이라는 책으로 퓰리처상을 수상한 과학자이다. 특히 「코스모스」(Cosmos) 등 수많은 과학 저술로 과학의 대중화를 통한 큰 인기를 얻은 과학자였다. SETI 계획에 참여하는 등 우주 생물학분야에도 큰 관심을 보였으며, 1996년 사망했다. 1960년대 말부터 미국 공군의 UFO 조사기관의 자문을 맡으면서 다양한 저서에 UFO에 관한 비판적인 글을 실었으며, 그 대표적인 책은 1995년에 쓴 *The Demon-Haunted World*이 있다.

104. 오즈마란 바움(F. Baum)의 과학 소설에 나오는 먼 나라의 여왕 이름이다. 이 계획의 발단은 본래 코넬(Cornell) 대학의 코코니(G. Coconi)와 모리슨(P. Morrison)의 제창에 의해 시작된 것으로 직경 28m 짜리 전파 망원경을 사용하여 비교적 가까운 거리(10-15 광년)에 있는 태양계 이외의 혹성에 혹시 있을 지도 모르는 매우 진화된 생물을 확인하기 위한 시도였다. 1960년 1월부터 시작된 오즈마 계획의 이렇다할 수확은 없으나 오즈마 계획의 제창은 전파천문학에 대한 관심을 이끌어냈고 우주생물학이라는 새 학문분야 등장의 길을 열어 외계 생명체 논쟁을 과학의 영역으로 꺼집어내었을 뿐 아니라 실체가 없는 인류의 우주인관(宇宙人觀)에 새로운 자극을 주게 된 측면이 있다.

105. Scott M. Huse, *The Collapse of Evolution*, 3rd ed. (Michigan: Baker Book House, 1993), Chapter 3.

106. Ibid.

107. Ibid.

108. H., Butterfield, *Origin of Modern Science* (London: G. Bell & Sons Ltd,

1957), 8.

109. 조덕영, 「성서와 과학자들」 (서울: 두루마리, 1996), 298.

110. 미즈타니 히토시(水谷仁), 「우주인은 있을까」, 김두희 역 (서울: 도서출판 화계, 1992), 129-43.

111. 국민일보, 2000년 8월 3일 목요일, 7면 기사.

112. Carl Sagan, *UFO'S: The ET and Other Hypothesis* (New York: Cornell University Press, 1975), 272.

113. 「조선일보」 2000, 9. 4(月) 9면.

114. 스티븐 호킹 박사는 진화론자인 것은 분명하나 지구처럼 고등 생명체가 존재하거나 우리와 의사 소통할 수 있을 것이라는 희망에 대해서는 부정적이다.

115. Carl Sagan, *UFOs: The ET and Other Hypothesis*, 266-71.

116. 우주 연대기에 대한 기독교적 관점의 자료는 다양한 편인데 그중 「기독교 세계관에 입각한 학문 연구 자료집」(서울: 통합연구학회, 1992)의 권진혁 교수의 「창조론 연대기 비교 연구」 가운데 비교 분류 방식을 주로 참조하였음을 밝힌다.

117. 권진혁, 「통합연구 6호-기독교적 세계관에 입각한 학문 연구」 (대구: 통합연구학회, 1990), 10.

118. Ibid.,

119. George Mulfinger, Donald E. *Snyder, Earth Science* (South Carolina: Bob Jones University, 1995), 47.

120. 최근의 대표적인 사람은 천문학자 휴 로스(Hugh Ross)로 그는 ICR과 같은 근본주의적인 창조론자들과 치열한 성경 안에서의 논쟁을 시도하고 있다. 그는 우주의 방대함과 현대 천문학의 업적을 신뢰하여 오래된 우주를 지지한다. 그는 1980년 이후 이루어진 많은 천문학적 관측 증거들이 아인슈타인의 일반 상대성 이론을 증명함과 동시에 연속창조설과 진동우주설이 틀린 것을 증명한 데 힘입어 일회적 대폭발이론을 지지한다. 그 최초의 폭발을 신에 의한 창조의 첫 순간으로 보는 것이다. 하나님은 그 이후 우주 역사의 여러 단계에서 창조를 계속하고 있다고 본다. 즉 진행적 창조론의 경향을 띤다. 이 주장에 따르면 성경에서(벧전 3:10) 앞으로 또 한번 지구 혹은 우주가 새롭게 된다고 예언된 말씀도 이 범주에

서 해석하려 한다.

121. 권진혁, 「통합연구 6호-기독교적 세계관에 입각한 학문 연구」, 1.

122. Bernard Ramm은 *The Christian View of Science and Scripture* (Paternoster, 1964)에서 전세계적 홍수가 아닌 부분 홍수에 대한 견해를 펴고 있다.

123. Russell W. Maatmann은 *The Bible, Natural Science and Evolution* (Dordt College Press, 1970)에서 창세기 1장의 날들에 대해 상징적 해석을 편다.

124. 재창조설, 아담 이전 아담론, 파괴와 재창조 이론, 아담 이전 격변론 등으로도 불리는 이 견해는 이 이론은 19세기 초 스코틀랜드의 신학자 토마스 찰머스 (Thomas Chalmers)가 스코틀랜드 개혁 성경에 소개하면서 널리 알려지게 되었다. 간격 이론의 주된 의도는 찰머스 당시에 유행한 지질학적 연대 구분을 성경적인 연대기에 조화시키려는 노력의 일환이었던 것으로 보인다.

125. 권진혁, 11.

126. 총신대의 서철원 박사는 1984년 11월 24일 연세대 장기원 기념관에서 있은 한국창조과학회의 추계학술세미나에서 발표한 글에서 간격이론(Gap Theory)은 창세기 1장 1절의 바라(ברא, bara)로 나타내는 창조가 언제 이루어졌느냐 하는 해석에 있어서 난점이 있음을 들어 간격 이론을 거부함을 분명히 하였다.

127. 이 견해가 극단적으로 천문학적 발견까지 부정하는 젊은 우주론에 비해서 훨씬 물리학과 천문학과 자연스러운 조화를 이루고 있기는 하다. 즉 창세기 1장의 해석에 있어서 훨씬 운신의 폭과 범위가 넓어진다. 즉, 하루를 긴 시대로 해석할 수도 있으며 24시간으로 해석할 수도 있다. 다만 너무 천문학과 성서를 꿰맞추기식으로 조화시키려한 것은 아닌지 반성을 하게 된다.

128. 양승훈, 「창조론 대강좌」 (대구: CUP, 1996), 411-12.

129. 존 칼빈, 「칼빈의 점성술에 대한 경고」 김동현 역 (서울: 솔로몬 말씀사, 1993), 164.

130. Ibid.

131. 한국창조과학회는 미 ICR의 영향을 받은 것은 사실이나 학회 차원의 신조를 구체적으로 내세우지 않은 관계로 전 회원들의 견해로 보기는 어렵다. 그러나 설립

초기로부터 주축을 이루는 중심 멤버들은 강력한 젊은 우주, 젊은 지구 주창자들이다.

132. 미 육사 출신 전역 장교인 Bible Science Newsletter의 책임자인 Walter T. Brown, Jr는 「창조의 과학적 증거 116 카테고리」(1984. 6월호)라는 글을 통해서 젊은 지구에 대한 확고한 자신의 입장을 밝힌 바 있다.

133. 권진혁, 9.

134. 마찬가지로 우주에 있어서도 우주는 초기에 완전히 '기능할 수 있도록' 수백억 년 된 것처럼 보이도록 창조될 것이다. 별들 뿐 아니라 별빛까지-사실은 별에서 나오는 모든것(동력파, 적외선, 자외선전자, 양성자, 뉴트리노, 등등)-우주공간을 '달리고 있는' 상태로 창조되어야 한다. 이 성년창조론은 더 이상 과학적 논의의 여지를 거부한다. 그들이 제시하고 있는 젊은 우주에 대한 과학적 증거들은 과학적으로 많은 문제점을 지니고 있음은 부인할 수 없다. 우주의 경우에 있어서도 생명체와 마찬가지로 창조된 초기 상태에 있어서도 어느 정도 가능할 수 있는 성년 창조의 필요성을 인정한다 하더라고 성년 창조설을 극단적으로 주장하면 신이 창조한 자연 세계의 과학적 진리를 연구하는 학문의 진리성과 학문의 의미를 상실할 수 있다는 심각한 난관이 존재한다.

135. B. Setterfield, "The Atomic Constants, Light and Time," *Technical Report* (Flinders University of South Australia School of Mathematical Sciences, 1987).

136. Ken Ham & A. Snelling, *The Answer Book* (El Cajon: Master Book House, 1997), 121-31.

137. Robert V. Gentry는 *Creation's Tiny Mystery* (Tennessee: Earth Science Associates, 1988)에서 젊은 지구에 대한 강력한 주장을 펴고 있다. 참고로 그는 제칠일 예수 재림교(일명 안식교, SDA)를 배경으로 하는 학자이다.

138. Ibid., 28.

139. Paul S. Taylor, *Origins Answer Books* (Arizona: Eden, 1990), 72-3.

140. Ibid., 68-69.

141. Ibid., 65-66.

142. 한국창조과학회, 「창조」 19호 (서울: 창조과학회 출판부, 1985), 11-12.

143. 젊은 우주와 젊은 생물의 견해는 지나친 극단에 있다는 인상을 받는다. 그러므로 천문학, 지사학, 그리고 진화론에 걸쳐 그들과 논쟁할 수밖에 없게 된다.

144. 양승훈, *Radiocarbon Dating and Evangelical Christians* (University of Wisconsin-Madison, M.A. Thesis, 1991) 중 안식교 관련 참조.

145. Paul S. Taylor, "*Letter*," concerned by the continuing anti-young-earth-creationist offensive launched by Dr. Hugh Ross to KACR(Director), June 9, 1994.

146. John D. Barrow and Joseph Silk, *The Left Hand Creation – The Origin and Evolution of The Expanding Universe* (New York: Basic Books, 1983), 205.

147. Ibid.

148. 시 66:5.

149. 시 90:4, 벧후 3:8.

150. Hugh Siefken, "faith in the Physics Lab," *Greenville College Record* (Spring 1996), 6.

151. Paul Tillich, "Man and Earth", *The Eternal Now* (New York: Charles Scribner's Sons, 1963), 66-78.

152. Ibid.

153. Ibid.

154. 롬 1:18-23.

155. 박윤선, 「구약 주석 시편 上」 (서울: 영음사, 1991), 94.

156. Ibid.

157. David L. Livingstone, "Evolution as Myth and Metaphor," *Christian Scholor's Review* 12/2 (1983), 111-25.

158. 아이러니컬하게도 창조과학 운동의 초창기 프라이스와 그의 제자였던 생물학자 Harold W. Clark 사이에서 일찌감치 균열과 비난이 시작되었다. 프라이스는 여전히 6일 창조와 대홍수를 믿는 자신의 제자였던 클락을 향해 자신의 저서 「신

지질학」이 완전히 낡고 부적절한 것이라는 논평을 썼다는 이유로 신랄한 비난을
퍼부었다.

제 4 장

현대 생명 윤리

1. 과학과 윤리

1) 과학 윤리의 출발

윤리란 좁게 보면 사람이 지켜야할 도리 또는 그러한 도리를 찾는 학문이다. 크게 보면 가치 물음 가운데 하나가 윤리이다. 사람이 바라는 가치는 실용 가치와 심미 가치, 그리고 도덕 가치로 나눌 수 있다.[1] 이와 같은 가치 추구 과정에서 반드시 윤리의 문제가 발생한다. 과학은 실용 가치든 심미 가치든 도덕 가치든 밀접한 관련성을 지닌다.

세속 과학의 세계는 원리와 법칙과 실용을 쫓다보면 가치의 문제가 불거지고 반드시 윤리적 문제와도 부딪히게 된다. 그렇다고 세속 과학이 위험한 연구를 무조건 막으려 하지는 않는다. 연구가 눈덩이처럼 커져서 엄청난 모멘텀(momentom)을 가지기 전에 그 초기 단계에서 가능한 미래의 위험이나 부작용을 걸러내려 할 뿐이다. 이를 위해 로런스(William. W. Lowrance)는 「현대 과학과 인류 가치」(*Modern Science and Human Values*)에 대한 논의에서 1) 사회적 가치는 과학에서만 유도될 수 없으며 2) 지식은 선과 악에 다 쓰일 수 있으나 가치 중립적(value free)이지 못하며 3) 새로운 지식이 나타날 때 그것의 쓰임새에 주목해야 하며 4) 기술 활동이 기술자들의 활동에 영향을 미치고 대중의 삶에 영향을 준다는 점에서 가치 의존적이며 5) 기술 전문가들은 대중의 입장에서 대중을 위해 결정을 내려야 하며 6) 과학이 문화적 전망을 바꾸거나 인간의 마음과 육체와, 우주, 인간 사회의 관념을 바꾸어버리거나 서로 다른 대안 중 하나를 선택하게 한다는 점에서 우리 인류의 세계관적 판단에 결정적인 영향을 미친다[2]고 보고 이들 여섯 가지 명제를 정리하였다.

현대 과학이 필연적으로 가치의 문제와 부딪히게 마련임을 간파한 것이다. 여기서 윤리적 논쟁이 반드시 싹트게 된다. 특별히 종교와의 긴장은 당연히 대두된다.[3] 종교든 윤리든 그 기조에는 정의가 있기 때문이다.[4]

레스닉(David Resnik)은 자신의 12가지 과학 윤리 강령에서 과학자들이 자신들의 연구의 사회적 결과를 판단하고 대중에게 그 결과를 알리고이 결과가 해롭다고 판단될 때에는 연구를 중단해야 하는 것을 고려해야한다는 조항을 포함하였다.[5] 세속 윤리학자나 과학 철학자들 사이에서도과학의 윤리 문제는 가치 중립(value free)적일 수 없음을 분명 보여주는사례이다.

그러면 기독교는 어떠한가. 기독교의 경우 그 정의가 기독교 종교 행위로 나타나고 그것은 성서의 윤리 사상으로부터 나올 수밖에 없다. 기독교적 관점에서 볼 때 성서와 과학과 윤리는 삼두 마차처럼 분리되어생각할 수 없다.

포스트모던 시대는 진리보다 도덕적, 문화적 다양성을 추구한다. 이것은 시대의 윤리적 특징으로 그대로 나타난다. 여기서 지속적으로 현대과학과 관련된 많은 윤리적 이슈들을 발생시키는 것이다.[6] 여기에 대해복음주의 과학관은 어떤 윤리적 태도를 가지는가. 이를 다루기 위해서는세속 윤리로서의 진화 윤리학과 기독교 신앙에 바탕을 둔 창조론적 윤리학의 이해가 먼저 필요하게 된다.

2) 세속 윤리로서의 진화 윤리학

현대 세속 과학의 우주 기원과 생명관은 분명 진화론에 주로 그 뿌리와 근거를 두고 있다. 진화론이야말로 설득력 있는 과학의 사실이라는데 주로 근거를 두고 세속 과학의 연구가 이루어지고 있다는 이야기이다. 여기서 필연적으로 진화론의 윤리적 입장이 주목된다. 진화론적 윤

리학의 개념은 저자들에 따라 다음의 4가지 개념으로 쓰여졌다.[7]

첫 번째 개념은 생물학적 진화론의 원리를 논리적 외삽(外揷;extrapolation)을 통해 윤리학의 영역으로 가져온 윤리학의 체계이다. 다윈의 진화론은 투쟁, 경쟁, 선택, 생존과 멸종의 개념을 중심으로 구성되어 있다. 진화의 과정이란 오직 가장 적합한 것만이 가장 잘 살아남는다는 개념이다.[8] 이 개념이 사용되기 위해서는 먼저 윤리 체계 안에서 외삽을 통해 이루어지는 진화론의 생물학적 함축이 방법론적으로 타당하다는 사실이 증명되어야 한다. 진화론자들은 개미나 벌과 같은 사회성 곤충들(social insects)에게서 나타나는 자기 희생적 이타적 행동이 과연 적자생존 투쟁의 진화 개념과 어떻게 합치되는가를 해밀톤(Hamilton, 1964)의 주장을 예로 든다. 개체 수준에 있어 엄연한 이타주의(利他主義)적인 행동조차 유전자 수준에서 보면 사실상 이기적 행동이라는 주장이다.

두 번째 개념은 인간의 도덕적 본성이 진화되었다는 가정으로부터 출발한다.[9] 윤리는 사회적으로 학습된 행동, 즉 사회적 자각을 통해 선택을 해야 된다는 것을 알게 될 때부터 시작된다. 이 개념은 인간의 도덕적 본성이 진화의 발달이 아닌 하나님의 특별 창조에 의한 하나님의 형상을 닮았다는 성서적 관점에 대해 대답해야 한다. 진화는 목적성도 방향성도 없으므로 당연히 도덕성도 없다. 진화론자들은 결국 진화 윤리가 다분히 상황 윤리적임을 설명한다.

셋째 개념은 인류 역사를 통한 인간 윤리 체계의 발달과 연관된다. 여기에는 윤리가 더 좋은 쪽으로 진보한다는 개념이 들어있다. 이 개념은 사람이 하등한 윤리 의식을 역사를 통해 고등한 윤리로 발달시켜왔다는 개념이다.[10] 이 개념은 성서가 말하는 인간의 타락과 윤리는 하나님으로부터 결과한다는 개념과 상치된다. 이 문제에 대해 도킨스(R. Dawkins, 1986)는 진화에 있어 자연선택이란 단순히 '눈먼 시계공'(blind watchmaker)에게 맡겨진 시계의 운명과 같다고 봤다.[11] 시계공이 맹인이었다면 그 시계는 온전히 고쳐질 수가 없다. 눈먼 시계공 개념으로는 창조주 하나님의 창조 질서를 이탈한 지구 전체 운명의 쇠락을 전혀 예견하지 못한다. 즉 창조주 하나님을 제외하고 세상을 바라보는 진화론은 윤리 체계의 발달이란 그저 진화의 단계에서 생존에 급급한 상태에서 나타나는 인류의 한 윤리 형식에 지나지 않을 것으로 본다.[12]

  넷째 진화론적 윤리학의 개념은 채택에 적당한 진화 체계의 본질을 강조한다.[13] 사실 이것은 글로 이해된 일반적인 진화론과는 다르다. 오히려 이러한 윤리체계는 규범적 상태로의 윤리 체계가 아니라 역동적이며 알맞는 가치체계와 관련된다.[14] 오직 채택할 만하고 적합한 진화론적 윤리학의 개념을 말하고 있는 이 4번째 개념은 일반적으로 알려진 진화의 개념과는 전혀 별개의 것이다. 왜냐하면 이 개념은 단순한 진화론적인 진보적 발달을 말하는 게 아니고 인류가 윤리적 체계에 있어 역동적이며 알맞는 본질을 채택해 왔다는 것 자체에 더 강조를 두고 있다. 즉 이것도 상황적 윤리이다.

  3) 창조론적 윤리

  이러한 진화론적 윤리에 비해 창조론적 윤리는 전혀 다른 체계를 갖는다.
  첫째, 진화론적 윤리가 생물학적 진화의 과정을 통해 인류 스스로 만들어낸 윤리임에 대하여 창조론적 윤리는 모든 윤리적 체계의 시작을 창조주 하나님께 둔다. 그러므로 창조론적 윤리는 성경을 창조주 하나님께서 주신 윤리 체계의 근원으로 본다.
  둘째, 진화론적 윤리가 진화의 과정을 통해 인류가 스스로 도덕의 가치도 만들어 왔다고 보는데 반해 창조론적 윤리는 모든 물질의 창조는 선하다는데서 출발한다(창 1장). 창세기의 기자는 '하나님이 보시기에 좋았다'라고 기록함으로 창조론적 윤리와 가치의 규범의 틀을 제공한다. 특별히 피조물 가운데 인간은 하나님의 형상대로 만들어진 가장 좋은 것으로 일컬어진다. 물질과 인간의 육체는 본질적으로 선할 뿐만 아니라, 특별히 인간에게는 생육하고 번성하며 땅에 충만하라고 명령하셨다. 진화의 투쟁과 적자생존은 아무래도 선하신 하나님의 창조 원리와 부합되지 않는 측면이 있다. 진화론자들은 생명이란 다분히 '지극히 낭비적이고 기계적이며 미래지향적이지 못하고 비인간적인 과정'에 의하여 창조되었다'고 주장한다. 텍스트의 권위를 외면하고 컨텍스트만을 가지고 바라보는 지극히 위험한 사고가 아닐 수 없다.

　고통에 대해 깊이 연구한 손봉호 박사는 과잉 쾌락은 불필요한 고통을 요구하고 그 고통이 반드시 그 쾌락을 누리는 사람에게 돌아가지 않을 가능성이 크다고 말한다.[15] 과소비가 환경을 오염시키게 되면 누군가가 그때문에 병들 수 있는 것과 비슷한 이치이다. 절제는 자원해서 고통을 당하는 것이고 윤리적 행위의 기본이다.[16] 여기서 조그마한 절제가 고통과 슬픔으로 가득 찬 세상을 조금이나마 정의롭게 바꿀 수 있음을 내다보았다.[17] 적자 생존, 약육 강식의 진화 윤리학에서는 과잉 쾌락이 가져다주는 불필요한 이웃의 고통에 대한 이해나 자원해서 이웃과 나누는 사랑과 절제의 미학은 전혀 있을 수 없다.

　셋째 진화론적 윤리학이 윤리적 가치의 발달을 주장하는데 반하여 창조론적 윤리는 본질적으로 피조물은 하나님의 영광을 드러내는 존재로 나타난다(시 19:1-6). '주의 손가락으로 만드신 주의 하늘과 주의 베풀어 주신 달과 별들을 내가 보오니 사람이 무엇이관대 주께서 저를 생각하시며'라고 하였다. 창조는 창조주의 영광을 드러낸다. 자연은 일종의 하나님의 현현(顯現)이요 구현(具顯)이다. 진화론자들이나 진화 윤리학자들이 진화와 하나님의 영광을 한 지평 아래에서 해석을 시도한 경우는 전혀 없다. 눈먼 시계공(blind watchmaker)에게 맡겨진 인류에게 무슨 하나님의 영광이 있겠는가!

넷째 진화론적 윤리학이 인간이 역동적으로 필요한 윤리를 채택해 왔다고 보는데 비해 창조론적 윤리학은 궁극적으로 타락과 범죄로 파괴되어버린 하나님의 질서의 회복에 관심을 둔다. 진화론적 윤리학이 다분히 상황적인데 비하여 창조론적 윤리학은 절대적이다. 그 절대적인 윤리로의 회복에 관심을 둔다. 창조론적 윤리는 그 회복된 양심의 기준을 성육신하신 그리스도께서 찾는다(요 1:14). 이안 바버(Ian Barbour)는 과학과 기술을 지구에서 인간과 환경의 가치를 실현하기 위한 방향으로 돌이키는 것이 중요함을 역설한다. 성서 전통이 모든 창조물들을 존중하고 미래 세대에 관심을 갖는 윤리에 크게 공헌할 수 있음을 시사한다.[18]

2. 생명 윤리 논쟁

1) 생명의 본질

과학자들은 본능적으로 현상이 어떤 기능을 가지느냐(what it does)에 관심을 가진다. 그 존재의 의미(what it is)에 대해서는 충분한 주의를 기울이지 않는 편이다.[19] 존재의 의미는 과학의 영역을 벗어나기 때문이다. 그래서 과학자들은 생명의 기능적 측면을 관찰하면서 번식(reproduction)과 성장(growth)과 반응(reaction)과 신진 대사(新進 代射; metabolism)로 생명이 기능함을 찾아냈다. 하지만 이것이 생명의 본질은 될 수 없다. 과학의 발달이 속도를 더하면서 생물학자들은 생물의 존재의 의미까지 파고들 시간적 여유는 없는 형편이다. 그러므로 생명의 본질에 대한 탐구는 생물학자들의 영역의 밖이 되어버렸다. 당연히 생명과학자들은 생명의 본질 보다는 생명의 최소 단위로 눈을 돌리게 되었다. 유전자의 정체성을 생명의 가장 기본적인 단위체로 보기 시작[20]한 것이다. 그리고 이제 하나하나 그 생명 단위의 조작이 가능해졌다. 심지어 인공 수정(Artificial Insemination, AID)과 시험관 수정(In Vitro Firtilization, IVF)까지 가능해지면서 생명 탄생에 대한 정의는 혼란을 겪고 있다.

그래서 오늘날 성서 해석의 범위를 넘어 학자들은 생명에 대한 전통적인 개념까지 뛰어넘으려는 경향을 보이기도 한다. 생명이란 본질적으로 항성과 행성 사이의 높은 온도 차이에 의해 발생하는 자유 에너지의 흐름을 정교하게 활용하여 높은 동적 에너지를 구현해 나가는 존재라고 규정한다.[21] 그럴 경우 생명은 단순한 생물학적 생명의 기준을 넘어 무생물의 영역까지 에너지의 교환만 있다면 거대한 생명체로 간주할 수 있게 된다. 여기에 문제가 없는 것이 아니다. 최초의 불안정한 에너지 구조를 만든 존재는 누구인가 하는 점이다. 여기서 우연이냐 섭리냐의 문제가 대두된다. 학자들이 생명의 본질 문제에 대해서는 한 발짝도 나가지 못한 상태에서도 생명과학은 눈부시게 앞으로 나아갔다. 유전자 구조에 대한 상세한 지식이 축적되면서 생명 공학은 상상을 초월할 정도로 기술적 비약이 이루어지고 있다. 그에 따라 필연적으로 생명 공학의 많은 윤리적 문제가 대두되고 있다.

2) 생명 공학과 윤리 문제

복제를 나타내는 영어 단어 "clone"은 '자르다' 라는 희랍어로부터 왔다. 오늘날 급속히 발전하고 있는 분자생물학을 토대로 세포활동에 필요한 모든 정보를 가진 유전자들을 인위적으로 잘라서(재결합), 그 유전자의 생산물(인슐린, 인터페론, 성장 호르몬, 예방백신, 기타)을 얻어내거나 유전자 자체를 대량으로 얻어내고자 하는 유전공학이라는 새로운 학문이 대두되게 되었다.

유전공학은 유전병, 종양(암), 노화, 바이러스 질환 등의 수많은 난치병의 진단과 치료 및 예방에 새로운 희망을 주게 되었고, 의학 이외에도 농수산업이나 공업 등에도 엄청난 발전의 가능성을 제시하게 되었다. 그리고 유전학과 분자생물학의 발달로 인해 생명현상의 궁극물질인 DNA에 대해 많은 것이 밝혀졌다. 그중 흥미 있는 것은 DNA는 어떤 변화나 손상이 생기면 즉시 원래의 DNA로 수리하여, 부모로부터 받은 유전자를 그대로 유지하게 되는 DNA 수리 체계(repair system)가 계속 발견되고 있어서 생물체는 원래 진화가 되지 않도록 되어 있다는 것이 밝혀졌다. DNA의 규명으로 유명한 왓슨(Watson)의 저서 「유전자의 분자생물학」에 의하면 최첨단 분자생물학적 방법에 의해 미토콘드리아 DNA 유사성을 조사해 본 결과 모든 인류의 어머니는 한 명의 여자였다는 재미있는 보고가 있어서 성경말씀 '모든 산자의 어머니, 하와' 라는 깊은 뜻을 다시금 되새기게 된다. 생명의 유전정보는 진화로 설명하기가 쉽지 않다.[22]

유전공학은 일명 유전자 재조합기술(rDNA)이라고 불리며 특정 유전자를 분리하여 플라스미드나 박테리오파지 등의 유전자 운반체에 결합시킨 후 숙주 세포(宿主 細胞, host cell)로 전달된 세포를 분리하여 대규모로 배양시켜 희귀한 유전자나 단백질을 얻어내는 기술이다.

유전 공학연구는 크게 두 가지로 볼 수 있다. 그중 하나는 고장 난 유전자를 찾아내어 진단하고 치료하는 유전자 치료(혹은 유전자 수술)이며 이를 위해서 무해한 미생물을 약간 변조시켜 유용한 유전자산물을 얻어내는 연구인데, 이를 통하여 유전병이나 종양 등의 많은 난치병을 회복시킬 수 있는 좋은 결과를 기대할 수 있다. 기독교인은 이러한 분야의 연구를 적극 지지한다. 왜냐하면 질병과 고난이란 것이 결국 죄로 인한 인간의 타락의 결과로 이 세상에 들어오게 된 것이며, 기독교인은 하나님의 뜻을 거스리는 악과 싸우기 위해 선한 기술을 사용할 수 있기 때문이다.

유전공학의 또 다른 연구 분야로서는 새로운 생명체의 창조이다. 물론 무에서부터의 생명창조는 아니고, 이미 존재하는 생명체를 가공하고 섞어서 새로운 생명체를 제조하는 것이다. 그런데 이러한 연구는 윤리적으로나 신학적으로 큰 문제를 일으키고 있으며 특히 그 연구가 인간을 대상으로 했을 때는 대단히 심각한 문제가 되는 것이다. 유전공학 연구는 식물, 동물, 인간 등 모든 생명체의 유전자들을 대규모로 섞고 있으며 심지어는 원숭이와 사람과의 잡종을 만드는 실험도 있는데 이러한 것은 인간의 존엄성의 근본을 무너뜨릴 수 있는 심각한 문제가 될 수 있다. 세속 정부도 이것을 인식하고 서둘러 법 제정에 나서 우리나라도 최근에 법률이 시행되고 있다.[23]

많은 과학자들은 지구상의 생명체는 수억 년 동안에 걸쳐 우연히 생겨난 것이라고 가정하고 있다. 그래서 그들은 잘 갖추어진 자신들의 실험실에서 자연히 이루어내는 업적보다 훨씬 더 나은 생명제조를 할 수 있다고 생각하며 유전공학의 기술이 이들의 착각을 부추긴다.

동물 복제 기술의 역사는 일반인들이 생각하는 것보다는 훨씬 긴 편이다.[24] 그중에서도 1996년 2월 영국에서 복제된 복제양 돌리(Dolly)가 유난히 소동(Dolly phenomenon)을 일으킨 이유는 생식세포가 아닌 일반적인 체세포(體細胞)를 이용하여 지금까지는 불가능한 것으로만 여겨졌던 포유류의 복제에 성공함으로써 인간의 복제도 가능하다는 길을 열어놓은 데 있다. 흔히 생식세포라 불리는 정자와 난자는 유전자의 절반을 갖고 있다. 그러므로 다른 정자와 난자가 결합하였을 때에만 비로소 완전한 세포가 되어 자라기 시작한다. 그러나 체세포는 처음부터 완전한 유전자를 갖고 있기 때문에 여기서 얻은 핵이 난자의 핵과 치환되어 세포분열이 가능하다면 생명의 복제가 이루어진다.

지금까지 동물복제의 문제는 과학자들에게 있어 이론적인 난제가 아니라 기술적 난제와 윤리적 문제만의 장애물이 있다. 즉 누군가가 먼저 이 난제를 극복하는 가가 문제일 따름이었다. 이제 이런 문제가 하나씩 벗겨져 가고 있다. 즉 언젠가 직면할 충분히 예측된 사건이 우리 앞에 다가왔다고 보는 것이 옳다.

어쩌면 이제 기술적인 문제 때문에 인간 복제를 못하던 시대는 마감되었다고 보는 것이 옳다. 1996년 이미 미국의 프린스턴 대학의 실버 교수는 "앞으로 6년 안에 복제 인간이 탄생하게 되더라도 나는 전혀 놀라지 않을 것이다"고 자신 있게 주장하였으니 이제 그 탄생 소식만이 남았을 뿐이다. 그렇다면 이들 생물학자들이 생명 복제에 나서는 이유는 무엇일까? 아마 학문적, 경제적, 의학적 이유 등이 있다고 생각된다.

먼저 복제를 통한 형질 전환(transgenic)을 통한 우수 동물의 대량 보급이 경제적 도움을 줄 수 있다고 생각한다. 좋은 육질을 인간에게 제공해 준다거나, 우수한 성능의 동물을 복제하여 경제적 유익을 제공할 수 있게 된다고 주장한다. 예를 들면 우수한 경주마 등의 복제는 상당한 경제적 유익을 가져다 줄 수도 있다. 여기서 유혹이 생긴다.

둘째, 인체 유용 물질을 생산하는 데 이 생명 복제 기술이 응용될 수 있다고 본다. 이를테면 과학자들은 인터페론, 인슐린 등 난치병의 치료 약제를 보다 쉽게 확보하는 데 이 기술이 도움을 줄 것으로 기대한다.

셋째, 세포 주기(週期)의 기전 연구 등을 통한 암 등 난치병 치료의 전기가 마련될 수 있지 않을까 하는 기대를 생명공학자들은 갖고 있다.

넷째, 환경오염에 의한 생태계 파괴로 인한 생물의 다양성이 파괴되어 가는 이때 동물 다양성 보존을 위한 유리한 환경 조성에 복제가 도움을 줄 수 있을 것이라고 생각한다.

그러나 이것은 참으로 순진한 생각이다. 생명공학, 그중에서도 생명복제가 가져다 주는 역작용은 그리 만만치가 않다. 기독교적으로 복제의 문제는 여러 가지 우려되는 부작용이 상당부분 있는 게 사실이다.[25]

첫째로 이 기술이 선한 쪽보다는 악한 쪽으로 응용될 때의 문제이다.

인간은 모든 과학 기술적인 발견에 대해 늘 선하게만 이용해 오지는 않았다. 많은 기술적 성과들이 살상 무기 등 파괴적으로 응용되어 온 것을 우리는 역사를 통해서 잘 알고 있다. 미생물 무기, 생체 실험, 핵무기, 컴퓨터와 통신을 이용한 음란물의 범람, 컴퓨터 범죄, 쾌락과 현실 도피를 위한 약물 남용, 무분별한 맹독성 농약의 사용 등은 사람들이 얼마나 과학 기술을 자신의 유익과 쾌락을 위해서라면 수단 방법을 가리지 않고 사용하는가 하는 것을 보여 주고 있다. 생명 복제라는 이 미묘하고도 엄청난 파장을 일으킬 수 있는 문제에 대해 모든 사람들이 그저 중립적으로 바라보고만 있을 것이라고 생각하는 것은 너무 순진한 발상인 것이다. 이미 이러한 우려는 현실로 나타나고 있다. 이것은 먼저 단순한 악의 세력이 아닌 경제적 이득을 추구하는 다국적 기업에서 나타나고 있다. 1994년까지 OECD에 가입하지 않은 국가들과 멕시코에서 형질 전환 작물(trasgenic plant)이 방출된 사례가 적어도 90 차례가 되었는데, 이 중 3분지 1이 미국의 몬산토(Monsanto)와 칼진(Calgene)[26], 그리고 스위스의 가이기(Ciba Geigy)[27]와 같은 다국적 기업의 소행이었다.[28] 세계의 이목이 집중된 다국적 기업이 비도덕적이라면 그보다 더 심각한 사태는 언제든 얼마든지 일어날 수 있다.

둘째로 경제적인 부분이다. 사람들은 생명 공학과 생명 복제가 사람들에게 많은 부를 가져다 줄 수 있을 거라고 생각하나 이것도 극히 위험하고도 순진한 발상일 뿐이다. 필자의 생각으로는 오히려 아마도 생명 복제의 큰 열매가 생긴다면, 극히 일부분의 사람들에게만 엄청난 혜택을 누리게 할 것이라고 본다. 이미 인간 신체 기관 판매 시장은 세계적으로 큰 번성을 구가하고 있다.[29] 미국의 경우 1996년, 인간 장기 시장 규모는 이미 연간 60억 달러에 이르는 것으로 추정되고 있다.[30] 여기에 생명 공학의 발달은 경제적 이득에 눈이 먼 사람들의 마음에 불을 지를 것이다. 이들이 바로 자신의 배를 채우는 사람들이 될 것이다. 사실 생명 공학을 연구하는 비용은 그리 만만한 비용이 아니다. 부가가치가 큰 연구일수록 그 혜택은 대중이 공유하기보다는 극히 일부에게 돌아가는 것이 지금까지 역사의 교훈이다. 복제양 돌리(Dolly)를 만들기 위해서만 로슬린(Roslin) 연구소는 자그마치 5만 달러를 투자하였다. 서울대 황우석 교수도 2005년 이후 정부에서만 250억 이상의 공식 연구비 지원을 약속 받았었다. 돈이 되지 않는 일에 투자하는 순진한 기업이나 정부는 없다. 연구에 경제적 유익이 없다면 기업이나 각국의 정부는 공을 들여 재정적 지원을 하지는 않을 것이다.

셋째로 생명 복제가 인류에게 가져다 줄 윤리적인 문제이다. 인간 복제가 가능해진다면 인류의 기존 도덕과 윤리는 모두 흔들릴 것이다. 그것을 잘 알면서도 기독교계는 현재 아무런 구체적 대안을 준비하지 못하고 있는 실정이다. 윤리, 도덕적인 혼란의 유형으로는 복제가 가져다주는 하나님의 주신 가정 제도의 무질서, 친족 위계 질서의 혼란(아버지를 닮은 복제 아버지를 아버지로 여길 수 있는가 하는 등의 혼란), 인간 복제 과정에서 필연적으로 생기는 부적절한 유전자를 지닌 생명체의 폐기(즉 태아 살해와 같은 의미라고 볼 수 있다), 복제 인간의 비인격적 대우(노예, 가정부 취급 또는 치료 목적을 위한 복제), 복제 생명의 영혼 존재 여부와 구원 여부 등의 문제가 발생한다. 하나님이 직접 세상에 만드신 두 가지 제도가 있다. 바로 가정과 교회이다. 그리스도인들은 이 가정과 교회를 철저히 보호하고 유지시킬 책임이 있다. 생명 복제, 특히 인간 복제의 문제는 그런 면에서 앞으로 가정과 교회에 심각한 도전이 되고 있다.

더욱이 치명적인 것은 복제의 과정 중 본의 아니게 반드시 발생하는 부적절한 생명체의 처리 문제이다. 복제 양을 만든 영국 로슬린(Roslin) 연구소의 아이언 윌머트(Ian Wilmut)도 277회의 시도로 돌리를 만들어 냈다. 276회의 실패가 있었다는 얘기이다. 277번의 시도로 6일 이상 생존한 오직 29개의 배아(胚牙)를 얻었다. 이것을 13마리 양에게 이식하여

29개 중 하나가 성공한 것이다.[31] 28개의 배아도 어느 단계에 죽었거나 비정상이었다는 결론이다. 성공한 과학자가 이 지경이니 세계적으로 실패를 거듭한 나머지 과학자들이 단순히 실험용으로 사용하다가 폐기한 어린 생명과, 실패로 인해 폐기한 생명은 부지기수라는 결론이 나온다.[32]

문제는 이것이 인간의 경우였다면 분명히 태아 생명의 살해가 아니겠는가? 지극히 작으므로 이들은 생명이 아니라고 주장하는 학자들이 있을지도 모른다. 그러나 지극히 작은 자에게 한 것이 바로 나에게 한 것이라는 예수님의 말씀은 이 생명 복제의 시대에 예사롭게 들리지 않는다. 예레미야를 하나님께서 선지자로 대하신 것도 그가 이미 복중에 있을 때부터였다.[33]

넷째로 과연 복제 생명이나 형질 변경 동물이 늘 유익한 결과를 가져다 줄 것인가 하는 의문이 생기게 된다. 유전적 결합으로 인한 실패율이 높은 것이 그것을 증거 한다. 형질 좋은 생물을 만드는 과정에서 사람이 인위적으로 하는 복제는 당연히 유전적 결함을 더욱 많이 나타낼 것이다. 그럴 경우 오히려 기형의 새로운 변종의 탄생 가능성이 훨씬 높다고 보는 것이 과학이 상식이다. 사실 DNA 염기쌍 15만 쌍 중 하나가 손상되어도 암을 유발할 수가 있다. 이것들이 동물이기에 망정이지 사람을 마음대로 이렇게 복제하거나 장기 이식하였다가 미숙한 처리로 장애를 만들거나 살해하게 된다면 심각한 문제가 아닐 수 없다. 「의료윤리회보」(*Bulletin of Medical Ethics*)의 편집자 리처드 니콜슨(R. Nicolson)에 따르면 완벽하다고 가정되고 있는 이종간(異種間) 장기 이식(臟器 移植)의 경우에도 겨우 기대 수명의 0.02%만 늘릴 뿐이다.[34]

1996년 세계 최초로 체세포 복제에 의한 복제 양을 탄생시켜 세계에 파문을 던진 복제양 돌리(Dolly)가 다른 동갑 양들에 비해 많이 노화됐을지도 모른다는 가능성이 제시되었다.[35] 조사 결과 돌리는 다른 양에 비해 짧은 텔로미어(telomia)를 가지고 있었다.[36] 당시 태어난 지 3년 된 돌리가 6세의 어미로부터 세포를 받았기 때문에 실제 돌리의 나이는 9세이지 않겠느냐는 해석도 나왔다. 돌리가 조로(早老) 증상을 보일 수도 있다는 충격적 견해인 것이다.

그렇다면 돌리의 텔로미어는 왜 정상에 비해 짧은 것일까. 돌리에게 유전자를 제공한 어미양의 나이는 6세였다. 즉 이미 여러 차례 분열을 거친 세포의 유전자로 돌리가 탄생한 것이다. 정자와 난자가 만나 만든 수정란의 유전자를 '원본' 이라면 6세의 어미 양으로부터 얻은 유전자는 수정란 유전자의 '복사본' 에 해당한다. 원본에 비해 복사본에 흠집이 있으리라는 점은 누구나 짐작할 수 있다. 복사가 품질이 떨어진다는 것은 누구나 잘 아는 사실이다. 만일 복사기의 원리가 그대로 생체 복사에 적용된다면 그것은 앞으로 생명복제의 기술이 인류에게 유익을 주는 단계까지 가기에는 상당히 험난한 장애들이 있음을 예고하는 것이다.

돌리가 과연 또래의 양들에 비해 늙었는지 알 수 있으려면 몸의 생리기능에 어떤 변화가 오는지 살펴보아야 한다. 양의 평균수명은 13년이다. '조로' 는 단순히 일찍 늙는 현상을 넘어서, 노화에 따라 자연스럽게 발생하는 각종 질병마저 야기시킬 수 있기 때문이다.

돌리는 2003년 결국 사망했다. 아니 죽음을 예측한 과학자들에 의해 사전에 도축되었다. 생명 복제 연구를 통해 여전히 다양한 복제 생물은 나올 것이다. 하지만 그것은 정품을 흉내낸 미숙한 복제본이라는 사실을 기억할 필요가 있다.

이런 여러 가지 이유로 복음주의 과학관은 생명 복제에 큰 희망을 걸지 않는다.

3. 새로운 현대 종교 운동에 나타난 생명 윤리 논쟁

1) 생명 윤리 문제가 현대 종교 운동에 나타난 배경

생명 윤리 문제가 현대 종교 운동 안에서 생겨난 한복판에 한 반성경적이며 무신론적인 종교 운동이 자리 잡고 있다. 바로 최근 복제 인간 탄생을 주장하여 과학계 뿐 아니라 온 세계에 파문을 던진 라엘리안 무브먼트(Raelian Movement)라는 종교운동이다. 이들 복제 인간 소동의 중심에는 클로네이드(Clonaid)라는 이들이 운영하는 상업 회사가 자리 잡고 있다.

그런데 이들은 왜 그렇게 대다수의 과학자들과 일반인들이 우려하는 인간복제를 적극적으로 시도하면서 윤리적 파문을 일으키는 것인지 살펴볼 필요가 있다.

2) 종교 운동으로서의 라엘리안 무브먼트(Raelian Movement)

라엘리안 무브먼트는 비록 무신론적 운동임을 표방하고 있기는 하나 분명 종교적 함축을 가진 운동이다. 라엘리안 무브먼트는 1975년 스위스 제네바에서 창설된 종교적인 국제단체이다. 교주 라엘(Rael)은 프랑스 스포츠 잡지 기자와 카레이서 출신으로 알려져 있다. 이 사람은 1973년 프랑스 중부에 있는 클레르몽 페랑에서 우주선을 타고 온 외계인을 만났고 2년 뒤인 75년에는 광속보다 수십 배 이상 빠른 우주선을 타고 외계인의 혹성에 가서 지구보다 2만 5천 년이나 진보된 과학 문명을 체험했다고 주장했다.[37] 지구상의 생명체는 엘로힘으로 불리는 외계 인류에 의해 DNA의 유전자조작으로 창조되었다고 주장했다.[38] 그들은 또한 그 외계 인류의 이름인 엘로힘은 히브리어 성서에서도 발견되며 훗날 하나님

(God)이라는 단어로 오역되었고, 예수도 엘로힘의 발전된 복제기술로 부활했다고 주장했다. 가상의 외계인을 우리 인류의 창조주로 믿는 과학 시대의 특이한 종교라 할 수 있다.[39]

종교란 단어는 그 용어상 크나큰 해석적 제약이 존재한다. 개혁신학자 벌 코프(Louis Berkhof)는 성경에 종교에 관한 정의가 나와 있지 않으므로 발생하는 종교라는 용어의 다중성을 분명하게 지적한다.[40] 그에 의하면 개혁주의 신학에서는 주관적 종교와 객관적 종교를 구분하는 것이 통례라고 설명한다. 여기서 객관적 종교는 기독교를 다른 종교와 구분하여 사용할 때이고 주관적 종교는 객관적 종교에 대응하는 것으로 본다. 객관적 종교란 사실상 하나님의 계시와 같은 것이므로 하나님에 관한 지식과 하나님에 대한 인간의 관계에 관한 지식을 가리키는 데 사용하고 주관적인 종교란 하나님의 말씀에 의해 규정되거나 결정되어 나타나는 예배와 교제 및 봉사로 표현되는 삶을 말한다.[41] 외계 생명체 논쟁의 종교적 함축은 이런 요소들이 분명 반성경적인 모습으로 일그러져 나타난다.

사회심리학자 에릭 프롬(Erich Fromm)은 좀더 넓은 의미의 종교에 대해 정의한다. 프롬은 그의 책 「정신분석과 종교」(*Psychoanalysis and Religion*)에서 종교란 "하나의 집단에 공유(共有)되고 각 개인에게 방향 설정의 틀(a frame of orientation)과 헌신의 대상을 주는 사고와 행동의 체제 일체를 의미하고 있다"고 광의(廣義) 적으로 해석했다.[42]

대체적으로 기독교인들은 외계 생명체에 대하여 부정적인 견해를 가진다. 여기에는 외계 생명체에 대한 견해가 일반적으로는 무신론적 진화론의 경향을 띤다는 것과 어떤 관련이 있지 않을까 하는 우려가 작용하고 있다. 실제로 미국의 유명한 천문학자 칼 세이건은 "만일 어떤 행성이 지상 생명체가 살 수 있거나 적어도 버틸 수만 있는 표면을 갖고 있다면 아마 거기에는 생명체가 발생할 수 있었을 것이다"라고 주장했고, 진화론자인 파사초프도 "비록 태양계 내에서는 생명체를 찾지 못했어도 우주에는 다른 많은 항성들이 있으며 그 항성들 중 일부는 주위를 선회하는 행성들을 갖고 있을 것이다. 그리고 그들 중 몇몇 행성에서는 지구에서 기원한 생명체와는 무관하게 생명체가 발생할 수도 있을 것이다"라고 했다.[43]

　이런 여러 요소들이 외계 생명체 논쟁과 이에 따라 나타나고 있는 종교적 현상들에 대한 정리된 성경적 해석의 필요에 대한 관심을 불러일으킨다. 이와 같은 외계 생명체 논쟁의 틈바구니에 끼어드는 현상 중 UFO 문제는 그중심에 서 있다. 1996년 11월 중앙일보는 〈UFO, 이제 종교다〉라는 제목으로 종교화 되어가는 이 현상을 특집으로 다루었다.[44] 1995년 11월 26일 UFO 관련 내용을 방송한 KBS의 일요스페셜 팀도 라에리안 운동(Raelian Movement)을 소개하므로서 UFO현상이 종교성을 띠기 시작했다는 것을 언급하고 있다.

　남 캘리포니아 주립대학의 종교학과 교수 로버트 엘우드 2세는 1950년대가 UFO종교의 전성 시대였다고 주장한다.[45] UFO 연구가인 자크 발레는 모든 UFO 현상이 종교적인 모티브를 가지고 있다고 주장한다.[46] 태평양 루터 신학원의 조직 신학 교수요 포스트모던 신학자인 테드 피터스 2세(Ted Peters Jr.)는 UFO 현상의 종교적 요소들을 수집 분석한 후 현대사회에서 종교적인 요소들을 가장 많이 포함하고 있는 현상은 바로 UFO신드롬이라고 하였다.[47]

　세계적인 영화 감독 스티븐 스필버그의 영화 「제 3종 근접 접근」(*Close Encounter of the 3rd Kind*)은 마지막 장면을 통해 UFO의 종교적 상징성을 적나라하게 묘사하고 있다. UFO 군단은 마치 새 예루살렘 성처럼 인류의 비밀기지를 향해 내려오고 있고 성직자는 성경을 뒤지면서 당황하는 장면이 나온다. 이 클라이막스를 통해 스필버그가 목적했던 제작 의도를 엿볼 수 있다. UFO는 역사상 많은 인류가 믿고 의지하던 하나님이 타고 오는 비행체라는 것과 결국 신이란 의도되었든 의도되지 않았던 외계인이 인류에게 남기려 하였던 자신들의 삶의 방식과 의식의 투영이라는 암시가 있는 것이다. UFO 신봉자들은 가톨릭에서 기적으로 인정한 파티마 체험도 UFO 체험과 유사성이 많다는 것을 주장한다.[48] 「제 3종 근접 접근」이라는 영화에서 스필버그의 의도가 하나님과 외계인의 커넥션을 암시한다는 한 가지 증거는 스필버그도 라엘리안 운동의 회원으로 알려지고 있는 데서도 입증된다. 문제는 이런 종교적 발상 자체가 기독교를 포함한 기성의 모든 종교의 뿌리와 패러다임까지 충분히 흔들고 있다는 데 있다. 엘우드의 주장처럼 UFO 목격의 전성 시대는 지났는지 모르나 외계 생명체 논쟁이 21세기에는 오히려 더 치밀하고 조직적으로 종교적 현상으로 진전될 가능성이 있다. UFO현상의 가장 뚜렷한 특징의 한 가지는 진화론과 관련된 부분이다. 즉 UFO현상의 주인공은 외계에서 온 생명체라는 주장을 편다. 이럴 경우 어떤 식으로든 외계에서의 생명체의 진화가 전제된다.

　다음으로 흥미 있는 것은 이 현상에 깊이 빠져든 사람들은 어떤 식으로든 성경과 UFO를 연관지으려 한다는 점이다. 기독교인들이 이 현상에 쉽게 빠져드는 이유이기도 하다. 사실 종교적으로 빠져든 사람들 뿐 아니라 일반적인 UFO 심취가(mania)들도 입장이 그러하다. 이런 것들은 정통 기독교의 교리와는 아주 색다르다. 성경에 나오는 기적의 주인공들을 외계의 지적 생명체와 결부시키려 하는 것이다. 그런 경우 선지자들의 이적이나 하나님이나 예수님까지도 모두 그들은 UFO현상과 관련지어 설명하려고 한다.[49]

　UFO 종교의 신념 가운데는 인류가 지금까지 지녀온 정상적인 윤리와 도덕의 파괴 현상이 자주 목격되고 있다. 성(性)적인 부분에 있어 기존의 관점과는 전혀 다르게 해석한다거나 종교적 입장도 대개는 과학의 시대에 걸맞게(?) 과거 인류가 숭배해 왔던 종교적 현상은 지구를 방문한 외계인들과 관련이 있다고 본다. 그들 외계인과 우리 지구인류 사이에 과학 기술적인 절대적 차이를 인정한다면 그들 외계인들을 신으로 섬긴다고 해도 그리 무리가 없다는 입장이다. 더욱이 그들이 곧 우리 인류의 조상이기까지 하다는 주장을 편다. 성경은 그대로 두고 성경에 나타난 하나님의 이름이나 기적들을 모두 외계인의 공으로 돌리는 것이다.[50]

물론 이 모든 것은 우리의 신앙 기준으로 용납되지 않는다. 이런 것들이 바로 우리 기독교 신앙 가운데서 이 문제의 심각성을 깨닫게 만드는 요소들이다. 성경은 그들의 열매로 그들이 하나님께로부터 오는 것인지 아닌지를 분별하라고 말씀하셨다(마7:17). 자살과 성적 방종, 현실 감각의 결여, 기존 도덕과 윤리의 파괴가 그들의 열매이다. 복제 인간 출산 주장의 소동을 벌이면서 이제 라엘리안 운동은 전 세계적으로 이들 진화론과 외계인 신봉의 중심에 서있는 대표적인 종교가 되었다.

3) 라엘리안 무브먼트의 인간 복제 시도

라엘리안 무브먼트는 클로나이드(Clonaid)라는 회사를 통해 인간 복제를 시도하고 있다. 클로나이드는 라엘리안 무브먼트의 리더인 라엘에 의해 1997년 2월에 설립되었다.[51] 라엘은 곧 이 회사를 클로나이드 프로젝트를 라엘리안 주교이며 현재는 클로나이드 경영 책임자로 있는 브리짓트 봐셀리에(Brigitte Boisselier) 박사에게 이양하였다.[52] 브리짓트 봐셀리에는 클로나이드의 프로젝트들을 수행해 나가기 위해 새로운 회사를 설립했다. 한때 이 회사의 이름과 위치는 중대한 보안 상의 이유 때문에 비밀로 지켜졌었다. 그러나 이들 비밀연구소는 미국 웨스트버지니아 주 작은 시골 마을의 낡은 옛 학교 건물에 입주해 있는 것이 곧 밝혀졌다. 니트로라는 작은 마을의 1950년대 고등학교 건물에 위치해있는 월세 350 달러짜리 연구실의 실험 기기와 인큐베이터에서 생화학자 봐셀리에 박사와 유전학자 그리고 체외수정 전문 산부인과 의사 등 3명의 고용 연구원이 중심이 되어 복제인간을 연구해오고 있었으며 급기야 미국 식품의약품안전청(FDA)은 이 실험실을 폐쇄한 바 있다. 그럼에도 이들이 복제 인간을 탄생 시켰다는 보도는 이들의 능력을 의심의 눈으로 보게 만들고 있다. 이와 같은 과학자들의 부정행위(scientific misconduct)는 이미 일반화되어 있기 때문이다. 심지어 자신들에게 연구 결과를 유리하게 홍보하기 위해 우호적 결과를 보여주는 통계 자료만 모아서 출판하고 다른 통계는 무시하는 교묘한 눈속임으로 과학을 오도하는 비윤리적인 일들이 비일비재하다.[53] 서울대 황우석 줄기세포 팀의 불행한 논문조작 사건도 이와 같은 과학자들의 비윤리성에 한 가지 모델이 된다고 볼 수 있다.

그러면 이들 클로나이드가 복제인간 탄생을 주된 목표로 삼는 이유는 무엇일까? 바로 이들의 종교적 신념과 관련되어 있다. 복제는 인류를 영원한 삶에 도달할 수 있는 방식이며 복제의 다음 단계는 자신들의 주장대로 25,000년 진보한 우주인 엘로힘처럼 성장 과정을 거치지 않고 바로 성인의 육체로 복제하는 것이며 동시에 복제된 육체에 과거의 삶에 대한 기억과 개성을 이전시키게 될 것이라 주장한다. 마치 잠을 자고 난 것처럼 사후에 새로운 육체 안에서 깨어나게 될 것이라고 주장한다.[54] 극단적 진화론이 기독교의 부활의 개념조차 물질적 토대 위에 올려놓고 있는 것이다.

　4) 복음주의 과학관으로 본 문제들

UFO 종교는 그 특성상 다른 이단과 달리 친기독교로 위장하거나 유사기독교로 자처하지 않는다. 직접적으로 정통기독교에 도전 양상을 띠게 된다. 접촉자들은 일반적으로 그들이 외계인과 접촉해보니 외계인의 도래 이유는 그들이 지구와 인류를 멸절로부터 구원하기 위해서라고 주장한다.

외계인 접촉의 원조격인 기독교 신비주의자 스웨덴보르그는 달 사람을 보았는데 키가 지구 사람보다 작았으나 목소리는 지구 사람들보다 아주 크다고 했다. 그것이 사실이라면 달 사람들은 아담과 관계가 없으니 십자가 사역이 필요 없는 존재들 아닌가 하는 등의 아주 혼란스러운 기독론의 문제에 빠져들게 된다.[55]

라엘리안 무브먼트는 반기독, 비기독교적 입장이 더욱 두드러진다. 라엘리안들은 외계인에게서 받은 상징을 증거의 메달로 목에 걸고 다닌다.[56] 불교의 만자(卍字)에 다윗의 별이 어우러진 상징은 윤회적인 의미를 갖는 듯하다.[57] 그의 견해는 이미 반기독교적인 입장을 가질 것을 선포하고 있는 듯하다. 창시자인 라엘은 외계인을 만나고 UFO를 타고 그들의 혹성을 방문하는 과정에서 자신이 야웨의 아들임을 알았다고 주장한다. 이 운동이 1985년 8월 5일 주일 오후 3시 YMCA 대강당에서 「UFO와 창조론」이라는 주제로 자칭 우주학자라는 일본인 고사까 가스미를 초빙하여 한국에서 태동될 때에 필자는 당시 이 집회의 성격을 알고자 참석을 한 바 있다. 당시 고사까 가스미라는 이 운동의 일본 대표는 인류의 씨앗이 지구로부터 1광년 떨어진 별에서 왔다는 주장을 폈다. 그러나 태양을 제외한 천문학적으로 밝혀진 지구와 가장 근접한 항성은 4.3 광년 떨어진 켄타우루스 알파 성(α Centauri)으로 알려져 있다. 성경은 거짓을 사단의 전형적 역사로 본다.[58] 라엘리안 운동은 인격적으로서의 창조주나 영혼의 존재를 모두 부정하며 우주의 무한성과 처음과 끝이 없다는 주장을 펴는데 '순환적인 시간관(circular view of time)'을 편다. 이것은 기독교의 '직선적 시간관(Linear view of Time)'[59]과 정면으로 배치된다.

그들의 의식 행위에는 특히 경악할 부분이 있다. 기독교의 세례처럼 일년에 네 번 행하는 인을 친다는 작업이다. 허락된 접신하였다는 자가 각 사람의 오른손과 이마에 안수한다. 이렇게 하면 인류를 창조한 외계인들이 사는 혹성의 컴퓨터에 유전자가 자동 전송 입력(transmission)되어 영원한 복제 생명이 보장된다는 주장이다. 이것이 바로 이들 종교인들이 믿는 영생의 관점이다.

또한 이들은 요한계시록 13장을 정통적 이해와 반대로 해석하여 한다. 복음을 멋대로 변조하는 것은 주님이 경고한 것이다. 그들은 인류가 인간 창조 후 666세대가 된다고 기발한 주장을 하였다. 무슨 의미인지는 잘 모르겠으나 결국은 은근히 스스로 666임을 증거하는 듯했다. 라엘리안들은 모두 교주 라엘의 환상의 표적이라는 메달이나 배지를 착용하고 다닌다. 그 모습은 다윗의 별과 나치의 마크를 접목한 모습으로 순회적, 윤회적 시간관을 표현하고 있었다. 성경은 어떤 우상을 새기는 일에 대해서도 경고한다. 현저한 마크와 휘장은 영적 어두움의 전형적 특징이다.

물론 대부분의 이방 종교와 마찬가지로 섹스에 대한 이들의 주장은 아주 자유분방하다. 동성애, 양성애, 혼외 정사 등에 대해 자유롭다. 보리롱은 자신이 인류의 창조자인 외계인들에게 전해들은 바로는 인류는 성행위에 대한 어떤 죄책감도 가질 필요가 없으며 라엘리안 끼리는 혼인의 여부와 상관없이 성적 자유를 서로 누리며 타인의 어떤 성적 요구에도 거부하지 않는 것이 옳다고 주장한다. 그러나 죄책감과 질서를 잃어버린 성적 자유가 가정과 사회에 어떤 부정적 결과를 초래할지 우려가 되지 않을 수 없다.

이상의 간단한 몇몇 주장들만 들춰 보아도 그들의 정체를 쉽게 파악할 수 있다. 진화론적 발상이 결국 이러한 종교적 공상을 가져 왔다고 본다. UFO 외계인 사상은 극단의 진화론적 발상이라고 볼 수 있다. 지구에서도 이렇게 다양한 진화가 이루어져 왔으니 다른 별은 오죽하랴는 발상이다. 그러니 우리보다 먼저 진화된 고등생물이 지구를 방문하였으며 그들이 결국 우리를 창조한 조상이 아니냐는 주장인 것이다. 그리고 급기야 자기는 직접 외계인을 만났다고 주장하는 사람들에게서 외계 종교가 탄생하는 것이다. 그러나 과학과 성경은 어느 부분에서도 종간(種間) 진화를 결코 증거하거나 지지하지 않는다.

그럼에도 불구하고 진화론의 마력은 사람들에게 지속적으로 외계인에 대한 환상을 버리지 못하게 만들고 있다. 이것이 과학의 옷을 입은 종교의 형태로 등장하고 있다. 해방 후 수십 년간 그대로 답습되어 지속되어 온 일본식 진화론의 주입교육은 한국의 젊은이들에게 이런 부류의 진화론을 전제한 종교에 아주 자연스럽게 흡입되게 만들어 버렸다. 라엘리안 운동은 이런 우리 사회의 분위기를 타고 여러 유사 과학적(pseudo scientific) 종교들 중 한국에 조금 먼저 들어와 일찍 정착한 외계인 신봉 종교라 볼 수 있다.

이제 정보 통신과 생명 공학 기술은 21세기를 주도하는 산업이 될 것이다. 종교성이 많은 인간들에게 이들과 결합된 사이비 과학종교는 새로운 세기의 가장 입맛 당기는 종교적 소재가 될 수 있다. 이제 기독교는 유사 과학을 동원한 색다른 이단과 사이비의 도전에 더는 관심을 늦출 수 없는 시대를 맞고 있다.

4. 평가

과학 발전의 초창기(1930–1940년 대) 과학의 문제를 사회학적으로 접근하여 과학사회학의 선구자가 된 로버트 머튼(R. K. Merton)은 과학자 사회의 에토스(ethos)가 보편주의(universalism),[60] 집합주의(communism),[61] 무사무욕(disinterestedness),[62] 조직화 된 회의주의(organized scepticism)[63]의 네 가지 규범(norms)으로 이루어진다고 주장했다. 그는 과학자 사회의 에토스가 본질적으로 민주주의의 그것과 같은 것이므로 과학은 민주 사회에서만 발전할 수 있다며 과학자 사회의 에토스를 민주주의 사회의 모델로 제시하기도 했다.[64] 머튼의 규범은 개인의 주관적 가치가 개입된 연구를 걸러낼 수 있는 통로가 된다는 면에서 다분히 윤리적이다. 하지만 이것이 이상이 될 수는 있으나 실제 과학자 사회의 규범이라고 볼 수 있느냐하는 문제가 생기는 동시에 과학자 사회의 에토스가 반드시 사회적 윤리와 합치되지는 않는다는 점에서 과학적 산물에 대한 윤리 논쟁은 끊이지 않을 것임을 예측하게 한다. 즉 과학의 성과에 윤리적 충돌의 상황이 발생한다는 것은 과학 기술의 발달에 대한 긍정과 부정의 두 측면에 대한 논쟁이 거듭될 것임을 보여주는 것이다.

오늘날 과학 기술의 발달이 질병을 극복하고 소통의 거리를 단축 시켰으며 새로운 기회 창출을 가져왔다고 긍정적 측면을 보는 학자들[65]이 있는 반면 과학 기술이 인간 관계의 비인간화, 귀중한 자원의 고갈, 한경 오염, 대량 학살 무기의 등장으로 인해 인간 존재에 대한 위협이 초래 되었다고 비난한다.[66] 기독교도들의 경우도 현대 기술이 기독교적인 이해와 긴장 관계에 있다고 보는 자크 엘룰(Jacques Ellul)같은 학자[67]가 있는 반면 과학 기술이 기독교와 조화와 공존이 가능하다는 하비 콕스(Harvey Cox)와 프리드리히 드사우어(Friedrich Dessauer)같은 학자들[68]도 있어 기독교적 가치와 윤리를 세우기가 쉽지 않다.

자연에 대한 정통 기독교의 오만이 자연 파괴와 생태학적인 무책임성을 낳게 하였으므로 오늘날 환경 재난의 원천은 기독교라고 린 화이트(Lynn White, Jr.)는 주장한다.[69] 기독교의 창조 교리가 인간을 자연과 대립시키고 자연에 대한 인간의 통제를 정당화하고 자연계는 모두 사람을 위해 창조되었다는 것이 화이트의 요지이다. 성경 창세기 1:28절은 바로 그 예증이라는 것이다.

쉐퍼(F. Shaffer)는 인간 생태 환경에 대한 신념이 사람의 종교에 크게 좌우 된다는 화이트의 견해에 동의한다.[70] 하지만 기독교에 과오가 있다고는 보지 않는다. 굳이 기독교에 과오가 있다면 그것은 기독교 신앙 자체(Christianity)와 성경 자체의 문제라기보다 역사적 기독교 세계(Christendom)와 교회와 그릇된 신학의 과오일 것이다.[71]

이제 복음주의는 어떻게 답할 수 있는가. 세속 종교와 세속 과학자들조차 윤리적 목소리를 내는데 당연히 복음의 목소리를 가져야 하는 것이다. 복음주의 과학관은 자연의 청지기로서의 인간의 역할에 주목한다. 인간은 결코 자연에 대한 지배자가 아니다. 평화의 청지기일 뿐이다. 성경은 세상의 파괴는 인간 때문이 아니요 근원적으로는 배후에 인간의 범죄에 따른 에덴 상실에 있다고 본다, 그리고 창세기 1:28절도 자연의 청지기로서의 의무를 강조하는 구절로 본다. 그래서 존 패스모어(John Passmore)는 '폭군으로서의 인간'(man as despot)을 말할 수 있는 자연을 지배하려는 시도는 성경적 전통보다는 희랍적 개념에 힘입었음을 시사한다. 그러면서 기독교 전통 안에 있는 전제주의(desposition)와 청지기주의(stewardship)를 나누어 지적하고 있다.[72]

최근 우리 사회는 생명 윤리에 대한 큰 논쟁의 복판에 휩싸여 있다. 바로 서울대 황우석 교수의 배아 줄기 세포 복제 연구는 많은 사회적, 윤리적 이슈를 만들어 내고 있다. 복음주의는 생명과 인간 복제 시도가 무신론적 종교 운동으로까지 파급되고 있는 데 대해 분명 크게 우려한다. 성경은 분명 생명을 파괴하면서까지 생명을 치유하는 시도를 허락하지는 않는다.

하지만 이 이슈가 그리 단순하지가 않다는데 문제가 있다. 생명의 연장과 치유를 간절히 바라면서 고통 가운데 투병 중인 많은 사람들이 새로운 치유법으로서의 생명 공학의 성과에 목말라 하는 상황 아래에서 과연 어디까지 생명이며 생명의 존엄성은 어디부터 인지 생명 공학은 우리들에게 명료한 판단을 요구하고 있다. 복제 반대론 측과 황우석 교수 측의 입장을 보면 사실 그다지 큰 갭이 존재하지 않는다.[73] 내막에 대해 정확한 판단을 위해서는 반대를 위한 무조건 반대가 아니라 어느 부분이 왜 비성경적이고 어느 부분은 용납되고 복음적인지 많은 전문가들이 머리를 맞대고 진지한 탐색이 필요하다는 이야기이다. 그럼에도 불구하고 황우석 교수는 종교계의 감정적 큰 반대에 부딪혀 있다. 분명 대화가 필요한 부분이 있음을 말해준다. 그의 연구 과정에 어떤 기독교 윤리적 문제가 있는 가에 대해서는 무조건 반대가 아닌 허심 탄회한 대화가 필요하다. 즉 성경이 세포와 DNA와 효소 등의 언어로 기록되지 않은 이상 성경과 자연 계시와 적응의 이론을 가지고 삼위일체적 해석을 시도하여 적응해야 하는 것이다. 그리고 그런 다음 정말 배아 줄기 세포 복제는 왜 비윤리적이고 성체 줄기 세포 연구는 왜 타당한가, 허용치는 어디까지인가 그 한계를 명확히 해야 하는 것이다. 명료함에도 지평이 있다면 그 부분을 밝혀서 하나 하나 넓혀가야 할 것이다.

생명 공학의 발달이 큰 위험을 내재하고 있음은 이미 1970년 대 확인이 된 바 있다. 학자들은 유전자 재조합 기술이 바이러스나 박테리아의 병원성 균주를 우연히(또는 의도적으로) 생성할 수 있음을 확인하였다. 그래서 규제 지침이 마련될 때까지 생명 공학에 대해 모라토리엄을 선언할 것을 요청한 아실로마 선언(Asiloma Declaration)을 이끌어낸 적이 있다.[74] 이외에도 생명 공학과 관련된 소의 광우병(BSE) 사태, 인간의 크로이츠펠트 야콥병(CJD), 유전자 조작식품(GMO)의 안전성 문제 그리고 37명의 사망자를 내고 1500여 명이 피해를 입고 지금도 일부가 고통 중에 있는 1989년 일본의 한 생명 기업에서 유전자 조작 미생물을 이용하여 생산한 아미노산인 트립토판에서 발견된 미량 오염물질이 일으킨 호산구근육통(eosinophilia-myalgia syndrome, EMS)의 심각한 후유증[75] 등은 생명 조작에 따른 윤리 문제가 지속적 이슈 거리가 될 것임을 알려주고 있다.

진화론적 윤리와 과학의 환원주의(reductionism)적 경향은 생명 공학의 위험성을 높이며 새로운 생명관을 내세운 종교 운동까지 탄생 시키고 있다. 그리고 이들이 윤리적 성찰에 무심한 틈을 타 생명 윤리의 논쟁도 그만큼 뜨거워져 가고 있는 중이다.

이와 같은 시대적 상황 가운데서 복음주의는 생명 윤리에 관해 성경적, 과학적 최소한의 마지노선(안전 장치)를 시급히 마련해야 한다. 그리고 그 토대를 가지고 앞으로 새롭게 대두되는 다양한 생명 이슈에 대해 명료한 판단을 내려가야 할 필요가 있다. 신앙주의를 앞세워 무모한 돌격대나 정복자가 되거나 종교적 근본주의의 독선자가 되기는 쉽다. 하지만 복음주의 청지기의 역할은 보다 지혜로와야 한다.

본 연구는 윤리 문제에 대해 보다 구체적 접근과 판단보다 그 기술적 판단을 위한 자리를 제공하는 데 목적을 두었다.

주

1. 양명수, 「해석학과 윤리」 (광주: 호남신학대학 해석학 연구소, 1999), 59.

2. William W. Lawrance, *Modern Science and Human Values* (New York: Oxford University Press, 1986).

3. 온 국민이 환영하고 열광한 황우석 교수의 배아 줄기 세포 연구 결과에 대해 대중들의 환호와는 다르게 불교와 유교, 카톨릭 그리고 기독교 일부에서 분명한 반대 입장을 보인 것은 그 한 예이다.

4. T. B. 매스턴, 「성서 윤리」, 高在植 역 (서울, 대한기독교 출판사, 1993), 11.

5. David Resnik, "Social Epistemology and the Ethics of Research," *Studies in the History and Philosophy of Science* 27 (1996), 565-86. Resnik의 12 강령은 김환석의 「과학 기술 시대의 연구 윤리」(유네스코한국위원회 편) 27-34쪽을 볼 것.

6. 서울대 황우석 교수의 배아 복제를 통한 줄기 세포 추출에 대해 윤리적 논쟁이 일어난 것은 대표적인 경우이다.

7. C. F. H. Henry, "Evolutionary Ethics," *Baker's Dictionary of Christian Ethics* (Grand Rapids: Baker Book House, 1971), 227-29.

8. Ibid.

9. Ibid.

10. Ibid.

11. Richard Dawkins, *The Blind Watchmaker* (New York: Norton, 1986), 1-2.

12. C. F. H. Henry, "Evolutionary Ethics," 228-29.

13. Ibid.

14. Ibid.

15. 손봉호, 「고통 받는 인간」 (서울: 서울대학교 출판부, 1996), 211.

16. Ibid.

17. Ibid.

18. Ian G. Barbour, "Ethics in An Age of Technology," *The Gifford Lectures* (San Francisco: Harper, 1993).

19. 미 UCLA 대학 생물학 교재에서 생물에 대한 정의를 설명하는 내용에서 인용.

20. Richard Dawkins, *The Selfish Gene* (Oxford: Oxford University Press, 1976).

21. 장회익, 「과학과 메타과학」 (서울: 지식산업사, 1990), 9장.

22. DNA의 정보(지혜)를 조사해본 결과, 대장균 한 마리 속의 유전 정보만해도 100만 페이지로 구성된 브리태니카 백과사전 100셋트(1억 페이지)에 해당하며, 정보량으로는 1조 (10의 12 승) bit,에 해당됨이 알려졌다(참고로 고대 그리스 문명의 모든 것을 다 합친 정보량이 10억(10의 9 승) bit에 불과하다.) 그런데 사람은 약 100조(10의 14 승)세포로 구성된 대 연방 공화국이며 이 세포 1개만 해도 대장균 유전정보의 1억 배(1020 bit)가 넘으며 이 모든 유전정보가 어떠한 컴퓨터보다 더 질서정연하게 각자의 기능을 발휘하고 있다. 컴퓨터 과학자들은 정보는 아무리 오랜 시간이 지나도 결코 저절로 생겨나지는 않는다는 사실을 밝혔는데, 이 컴퓨터보다 훨씬 더 정교하고 복잡한 DNA의 정보가 저절로 생겨나기는 정대 불가능하다. 이러한 사실은 초자연적인 지혜의 개입에 의한 창조를 강력히 뒷받침하고 있다고 볼 수 있다.

23. 우리 나라는 「생명 윤리 및 안전에 관한 법률」을 제정하여 2005년 1일 1일 부로 시행하고 있다.

24. 본격적인 복제기술은 1952년 브릭스와 킹이 개구리를 복제한 데서 출발한다. 이들은 개구리 수정난으로부터 핵을 제거하고 어느 정도 분화된 다른 세포로부터

핵을 얻어 이식시킴으로써 개구리의 복제에 성공하였다. 1966년에는 영국 캠브리지 대학의 거든도 유사한 실험에 성공하였다. 1983년에는 생쥐가 복제되었고 1990년에는 송아지가 복제된 적이 있다.

25. 생명 공학 이슈에 대해 국내에서 발간한 기독교 논문으로는 「생명 복제와 개혁 신앙」 한국개혁신학회 논문집 (한들출판사, 제 7권 2000).

26. 과숙과 부패를 방지한 무르지 않는 최초의 GMO 토마토(flavr save tomato)를 개발한 미 캘리포니아에 소재한 회사. 후에 몬산토(Monsanto)가 합병하였다.

27. 현재는 노바티스에 합병한 회사로 1948년 소속 학자였던 Paul Muller가 DDT의 살충 효과를 발견하여 노벨상을 수상했던 적이 있었던 유명한 화학회사이다.

28. I. Meister and S. Mayer, *Genetically Engineered Plants: Release and Impacts on Less Developed Countries: A Greenpeace Inventory* (Greenpeace International, 1994).

29. A. Kimbrell, *The Human Body Shop: The Engineering and Marketing of Life* (Penang: Third world Network, 1993).

30. Denny Penman, "phony life on animal pharm," *Guardian* (1997. 3. 5), 4.

31. 조덕영, 「기독교와 과학」 (서울: 두루마리, 1997).

32. Ibid.

33. 렘 1:5.

34. Denny Penman, "phony life on animal pharm," *Guardian*, 4.

35. 지난 1999년 5월 27일 발간된 '내이쳐' 지는 돌리의 경우 세포 노화의 척도로 알려진 염색체 발단 부위인 텔로미어가 정상이 아니라는 글을 실었다. 이 내용을 발표한 사람 중에는 돌리를 탄생시킨 주인공인 영국 로슬린 연구소의 월머트(Ian Wilmut) 박사가 포함되어 있었다.

36. 텔로미어(telomia)란 염색체 양끝에 존재하는 말단 부위를 의미하는 단어이다. 짧은 길이의 유전자 조각이 반복된 구조로 이루어져 있다. 이 단순해 보이는 부위가 어떤 이유에서인지 염색체가 분열을 거듭할수록, 즉 세포의 노화가 진행될수록 길이가 짧아진다.

37. 조덕영, 「이슈」 (서울: 처음, 2002), 226-27.

38. Ibid.

39. Ibid.

40. Louis Berkhof, 「조직신학」, 권수경 · 이상원 역 (서울: 크리스챤다이제스트사, 1996), 108.

41. Ibid., 109.

42. Erich Fromm, *Psychoanalysis and Religion*, 박근원 역 (서울: 전망사, 1979), 30-31.

43. 양승훈, "외계 생명체와 창조론", 「창조」 (서울: 한국창조과학회, 1997. 9-10월호), 21.

44. "UFO, 이제 종교다", "문화면 전면 칼라 특집 기사" 「중앙일보」, 1996년 11월 23일자 (토).

45. Ellwood, *The Encyclopedia of Ufos., OF UFOS*, 307.

46. Valle, *Dimentions*, 195.

47. Ted Peters, "MUFON," *UFO Symposium Proceedings*, (1979), 37.

48. 맹성렬, 「UFO 신드롬」 (서울: 넥서스, 1995), 370-400.

49. 포르노 소설을 써서 재판에까지 회부되었던 연세대의 전직 모교수도 자신이 흥미있게 읽은 십수권에 달하는 모든 UFO 관련서적들이 그런 식으로 말하고 있다는 것을 아주 커다란 발견을 한 것처럼 모 일간지에서 다룬 적이 있을 정도이다. UFO와 별 상관 없을 듯한 국문학교수에게까지 UFO문제는 지나칠 수 없는 관심거리를 제공한다.

50. Clifford Wilson, *UFOs and Their Mission Impossible* (New York: Word of Truth Productions Incorporated, 1974), 181-202.

51. http://www.clonaid.com

52. Ibid.

53. http://www.astrocyte-design.com/pharmaceutical/betty-dong.html. philip Hilts, "Tobacoo Firm Withheld Results of 1983 Research," *New York Times*(1 Apr. 1994); David Resnik, *The Ethics of Science: An Introduction*(London: Routledge, 1998); idem., "financial Interrests and

Research Gias," *Perspectives on Science* 8(2000), 255-85.

54. help@clonaid.com

55. 한국에도 일부 스웨덴보르그 교회와 그들의 저서가 기독교의 이름으로 존재하고 있다.

56. 이들은 스스로 자신들은 신앙인이라고 말하지 않는다. 자신들은 무종교적 종교주의자라는 말을 쓴다. 그 이유는 애초에 우주의 창조주는 없으며 인류의 창조주는 외계인이기 때문이라는 주장을 편다. 클로드 보리롱에 의하면 예수도 석가도 마호멧도 모두 외계인에 불과하다.

57. Rael, 「진실의 서」, 배귀숙 역 (서울: 도서출판 메신저, 1988), 19-26.

58. 행 5:3, 고후 2:11; 고후 11:14-15, 고후 2:9.

59. 창 1:1, 계 22:13.

60. 과학이 모든 명제를 보편적 기준에 의해 평가하는 것.

61. 과학의 발견은 사회적 협동의 결과이고 그 결과는 공동체에 귀속되어야 한다는 것.

62. 과학은 계급, 경제,보상에 연연하는 게 아니라 지식 그 자체를 위한 지식을 추구할 뿐이라는 것.

63. 과학에서의 판단과 믿음은 경험적·논리적 기준에 의해 검증될 때까지는 유보해야 한다는 것.

64. Robert K. Merton, "Science, Technology, and Society in Seventeenth Century England," *Osiris* 4 (1938), 360-632; "Science and Technology in a Democratic Order," *Journal of Legal and Political Sociology 1* (1942), 115-26.

65. 이런 견해로는 다음을 볼 것. Samuel C. Florman, *The Existential Pleasures of Engineering* (New York: ST. Martin's Press, 1976); Emmanuel G. Mesthene, "Technology and Wisdom," in *Philosophical Problems of Thechnology*, ed. Carl Mitcham and Robert Mackey (New York: Free Press, 1983), 109-15.

66. Barry Commor, *The Closing Circle* (New York: Bantam Books, 1972); Theodore Roszak, *Where the Wasteland Ends*(Garden City: Doubleday,

1973)를 볼 것.

67. Jacque Ellul, *The Technological Society*, trans. John Wilkinson (New York: Knopf, 1965)을 볼 것.

68. Harvey Cox, *The Secular City* (New York: Macmillan, 1965); Friedrich Dessauer, *Streit um die Technik* 2nd ed. (Frankfurt: Verlag Josef Knecht, 1958)을 볼 것.

69. Lynn White, Jr., "The Historical Roots of our Ecological Crisis," *Science* 155 (1967), 1203-1207. 이 논제에 대한 주요한 논의는 다음을 참조할 것. Peter Harrison, "Subduing the Earth: Genesis 1, Early Modern Science, and the Exploitation of Nature," *The Journal of Religion* 79 (199), 86-109; Ian Barbour, ed., *Western Man and Environmental Ethics: Attitudes towards Nature and Technology* (Reading, Mass: Addison-Wesley, 1973); Donald Gowan and Millard Shumaker, *Subduing the Earth: an Exchange of Views* (Kinston, Ont.: The United Church Canada, 1980), Robin Attfield, *The Ethics of Environmetal Concern* (Oxford: Blackwell, 1983); David and Eileen Spring (eds), *Ecology and Religion in History* (New York: Harper and Row, 1974); Carl Mitcham and Jim Grote (eds.), *Theology and Technology: Essays in Christian Analysis and Exegesis* (New York: University Press of America, 1984); Jeremy Cohn, "Be Fertile and Increase, Fill the Earth and Master It, *The Ancient and Medieval Career of a Biblical Text* (Ithca: Cornell University Press, 1989), 15-18; Elspeth Whitney, "Lynn White, Eco Theology, and History," *Environmetal Ethics* 15 (1993): 151-69.

70. Francis A. Schaeffer, *Polution and the Death of Man, The Christian View of Ecology* (Wheaton: Tyndale House Publishers, 1970), 13.

71. Loren Wilkinson, ed., *Earth Keeping* (Grad Rapids: Eerdmans, 1980), 204.

72. John Passmore, *Man's Responsibility for Nature* (London: Duckworth, 1974), Part Ⅰ. 또한 Clarence Glacken, *Traces on the Rhodian Shore:*

Nature and Culture in Western Thought from Ancient Times times to the End of the Eighteenth Century (Berkeley: University of California Press, 1973) 참조할 것.

73. 이 연구를 선도하고 있는 선두 주자 가운데 한 사람인 황우석 교수도 인간 복제에 대해서는 일관되게 반대하고 있다. 필자의 주장은 감정적으로 대처하지 말고 무조건 반대보다 왜 반대가 필요한지 대화가 필요하다는 견해이다. 우리 사회는 낙태, 태아 유기, 세계 최대의 입양아 수출국이라는 불명예를 가진 나라이면서 이런 부분에 대해서는 슬며시 외면하면서도 복제 문제에 대해서만큼은 유난히 반감을 가지고 있다. 법령의 입안과 반대의 마지노선을 명확히 하기 위해서도 진지한 대화는 필요하다.

74. 유전자 재조합이 잠재적 위험이 있다는 아실로마 선언(Asiloma Declaration)은 캘리포니아 아실로마에서 열린 회의 결과 이슈화 되었다. 결과 미 매사추세츠 주에서는 DNA 재조합 연구에 대한 논쟁이 벌어졌고 시민들의 검토 결과 보고서가 나올 때까지 모라토리엄을 선언했으며 1977년 DNA 재조합 연구를 규제하는 첫 번째 법령이 제정되었다.

75. E. A. Belonga, "An Investigation of the cause of the eosinophilia–myalgia syndrome associated with tryptophan use," *New England Journal of Medicine* 323 (1990). 347–65.

제 5 장

지적 설계
(Intelligent Design)

1. 지적 설계 논쟁의 배경

수세기 동안 신학자들은 자연은 자연 자체로는 설명할 수 없고 자연을 넘어선 지성을 필요로 하는 특징들을 보여 주고 있다고 논증해 왔다.[1] 그런 의미에서 설계 논증은 낡은 것이다. 과연 그렇기는 하나 설계 논증은 철학이나 종교시간에 여전히 가르쳐지고 있다. 가장 유명한 설계 논증은 윌리엄 페일리(William Paley, 1743-1805)의 시계공 논증이다.[2] 페일리(Paley)에 따르면 만일 우리가 들판에서 시계를 보았다면, 그 시계가 지닌 지적인 목적에 대한 적합성을 볼 때 그것이 지성의 산물이며 단순히 방향성이 없는 자연적 과정의 결과가 아님을 보증한다. 즉 시계는 한 지적인 목적을 위해 결합된 것이다.[3] 따라서 유기체에서의 목적에 대한 놀라운 적합성은, 전체 유기체의 수준에서든 여러 기관의 수준에서든 그것이 지성의 산물임을 보증한다고 주장한다. 직관적인 호소력에도 불구하고, 페일리의 논증은 최근까지 유효하지 않았다. 데이빗 흄(D. Hume)은 이런 목적론적 논증에 대해 필로(Philo)라는 회의주의자를 등장시켜 반론을 제시했다.[4] 인간의 창작물이란 자연물과 다르므로 자연 속 설계(design)가 지시하는 신이라면 인간 지성과 다르게 반응해야 한다. 자연 속에 불완전성이 내재한다는 것은 자연 속의 설계 또한 불완전할 뿐이다. 이것은 우연에 의한 산물일 뿐이라고 반증하였다.[5] 흄의 주장은 오랫동안 사람들의 마음을 사로잡았고 페일리의 주장은 숨어 들어갔다.

하지만 지난 1990년대 설계는 새로운 모습을 가지고 폭발적으로 소생하였다. 과학자들은 설계가 과학적인 이론으로서 엄밀하게 구성될 수 있다는 것을 주장하기 시작했다. 페일리 이후 지난 140 여 년간 설계가 과학의 주류로부터 떨어져 있었던 것은 지적인 원인에 의한 것과 그렇지 않은 것을 구분하는 정밀한 방법이 없었기 때문이었다고 변론한다.[6] 설계가 많은 열매를 맺는 과학적 개념이 되기 위해서는 과학자들은 무언가가 설계되었는지를 확실히 결정할 수 있다고 확신해야만 한다.

즉, 대타가 아닌 그 치유책(The Cure)으로 나타난 것이 바로 '지적 설계'로 알려진 과학 연구의 새로운 프로그램이다.[7] 지적 설계 운동의 흐름은 1991년 출판된 필립 존슨(Phillip E. Johnson)의 저서 「심판대 위의 다윈」(*Darwin on Trial*)[8]으로부터 촉발되었다. 필자는 사실 이 책이 국내에 번역되어 소개될 때에 이처럼 한 축을 구축하는 이론으로 발전할지는 감지하지 못하고 있었다. 자연신학의 아류를 따라 반짝하다가 소멸될 주장으로 비쳐졌다. 존슨 이전에도 그런 흐름은 있어왔기 때문이다.[9] 미 법학자 필립 존슨은 각주 없이 연구 노트(research note)가 달린 논문에서 기원의 문제에 대해 날카로운 통찰력으로 진화론을 논박하며 과학적 증거를 들이대었다. 1995년에는 「위기에 처한 이성」을 통해 자연주의에 대해 신랄히 비판하였다. 존슨은 이런 과정을 통해 지적 설계 논쟁에 적극적으로 뛰어들게 된다.

1996년에는 마이클 베히(Michael Behe)의 「다윈의 블랙박스」(Darwin's Black Box)라는 지적 설계를 옹호하는 책이 나왔다. 가톨릭 신앙 배경의 생화학자인 마이클 베히는 이 책에서 어떤 생화학적 시스템들은 다윈의 메커니즘으로 결코 생성될 수 없다는 주장을 폈다. 베히는 '환원 불가능한 복잡성(irreducible complexity, IC)'이라는 개념을 도입하여 지적 설계의 기준으로 제시하였다. 여기서 주관적인 감정과 달리 경험적으로 지적 설계를 탐지할 수 있다는 주장을 편 것이다. 그 해 L.A.에서 바이올라(Biola) 대학은 크리스천 리더십 미니스트리(1996. 11월 14-17일)를 통해 지적 설계에 대한 모든 전문가들을 망라한 이벤트를 개최한다. 그 내용은 바로 책으로 출판되었다.[10]

존슨은 1997년 「다윈주의 허물기」라는 좀더 대중을 상대한 책에서 지적 설계를 다룬다. 그런데 이번에는 금 새 강력한 동조 그룹을 만들고 물줄기를 형성하였다.[11] 그 이유는 무엇일까? 존슨이라는 유력 인물의 대표성이 사람들을 움직인 것일까?[12] 그것 때문만은 아니었다. 존슨은 다윈의 이론이 자연주의라는 철학과 긴밀하게 연관되어 있다는 것을 보여 주었다.[13] 또한 그는 창조의 핵심은 타이밍이나 메카니즘이 아니라 목적을 가지고 설계되었다는 데에 있다고 역설하였다.

　고전적인 설계 논증은 설계라는 개념, 혹은 설계되었다고 판명할 기준이 명확하지 않은 문제가 있었다. 예를 들면 디오게네스(Diogenes)는 사계절의 배열이 너무도 놀랍고 완벽해서 지성이 개입되지 않고는 불가능한 것이라고 말했다. 하지만 만약 그가 하와이에 살았다면 한 계절만 계속되는 것이야말로 완벽한 것이라고 말하는 것을 어렵지 않게 상상할 수 있다. 설계 논증이 이런 식으로 개인적인 느낌에 크게 의존할 경우 설득력이 없게 된다. 이점을 이해한 지적 설계의 주요 인물들은 1992년 이후 지적 설계에서 주관적인 것을 제거하고 객관화시키는 일에 주력하면서 여러 가지 시도를 했다. 이들의 생각은 과학의 환원주의적 경향이 증폭되면서 이미 예견이 되어 왔다. 환원주의란 어떤 대상을 잘 이해하기 위해서는 점점 더 잘게 쪼개어 갈 필요가 있다는 태도이다. 분자생물학에 있어 환원주의는 생물 시스템을 구성하는 부분들의 물리적 상호 작용으로 완전하게 이해될 수 있다고 확신한다.[14] 이것은 설계 논증에 바로 채용되었다.

　1998년과 1999년 중요한 책이 연이어 출판되었다. 윌리엄 뎀스키(William Dembski)의 「설계 추론」(*Design Inference*)과 「지적 설계」(*Intelligent Design*)가 바로 그것이다. 비로소 지적 설계라는 용어가 단단히 자리 잡는 계기를 만들었다. 이들 책에서 뎀스키는 지적 설계를 탐지하는 과정을 수학과 형식논리학을 사용하여 엄밀하게 구성해내었다. 뎀스키는 지적 설계를 정보이론으로 기술함으로써 주관적인 느낌 같은 것을 완전히 배제하려고 애를 썼다. 뎀스키는 「지적 설계」(Intelligent Design)의 서문에서 "지적 설계는 하나의 과학적 연구 프로그램이며, 학문 영역에서의 자연주의에 대한 도전이며, 하나님의 활동을 이해하는 한 가지 방법이다"[15]라고 주장하였다. 최근에는 이 운동에 대단히 많은 일련의 학자들이 뛰어들고 있다.[16]

그들은 구체적으로 어떤 설득력을 가지고 이 운동을 이끌어 가는 것일까 좀더 자세히 살펴볼 필요가 있다.

2. 지적 설계 논쟁의 도구

뎀스키는 지적 설계의 세 측면이 '1) 지적 원인의 결과 탐구의 과학적 연구 프로그램과 2) 다윈주의와 그 자연주의적 유산에 도전하는 지적 운동 그리고 3) 신적 활동을 이해하는 방법'[17]이라고 말한다.

이를 위해 도입된 것이 바로 '환원 불가능한 복잡성(irreducible complexity)'[18]이라는 개념이다. 베히(Behe)는 이것을 '어떤 체계가 있어서 그 체계가 여러 요소로 구성되어 있는데 만일 그중의 한 요소라도 빠지면 전체 체계가 전혀 기능하지 못하는 경우 이것을 환원불가능한 복잡성'이라고 부른다. 베히(Behe)는 다윈(Darwin) 자신의 말을 인용하면서 환원불가능한 복잡성은 자연선택을 통한 점진적인 진화를 통해서는 생성될 수 없다고 주장한다.[19] 마지막 요소가 첨가될 때까지 전혀 기능하지 못할 것이므로 무목적적인 자연선택을 통해서는 이러한 복잡성이 형성될 수가 없는 것이다.

베히(Behe)의 주장의 핵심은 분자 생물학은 환원 불가능한 복잡성으로 가득 차 있다는 것이다. 그래서 그것들이 어떻게 진화해 왔는가 하는 것은 상상할 수조차 없다.[20]

그러나 지적 설계는 다르다. 지적인 원인 작용을 탐지할 때마다 그것들이 찾아내는 밑바닥에 있는 본체는 정보(information)이다. 지적 설계는 정보 이론으로 적절하게 정식화할 수 있다. 그러한 이론에서는 정보는 과학적 탐구의 적절한 대상일 뿐만 아니라 지적 원인 작용의 믿을만한 지표가 된다. 그러므로 지적 설계는 정보를 탐지하고 측정하며 그 기원을 설명하고 그 흐름을 추적하는 이론이 된다. 지적 설계는 따라서 지적 원인 자체에 대한 연구가 아니라 지적 원인에 의해 유도된 정보의 경로에 대한 연구이다.

뎀스키(Dembski)는 역시 지적설계, 또는 지적 원인 작용은 과학적으로 탐지 가능(scientifically detectable)하다고 주장한다. 그가 도입한 개념은 설명을 찾아내는 여과기(explanatory filter)라는 개념이다.[21]

무언가를 설명할 때 먼저 법칙에 의해 설명이 되는지 검사한다. 이것이 첫 번째 필터(filter)이다.[22] 만일 설명이 충분치 못하면 다음에는 우연으로 설명이 되는지 본다. 이 경우 확률분포에 의해 예측되는 바와 비교함으로서 판단을 내릴 수 있다. 이것이 두 번째 필터(filter)가 되겠다.[23] 우연으로도 설명이 되지 않는다면 그때는 설계로 설명이 되는지 검사 해 본다. 사실은 설계의 산물일지라도 앞의 두 필터(filter)에 걸리는 일도 있을 것이다. 그러나 만일 법칙과 우연에 의해서는 설명이 되지 않는데 설계로 설명이 된다면 이 경우는 설계의 산물임을 확실히 알 수 있다는 것이다.[24] 실제로 이렇게 지적설계의 산물을 그렇지 않은 것으로부터 구분하는 방법은 이미 기존 과학에서 존재하는데 예를 들면 법의학, 암호학(暗號學), 고고학, 그리고 외계 지적 생명체 탐사(SETI;Search for extraterrestrial intelligence)와 같은 데에서 그렇다.[25]

이러한 생각은 정보이론을 통하여 좀 더 엄밀하게 구성될 수 있다. 뎀스키는 '구체화된 복잡 특수 정보'(Complex Specified Information; CSI)라는 것을 정의한다.[26] 복잡(complex)이란 말은 확률이 매우 작음을 의미하고 구체화된(specified)이란 말은 그 작은 확률의 사건이 다른 사건들과는 달리 구별되는 특정한 것이라는 의미이다.[27] 생명은 정보와 관계가 있다. 우리 몸의 신진 대사(metabolism)와 모든 지적 활동은 DNA와 연결된다. 우리 인간은 DNA의 단백질 합성을 위한 정보 체계를 따라 움직이는 고도의 자동 제어 장치이다. 지적설계 운동가들에게 있어 이 DNA는 정보의 원초적 기원이다.[28] 그리고 그 정보는 명백히 CSI이다.

이어서 뎀스키(Dembski)는 정보 보존 법칙(the law of conservation of information)을 정식화한다.[29] CSI는 필연을 통하여 생성될 수 없다. 왜냐하면 이 경우 조건부 확률이 1인데 그러면 덧붙여지는 정보는 0이 되기 때문이다. CSI는 우연을 통하여 생성될 수도 없다. 확률이 너무 작기 때문이다. 따라서 자연적인 요인으로는 CSI가 생성되지는 않는다.[30]

이로부터 다음과 같은 결론들을 이끌어 낼 수 있다. 첫 번째, CSI는 자연적인 요인만이 존재하는 닫힌 계에서는 일정하거나 감소한다. 두 번째, CSI는 자발적(spontaneous)으로나 내생적(endogenous)으로나 자기 조직(organize itself)적으로 (생명의 기원 연구에서 사용되는 말이다) 생성되지 않는다. 세 번재, 자연적인 요인만이 존재하는 닫힌 계 안에 존재하는 CSI는 영원히 있어 왔거나 어떤 시점에서 외생적(exogenous)으로 더해진 것이다. 이 말은 지금은 닫혀 있는 계가 항상 닫혀 있었던 것은 아니라는 것을 암시한다. 마지막으로 유한한 시간동안만 존재해 온 자연적인 요인만이 존재하는 닫힌 계는 그 안에 포함하고 있는 CSI를 닫힌 계가 되기 전에 어떻게든 받았다.[31] 뎀스키(Dembski)에 따르면 CSI는 지적 설계(intelligent design)의 지표가 된다.[32]

3. 지적 설계 논쟁을 다루기 위한 과학과 신학의 관계를 정의하는 모델

그동안 기독교와 주변 학문 사이의 관계는 오랫동안 다양한 지평을 열어 왔다. 특별히 20세기 들어 이러한 경향은 꾸준히 증가되어 왔다. 기독교와 문화의 관계를 다룬 리처드 니버(H. Richard. Niebuhr)[33]와 기독교와 타종교와의 관계를 종교 다원주의적 입장에서 접근하여 종교에 '새로운 혁명적 사고'(copernican revolution)를 제공했다고 평가받는 존 힉(John Hick),[34] 기독교와 일반 학문과의 통합의 문제를 양립과 개조와 변혁 등의 측면으로 다룬 로날드 넬슨(Ronald R. Nelson)[35] 등이 있다. 기독교와 정신 분석과의 화해를 시도한 융(C. G. Jung)[36]과 리브만(Rabbi Liebman)[37] 그리고 이 문제를 종합적으로 다루고자 시도한 에릭 프롬(E. Fromm)[38]은 대표적인 경우이다.

이렇듯 기독교와 주변 학문은 집요하게 상관관계를 만들면서 모종의 상(像)을 드러내면서 또한 신앙인들에게는 기독교적 가치가 무엇인지 결단을 촉구하여 왔다. 기독교와 과학의 관계도 오랜 역사 아래에서 예외는 아니었다. 오히려 다른 어떤 학문의 영역보다도 일찍부터 더욱 치열한 모색이 있어 왔다고 할 수 있다.

서론에서 이미 신학과 자연과학의 관계를 나타내는 여러 규정이 있음을 소개하였다. 일찍이 학자들은 전쟁, 갈등, 충돌, 대립, 대화, 조화, 독립, 분리, 상생, 공격, 양자 유익, 공명 등 다양한 단어를 추출해 내었다. 포스트모던 시대 과학의 이슈에 대한 복음주의 과학관을 다루는 데 있어 한 단어로 이들 모든 현상을 설명한다는 것은 불가능하다. 이슈는 다양한 양상을 나타내기 때문이다. 다분히 복합적이다. 그 이유는 어떤 모델은 서로 충돌하나 어떤 모델은 독립적이며 어떤 모델은 조화가 가능하기 때문이다. 그러므로 다원주의 시대를 복음주의의 눈으로 보기 위해 다양한 스펙트럼을 모두 검토하는 일이 필요하다.

먼저 종교와 과학의 충돌을 말할 때는 불교나 유교보다는 그리스도교를 거론하는 것이다. 그럼에도 역설적으로 현대 과학이 기독교의 토양에서 자랐음은 틀림없는 사실이다. 실제로 현대 과학이 태동할 시기인 17~18세기에 종교, 특히 청교도주의는 과학의 발전에 적극적인 기여를

했다는 것은 이미 앞에서 논증하였다. 또한 기독교와 과학이 주로 갈등과 충동 모델로부터 시작되었다는 입장에 대해서도 이미 논증한 바 있다.

이런 경쟁 모델보다 앞서는 대안적 해석의 하나로 과학과 기독교의 협조(cooperation)에 강조점을 두는 것이 있다. 이런 해석은 주로 초기 과학 사회학자들에 의해서 제시되었는데, 특히 청교도주의의 진전과 17세기 영국에서의 과학의 부흥기의 직접적 상응관계를 감지했던 로버트 멀톤(Robert Merton)이 그 대표자라고 할 수 있다. 기관과 관련해서 말하면, 그는 왕립 학술원(the Invisible College) 내에 청교도들이 주도적이었음을 지적할 수 있다고 느꼈다. 그래서 그는 청교도적인 성향이 지적으로, 과학적 탐구와 추구에 적응성이 더 있다고 믿게 되었다.[39] 이런 사회학적 설명은 호이카스(Hooykass)와 같이 종교개혁의 교의적 사고 형태에서 경험 과학의 가능성을 위해 그 근거가 될 수 있는 구체적인 원리들을 발견한 이들의 신학적 성찰에 의해서 보충될 수 있다.[40] 자연에 대한 사랑, 하나님의 영광, 인간의 복지, 만인 제사장주의와 같은 주제들은 청교도적인 사유 속에 깊이 연관되어서 그들은 자신들이 하는 철저히 실증적인 과학이 교회의 위계 구조나 "왕권신수설"과 같은 것에 대해 자신들이 표현하는 반권위주의(anti-authoritarianism)의 한 표현일 뿐이라고 여겼다고 호이카스는 논의한다.[41] 그들에게는 과학이란 경험에 근거한 것이지, 고대인들의 권위에 근거한 것이 아니다. 그래서 호이카스에게는, 청교도 지질학자였던 나다니엘 카펜터(Nathanael Carpenter)의 과학적 저작들에 편만해 있는 철학적 자유의 정신이 온 분야에 대한 청교도들의 탐험 전체의 상징이었던 것이다.[42] 이런 "협조" 모델의 지지자들은 여러 분야에서 나왔다. 철학에서는 마이클 포스터(Michael Foster)가 "기독교 창조론과 현대 자연과학의 부흥"이라는 영향력 있는 논문에서 일찍이 이 입장을 옹호했고, 신학자로서는 토렌스(T. F. Torrance)가, 특히 우연적 피조계(a cotingent creation)에 대한 종교개혁의 재발견이 중세사상을 대치한 것을 강조하면서 이 입장을 지지했으며, 마르크스주의 역사가인 크리스토퍼 힐(Christopher Hill)은 왕정 복고 이후의 영국에서 과학적 진보와 비국교파들(religious dissent)의 밀접한 연관을 발견해 내었다. 화이트헤드(A. N. Whitehead)는 과학의 태동기에 희랍 사유형과 성경적 사유형의 독특한 종합이 시작되었다고 보았다.[43] 최근에는 협조 모델에 대한 다양한 연구 결과가 쏟아지고 있다.[44]

　IVP 신학 사전은 과학 신학의 관계에 대해 독립(independence), 갈등(conflict), 상호보완(complementarity), 공생(symbiosis)의 모델로 분류한다.[45] 포스트모던 신학자인 테드 피터스는 과학과 종교가 어떤 영향과 관계를 맺어왔는가에 대해 매우 다양한 측면이 있다는 것을 일찌기 간파하고 연구하는 학자이다.[46] 테드 피터스[47]는 과학과 신학이 관계하는 여덟 가지 입장[48]이 있다고 주장해 왔다. 테드 피터스는 이 8 가지 입장을 잘 논증한다.[49] 그는 과학과 신학의 대안적 견해를 다루는 어휘를 통해 이 문제를 접근하고자 하였다.[50] 여기서도 핵심은 그것이 과학적으로 탐지 가능하다는 것이다. 그것은 과학주의(scientism), 과학제국주의(scientific imperialism), 교 회 권 위 주 의 (eccleciastical authoritarianism), 과학적 창조론(scientific creationism), 두 언어 모델(two-language theory), 가설적 조화(hypothetical consonance), 윤리적 중첩(ethical overlap), 뉴 에이지 영성(New Age spirituality)이 그것이다. 그레거슨(Niels Henrik Gregersen)은 자신이 편집한 책에서 다원주의 세상에서 과학과 신학 사이의 대화를 위한 6가지 모델을 제안한다.[51] 이 6 가지 모델을 각 전문가가 논증하는 형식을 취하였다.[52] 이안 바버(Ian Barbour)는 「종교와 과학」(*Religion and Science*)에서 갈등(conflict), 독립(independence), 대화(dialogue), 통합(integration) 이렇게 4 가지 이론으로 분류한다.[53] 뎀스키는 과학과 신학의 작용에 대해 상호 무관, 다른 관점, 서로 갈등, 서로 긍정으로 나누고 있다.[54] 물리학을 전공하고 풀러 신학교(Fuller Theological Seminary)에서 신학과 과학 분야의 방문교수로 있는 칼슨(Richard F. Carlson)은 자신이 편집한 책[55]에서 과학과 신학의 문제가 단 하나의 기독교적 입장이란 있을 수 없음을 분명히 한다. 창조론(creationism)적 입장에 대해 생물학계 원로인 웨인 프레어(Wayne Frair)와 화학 물리·고분자학을 전공한 게리 패터슨(Gary D. Patterson),[56] 독립(independence) 이론에 과학사와 과학철학을 전공하고 미생물학으로 박사학위를 받은 진 폰드(Jean Louise Bertelson Pond),[57] 조건적 일치(qualified agreement)에 1990년, 캠브리지 대학에서 과학사와 과학철학을 전공하고 지적 설계 논쟁에도 적극적으로 뛰어들고 있는 스티븐 마이어(Stephen C. Meyer),[58] 이론화 과정에 있는 파트너로서의 과학과 기독교 신학의 파트너십(partnership)의 입장에 미시간 주 그랜드 래피즈(Grand Rapids)에 소재한 칼빈 대학의 물리학 및 천문학 명예 교수로 있는 하워드 반틸(Howard J. Van Till)[59] 등 다양한 견해를 가진 네 그룹의 학자들을 등장시켜 이 문제를 다루고 있다.

우리는 먼저 이들 분류가 모두 거대 담론이 사라진 포스트모던적 상황에서 진리를 배제하고 접근하는 모델임을 이해해야 한다. 그러므로 복음주의 과학관의 입장에서는 갈등에 포함된 이론이 통합에 포함될 수 있으며 대화 이론이 복음주의 입장에서는 결코 대화할 수 없는 단절과 갈등의 이론이 될 수 있다는 의미이다. 즉 대부분의 포스트모던 신학자들은 진화론과 대화하려 한다. 하지만 복음주의 과학관과는 갈등하는 것이다. 그러므로 필자는 포스트모던 신학자들의 분류 방법에 동의하지 않는다. 진리를 배제한 모델이기 때문이다. 복음주의 과학관은 과학과 신학에 대한 포스트모던 상황과 분류 방법을 주목하기는 하나 그것이 그들의 입장에 동의하는 것은 아님을 분명히 밝혀둔다.

이 글은 한 가지 선택 가능한 방식이 전쟁이며, 실제로 자연과학과 종교적 사유가 치명적인 전투를 치르고 있다고 여기는 사람들도 있다는 사실을 인정한다. 그러나 전쟁이 유일한 방식은 아니다. 다양한 대안들이 난무하는 시대이다. 테드 피터스는 공명이야말로 우리가 따를 수 있는 좀더 평화로운 대안들 중의 하나라고 주장한다. 그는 이 시대에 과학과 신학간의 상호작용에서 가장 풍성한 결실을 맺어줄 수 있는 최첨단 분야가 바로 공명을 추구하는 것임을 강조한다. 이 글은 포스트모던 학자들의 방식을 채용하면서 '설계'가 지금까지 과학과 종교 사이에서 논의되고 정리되어 온 입장 안에서 어떤 자리를 갖게 될 것인가를 탐색해 보고자 한다.

4. 복음주의 과학관으로 본 지적 설계 논쟁의 현대적 검토

1) 갈등(Conflict)과 충돌(Collision) 모델과 지적 설계

(1) 과학주의(scientism)

'과학주의'는 때로 '자연주의'(naturalism)나 '과학적 유물론'(唯物論) 또는 '세속적 휴머니즘'(secular humanism) 등으로 불린다.[60] 과학주의는 일종의 충돌 또는 전쟁 모델이다. 과학주의는 어느 한쪽의 완전한 승리를 위한 전쟁을 추구한다.[61] 다른 '주의들'과 마찬가지로 과학주의 역시 하나의 이데올로기로서, 과학이 우리가 알 수 있는 모든 지식을 제공한다는 전제 위에 서 있다. 과학주의자들에게 있어 세상에는 오직 한 가지 실재 즉 자연밖에 없으며, 과학은 우리가 자연에 대해 갖는 지식에 대한 독점적인 권한을 지닌다. 그리고 종교는 자신이 초자연적인 것들에 관한 지식을 공급한다고 주장하지만 실제로는 사이비 지식을 말한다. 다시 말해 종교란 존재하지 않는 허구에 대한 거짓된 제공자란 인상을 주게 만든다. 지적 설계가 과학주의와 만날 때 그 해독은 상상을 초월할 수 있다. 그러나 지적 설계는 결코 자연의 더 적은 곳에 안주하지는 않는다.[62]

버트란트 러셀(Bertrand Russel)이나 유명한 천문학자 프레드 호일(Fred Hoyle) 그리고 스티븐 호킹(Stephen Hawking)이나 칼 세이건(Carl Sagan) 등은 모두 과학주의에 근접한 인물들이다.[63] 이들은 과학과 신학의 전쟁에서 과학주의로 적을 섬멸할 것을 요구한다. 신앙이란 그들에게 거추장스러운 미신일 뿐이다.

지적 설계는 신을 함축하고는 있으나 신을 강요하지는 않는다. 이것이 또한 지적 설계가 또 다른 과학주의와 과학 종교로 진행할 것을 배제할 수 없게 만든다. 지적 설계는 아직은 참여자들의 종교적 공명을 배제한다. 현재까지는 그리 우려할 상황으로 보이지는 않는다. 그러나 과학주의와 지적 설계의 결합은 기독교에 잠재적 불안을 내포하고 있다. 복음주의 과학관은 과학주의를 받아들이지 않는다. 신적 창조를 내포하는 과학주의자가 아주 없는 것은 아니나, 그들은 결코 복음을 전제하지는 않는다. 그들의 신이란 과학제국주의자들의 신(神)일 뿐이다. 본질적으로 과학주의는 복음에 부정적이기 때문이다.

(2) 과학 제국주의(scientific imperialism)

과학 제국주의는 약간 다른 형태의 과학주의이다. 이들은 적을 섬멸하기보다 이제껏 신학이 점령했던 영역을 정복해서 이를 자신의 영역이라고 주장한다.[64] 과학주의가 본질에 있어 무신론적인 반면, 과학 제국주의는 신적인 어떤 것의 존재를 인정한다. 하지만 신적 존재에 대한 지식은 종교적 계시가 아닌 과학적 연구를 통해서만 얻어질 수 있다고 주장한다. 폴 데이비스(P. Davis)나 때로는 스티븐 호킹도 이 부류에 포함되기도 한다.[65] 기독교만 전제하지 않는다면 지적 설계는 이들에게 구미가 당기는 운동이다. 사회생물학자들은 자신의 과학성을 주장하면서 자신들이 종교보다도 더 종교에 대해 잘 설명할 수 있다고 주장한다. 과학주의와 지적 설계의 만남이 희박한 반면 앞으로 지적 설계와 과학 제국주의자와의 결합에 나설 과학자는 적지 않을 듯하다.

복음주의 과학관은 결코 과학 제국주의를 받아들이지 않는다. 복음주의와 과학 제국주의는 어쩌면 전투를 앞둔 충돌의 긴장관계를 유지해야할지도 모른다.

(3) 과학적 창조론(scientific creationism)

과학적 창조론은 바로 헨리 모리스의 '창조과학'(Creation Science)을 말한다.[66] 과학적 창조론은 종종 개신교 식의 교회 권위주의로 오해받기도 한다. 오늘날 과학적 창조론의 조상은 근본주의이다. 분명 근본주의는 로마 가톨릭이 교회의 권위에 호소한 것과 비슷한 방식으로 성서의 권위에 호소한다.[67]

그러나 근본주의적인 권위주의와 오늘날의 창조과학 사이에는 분명한 차이도 있다. 오늘날의 창조과학자들은 성서의 권위가 아니라 과학의 영역 안에서 자신들의 주장을 개진하고자 한다. 하지만 창조과학자들이 성경을 외면하는 것은 아니다. 창조과학자들은 성서적 진리와 과학적 주장이 상충될 때면, 그때는 공공연하게 과학적 이론들에 반대하는 입장을 취한다. 때로 이 부분이 반대자들에 의해 "틈새를 메우는 하나님"(God of the Gaps)[68]의 비판에 직면하기도 한다.[69] 이것은 화성의 얼굴 소동이나 영국의 스톤헨지, 미스터리 서클 등을 외계인의 활동으로 돌리는 '틈새를 메우는 외계인'(alien-of-the-gaps) 논증도 성립할 수가 있기 때문이다.[70] 아무튼 이렇게 창조과학은 선험적인 종교적 헌신을 가지나 지적 설계는 종교에서 자유롭다. 이것이 둘 사이의 분명한 차이이다. 지적 설계 논쟁을 주도하는 멤버들 가운데 기독교인들이 다수 포함된 것은 사실이나 지적 설계 운동가들은 성경의 창조 이야기에 의존하지 않는다.[71] 그것이 창조과학자들을 포함한 다양한 종교 집단을 지적 설계 논쟁의 풀 (pool)로 뛰어들게 만드는 유인책이 되고 있다. 그런 면에서 근본주의 경향이 대단히 강한 한국의 창조과학 운동이 지적 설계 논쟁에 우호적 관심을 갖는 것은 조금은 아이러니하다.[72]

과학적 창조론은 창세기 자체를 세계가 어떻게 물리적으로 창조되었는지를 우리에게 말해주는 하나의 전제적 사실로 주장한다. 창조과학에 있어 신은 창조의 첫 순간에 개별적인 유기체들의 종류, 즉 모든 종을 고정(fixity of kinds)시켜 놓았으며, 종들은 진화하지 않는다. 그리고 성서의 진리는 지질학적 사실들과 생물학적 사실들과 충돌하지 않는다.

과학적 창조론의 이론은 주로 ICR(Institute for Creation Research)을 설립을 주도한 헨리 모리스(H. Morris)와 듀안 기쉬(D. Gish)로부터 정립되었다고 볼 수 있다. 이들은 대체로 그 신학적 신념의 목록 속에 다음의 내용들을 포함시킨다.[73] 이 내용은 미 대법원이 참고했던 맥리안 대 아칸소 교육 위원회 소송 사건(Mclean v. arkansas Board of Education)의 지방법원에서도 창조론 측의 공식 입장으로 정리하였다.[74]

첫째, 세계는 무로부터 창조(creatio ex nihilo)되었다.

둘째, 돌연변이와 자연선택을 진화의 메커니즘으로 설명하는 것은 충분치 못하다.

셋째 현존하는 종들은 고정(fixity of kinds)되어 있으며 한 종이 다른 종으로 진화하는 것(대진화, Macroevolution)은 불가능하다.[75]

넷째, 원숭이와 인간의 조상은 다르다.

다섯째, 지질학적 형성은 대격변(catastrophy, 즉 Genesis Flood)을 통해 설명이 가능하다. 예를 들어 산에서 바다 생물의 화석이 발견되는 것은 대홍수를 통해 설명될 수 있다.

마지막으로 지구의 창조는 젊다. 즉 6000년 내지 1만 년 전에 생성되

었다.[76]

이 중에서 젊은 지구에 대한 주장이 다른 복음주의자들과 많은 마찰을 일으키고 있다. 현대 과학의 주류 학자들은 이들 대부분이 주장을 무시한다. 그러므로 기성 과학자들은 창조론자들을 무시해 버림으로써 창조론자들에 대해 손쉬운 승리를 얻으려 한다. 최근까지 반 창조론자로 다채로운 활동을 해 오다가 고인(古人)이 된 하버드 대학의 고생물학자 스티븐 제이 굴드(S. J. Gould)는 '과학적 창조론'이라는 용어 자체가 무의미하며 자기 모순적이라고 말한다. 과학적 창조론자들과 주류 과학자들 간의 전투는 전면적인 것처럼 보인다. 하지만 사실은 그렇지 않다. 창조 과학자 그룹 안에는 현직 과학자들이 상당수 포함되어 있다. 창조론 진영은 그들이 과학이라는 군대에 소속된 믿음의 군인들이라고 여긴다.[77]

이 싸움은 오늘날 미국에서 법정 공방으로까지 확대되고 있다. 최근에는 우리나라에서도 검인정 교과서 공방이 있었다.[78] 과연 법적 투쟁이 옳은지 그른지는 쉽지 않은 문제이다. 신앙의 눈으로 볼 때 반드시 진리가 세상 법정에서 승리를 성취한다고 보기는 어렵기 때문이다. 예수님도 세상 법정에서 억울한 십자가 형을 받지 않았는가. 이것은 승리의 문제가 아니라 무엇이 지혜로운 대처인가의 문제이기도 하다.

지적 설계 운동을 주도하는 필립 존슨은 이 전투에 관해 커다란 흥미를 가지고 있다.[79] 그는 종교적 신념으로서의 창조론은 옹호하지 않는다. 하지만 그는 또한 과학 내부의 차원에서 다윈 진화론이 충분히 과학적이지 못하다는 비판을 가한다. 과학적 증거를 분석하는 법률가로서 그는 다윈주의자들이 유물론적 자연주의를 교조적으로 옹호해 왔다고 주장한다. 즉 단순한 화학 물질에서 박테리아로, 그리고 박테리아에서 인간으로 이어지는 진화 과정을 설명하기 위해 비약을 상정하는 이론은 유물론적 자연주의의 근간이 되는 신념을 저버린 증거 불충분의 억측이라는 것을 법적 논리로 명쾌하게 풀어간다. 그러므로 이른바 '진화의 사실'로 표현되는 다원주의 교리는 반증 증거의 존재 가능성을 과학적으로 정직하게 고려하지 못하게 막는, 사실상의 반종교적 편견이라고 주장한다.[80] 그러면서 과학적 창조론과 진화론 간의 미묘한 부분 즉 과학과 종교 간의 전쟁분위기, 과학 제국주의에 대한 보복의 분위기를 지적한다. 그러나 무기가 다르다. 존슨은 자신이 편협한 종교에 대항하여 진정한 과학을 지켜내고 있다고 믿는다. 그의 책략은 다원주의가 진정한 과학이 아닌 편협한 종교로 간주된다는 사실을 보는 데 있다. 존슨의 관점에서 보면, 전쟁은 진정한 과학과 사이비 과학 사이에서 벌어지고 있는 것이다.

뎀스키(Dembski)는 지적 설계와 창조과학(또는 과학적 창조론)이라 알려진 창조론 사이를 구별하는 분명한 차이점을 창조과학이 선험적(先驗的), 종교적 헌신을 가지고 있는 반면 지적 설계는 그렇지 않다고 말한다.[81] 과학적 창조론이 세상을 질서 있게 창조한 초자연적 행위자와 그에 대한 성경 기록의 과학성을 고수하는 데 반해 지적 설계는 성경 이야기에 의존하지 않음을 분명히 한다.[82] 즉 창조과학이 종교적 교리임에 비해 설계한 지성이 어떤 존재인지에 대해서는 설명을 삼간다.[83] 지적 설계의 폭은 대단히 넓은 것이다. 그러므로 지적 설계 논쟁에는 기독교 뿐 아니라 로마 가톨릭, 힌두교, 범신론, 이슬람, 유대교, 기독교 이단 등등 모두 뛰어들 수 있는 여지를 제공하고 있다.[84]

복음주의 과학관은 과학적 창조론을 어떻게 볼 것인가. 이 문제에 대해서는 이미 복음주의 과학관의 흐름의 과정을 통해 살펴보았다. 공과(功過)가 있는 것이다. 다만 창조과학이 무분별하게 지적 설계 논쟁을 안심할 만한 우군으로 생각하는 것에 대해서는 우려되는 점이 있음을 지적하지 않을 수 없다.

(4) 진화론(Evolution)

진화론자들은 진화의 원리로 세상의 모든 것들을 설명하려고 한다. 지적 설계론자들은 진화론에 매우 공격적이다. 그러므로 지적 설계에 진화론이 설 자리는 없는 듯하다. 지적 설계는 자연주의, 유물론, 다윈주의, 진화론 모두를 반대한다. 이들은 어떤 식으로든 공통 분모를 갖는다. 이미 다윈이즘의 생물학과 철학 쪽에서 지적 설계에 대한 반론이 나오기 시작했다.[85] 마이클 루스(Michael Ruse)는 뎀스키가 법칙, 우연, 설계의 의미들 간에 근본적인 혼란이 있다고 주장한다. 이 단어들은 뎀스키가 주장하듯이 상호배타적이며 양립할 수 없는 범주가 아니라 서로 통합적이다. 루스에 의하면 돌연변이는 우연히 발생하지만 법칙(물리학과 화학 등)에 의해 지배받으며 따라서 무질서에서 질서를 산출하는 도태의 법칙이 적용된다.[86] 결국 루스는 근본적으로 지적 설계 이론을 자연신학의 수용이요 재판으로 본다.[87]

마이클 덴턴(Michael Denton)은 특정한 정도의 진화가 발생하는 것이 보였기 때문에 또 다른 수준의 진화가 가능하다는 결론이 도출되지는 않는다. 그것은 흥미로운 외삽(外揷)이라고 하였다. 사실, 1859년 이후 그 외삽(外揷, extrapolation)을 유효하게 만든 경험적인 발견이나 과학적인 발견은 단 한 개도 없었다.[88]

종종 진화에 대한 증거는 압도적으로 많지 않은가라는 이야기를 듣게 된다. 진화가 단지 일반적인 변화를 의미할 때는 실제로도 그러하다. 그러나 진화가 무작위적인 변위와 자연선택을 통한 대진화를 의미한다면 그 증거는 유효하지 않게 된다. 예를 들어, 화석들이 변화가 일어났다는 것을 확증한다는 것에는 아무런 의심의 여지가 없다. 그러나 화석 기록은 다윈주의적인 대진화의 옹호자들을 당황시킨다. 무작위적인 변위와 자연선택을 통한 소진화에 대한 직접적인 관찰은 이런 변화가 아주 점진적으로 일어난다는 것을 보여준다. 한 세대에서 다음 세대로의 격변적인 불연속은 존재하지 않는다. 다윈 자신도 그의 이론이 맞다면, 화석 기록에서 셀 수 없는 과도기적인 형태들을 찾을 수 있을 것이라는 것을 인정했다. 화석을 더 많이 모을수록 더 많은 형태들이 발견될 것이다. 그러나 다윈 이래로 한 세기와 반세기 동안의 화석 수집은 화석상의 종들은 갑자기 등장한 다음에 그들이 멸종하게 되기 전까지 오랜 기간 동안에 변하지 않은 채로 지속된다는 사실을 분명하게 만들었다. 변화의 부재에 의해서 구분되는 이러한 갑작스런 출현과 소멸은 고생물학자인 스티븐 제이 굴드(Stephen Jay Gould)와 닐스 엘드리지(Niles Eldredge)에 의해서 "단속 평형(punctuated equilibria)"이라고 불렸다.[89] 단속 평형은 해양 무척추동물과 같은 화석 기록이 가장 완전한 곳에서 가장 분명하게 나타난다. 가장 극적인 예는 "캠브리아기의 대폭발(Cambrian explosion)"이다. 진화론에서 캠브리아기로 알려진 지질학적인 기간은 지금 존재하는 동물들의 모든 기본적인 형태가 갑작스럽게 등장했다고 추정한다. 하지만 생물들 사이에는 어떠한 과도기적인 형태도 존재하지 않고, 그때 이후로 새로 등장한 기본적인 형태는 없다. 다윈주의자들이 지적하는 것처럼, 단속평형의 패턴이 다윈적인 진화를 실제적으로 반증하는 것은 아니다. (화석기록의 반대에도 불구하고) 다윈이 진화가 일어났다고 생각했던 것처럼, 굴드와 엘드리지는 모두 진화가 발생했다고 계속해서 믿는다. 비록 그들은 진화는 누구도 그것을 발견할 수 없는 "저기 어디에서(over there)" 일어났음에 틀림없다고 인정하지만 말이다. 물론 이것은 이론적으로 가능하다. 비록 다윈은 전이하는 형태들의 화석이 안정된 형태들의 화석들보다 훨씬 더 수적으로 우세할 것이라고 확신했었지만 말이다.

그러나 요점은 다윈의 대진화에 대한 설명을 화석 기록을 통해서는 추론할 수 없다는 것이다. 그 대신 다윈의 메커니즘이 화석의 원인이 되었다고 가정을 한 후에, 다윈의 메커니즘을 화석 기록에 맞춰서 해석해야 한다. 이러한 가정이 없이는, 화석에서 생물의 형태가 갑작스럽게 등장하는 특징은 진화한 것이라기 보다는 (특수) 창조 때문인 것으로 추론할 수도 있을 것이다.

단속평형을 진화에 반대되는 증거로 생각하는 창조론자들에 대응해서, 다윈주의 옹호자들은 전이 화석의 몇 가지 예들(아마도 가장 유명한 말의 화석과 같은)이 존재한다는 것을 지적한다. 초기의 화석상의 "말"은 대략 개의 크기만 했고, 네 개의 발가락을 가지고 있었다. 그 이후의 화석상의 말들은 하나의 발가락을 가지고 있는 현대의 거대한 말에 이르기까지, 서서히 몸집이 커졌고 더 적은 수의 발가락을 가지게 되었다. 비록 지금은 고생물학자들도 그러한 화석상의 말들 중에서 어떤 것이 다른 것의 직접적인 조상이라고 믿지는 않지만, 그러한 순서는 우리에게 중간적인 형태의 점진적으로 변화하는 연속적인 생물 종들의 예를 제시해 준다.

그러나 중간형태 조차도 다윈주의적인 대진화를 지지하는 데는 실패했다. 왜냐하면 화석들이 무작위적인 변이와 자연선택에 의한 변화를 나타낼 수는 없기 때문이다. 그 문제는 생물학자인 팀 베라(Tim Berra)에 의해서 「창조론의 신화」(The Myth of Creationism, 1990)에서 제시되었다. 베라에 따르면, 고생물학자들이 화석을 가지고서 하는 것은 1953년 모델에서 오늘날 버전에 이르기까지 자동차의 연속적인 발전을 추적하는 것과 그 논리가 유사하다고 보았다.[90] 그러므로 대부분의 화석기록은 다윈주의적인 점진주의와는 모순되고, 전이 화석의 몇몇 예들은 진화가 다윈주의적인 메커니즘을 통해서 일어났다는 것을 예증하는 데 실패했다. 사실, 일부 과학자들은 지금 다윈의 이론은 그런 증거들을 설명할 수 없고 지적 설계가 더 좋은 설명이 된다고 주장하고 있다. 그렇다면 지적 설계에 설득당하는 진화론자들이 나올 수 있다. 이것은 또 다른 양상을 만들 가능성이 있다. 즉 그들은 전통적 진화론도 버리고 신앙의 울타리로 들어오지도 않으면서 지적 설계에 뛰어들 가능성이 있다. 그럴 경우 그것은 신앙의 외곽을 유영하는 또 다른 평계에 지나지 않는다.[91]

과학주의자와 과학 제국주의자들의 대부분은 진화론자들일 가능성이 크다. 물론 과학주의자가 아닌 진화적 창조론자들도 있다. 이들이 지적 설계 운동 안으로 뛰어들 때 예상치 못한 혼돈을 만들어 낼 가능성이 커진다.

복음주의는 무신론적 진화론을 수용하지 않는다. 그러므로 복음주의 과학관은 무신론적 진화론을 수용하지 않는다. 타협점으로 유신론적 진화론을 들고 나오는 부류들이 있다. 이 문제는 별도로 다른 모델로 취급한다.

(5)유신론적 진화론

유신론적 진화론자들은 세상이 하나님의 피조 세계임을 믿는다. 하지만 하나님께서 진화의 방법으로 창조했다는 견해이다. 샤르댕은 우주를 연속적인 체제 안에 있는 원자로부터 행성의 차원으로 올라가는 총체적 체계로 이해한다. 점증하는 구조적 복잡성을 통한 상승은 '궁극점(Omega Point)'을 향해 움직이는 도덕적이며 영적인 상승을 가리킨다. 샤르댕에게 있어 물질은 원자에너지로부터 시작하여 분자 조직, 세포로 된 생명, 식물, 동물 그리고 인간에 이르기까지 양적 복잡성의 변화 뿐 아니라 새로운 존재의 차원으로 움직이는 질적 차원의 진화를 포함한다.[92] 샤르댕은 집단의식이 발달하면 지구의 유기적 토대는 소멸할 것이며 일원적 정신이 유한한 지구로부터 영원한 생명으로 태어날 것이다. 우주는 하나님, 즉 궁극적인 공동 의식을 낳은 후 쇠약해져 소멸하게 된다.[93]

샤르댕처럼 과정 신학은 정신의 요소가 아원자들의 불규칙한 운동 안에서도 존재하는 것으로 본다. 과정 신학은 잔 콥(John Cobb)과 수초키(Marjorie Suchocki) 등이 화이트헤드의 저서에 기초하여 발전시킨 것으로 알려져 있다.[94]

정신은 상호 작용을 일으키는 능력으로서 물질이 구조적 복잡화의 연속층 안에서 스스로를 조직할 때 정신은 점점 자기 결정적이며 의식적이 된다. 이러한 형이상학적 유신론적 진화론에 대해 현대 생물 진화론 홍보의 선두에 있는 리처드 도킨스(Richard Dawkins)는 유신론적 진화론의 가능성을 봉쇄한다. 다윈은 지적으로 충실한 무신론자가 되는 일을 가능하게 만들었다는 것이다.[95] 유신론적 진화론이 지적 설계와 만나는 일이 쉽지 않음을 보여준다.

지적 설계 운동과 마찬가지로 복음주의가 유신론적 진화론을 받아들이기는 쉽지 않다는 문제는 이미 앞서서 상세히 다룬바 있다. 성경과 신앙적 전통이 유신론적 진화론을 수용한다고 볼 수 없기 때문이다.

2) 분리 독립(independence) 이론 속의 지적 설계

(1) 두 언어 이론(two-language theory)[96]

이것은 상보성(相補性) 모델을 말한다. 즉 과학과 종교를 별개의 영역에 묶어두려는 입장이다. "종교 없는 과학은 절름발이이며, 과학 없는 종교는 장님"이라는 말을 한 것으로 유명한 알버트 아인슈타인도 사실의 언어와 가치의 언어를 구분했다.[97] 충돌이 없이 양자 사이의 휴전을 영구적인 평화로 정착시키려 한다.

불트만과 틸리히는 이 두 영역(two realm) 접근법으로 성경과 과학의 문제를 접근한 대표적인 신학자로 볼 수 있다. 불트만에 따르면 성경이 객관적 언어를 사용하여 하나님의 행동을 말하는 것은 사실이나 그 언어를 오늘날 독자들이 비인격적 세계에서 일어나는 외적 사건들에 대한 현대 과학 이론의 관점에서 이해해서는 안 된다. 그것들은 인간이 자아를 이해하는 "실존적 언어"로 해석되어야 한다.[98]

폴 틸리히도 과학과 신학이 갈등을 겪을 이유가 없다고 주장한다. 틸리히에게 있어서도 창조 교리는 사건의 기술이라기보다 "하나님과 세상

사이의 관계에 대한 기본적인 묘사"이다. 그것은 시간을 초월하는 진리에 대한 상징적이며 은유적인 표현인 것이다.[99]

만일 신학의 대상 치고 우리와 궁극적으로 관계없는 것이 하나도 없다면 신학은 과학적 과정과 결과들에 개의치 않는다고 보았고 그 역도 마찬가지로 보았다. 신학은 물리적인 또는 역사적인, 사회학적이거나 심리학적인 탐구들을 침해할 권리도 없고 임무도 없다고 보았다. 그리고 그런 탐구들의 어떤 결과들도 신학에 대해 직접적이거나 생산적이거나 피가 되지 못한다. 과학적 연구와 신학 간의 연결 포인트는 과학과 신학 양자의 철학적 요소에 있다. 그러므로 신학의 특수 과학에 대한 관계의 문제는 신학과 철학 간의 관계라는 문제 속에 녹아든다.

틸리히에게 있어 신학과 철학과의 관계는 자료와 방법과 내용을 구분짓는 명확한 경계로 특징지어진다. 틸리히는 신학을 철학이나 과학보다 덜 구체적이고도 덜 객관적인 것으로 보았다. 즉 틸리히에게 있어 신학은 좀더 추상적이고 좀더 실존적인 것으로 이해된다. 신학은 대상들의 전체 및 그것들의 자연과 역사, 인간과 그의 세계 내에서의 상호 의존성을 기술하는 일은 과학에 남겨 두어야 한다. 신학은 이것을 넘어서 철학에 존재 자체 및 로고스의 구조와 범주를 기술하는 일을 남겨 두어야 한다. 이러한 철학과 과학의 작업에 신학이 간섭하는 것은 신학 자체를 위해서도 파괴적이다.[100]

신학은 대조적으로 존재의 근거 또는 존재 자체, 과학적 주장들과의 갈등을 낳지 않을 듯 보이는 행위에 관여한다. 신학자들은 신학이 신 및 자연과 역사의 주인으로서 신의 행위와 연관된다고 생각한다. 그러나 틸리히는 다르게 본다. 자연적 사건들에 간섭하는 또는 자연적 사건들의 독립적 원인이 되는 인격신의 개념은 신을 다른 것들 이외의 자연적 존재로 다른 것들 중의 한 존재로, 존재 중의 존재, 아마도 가장 높은 존재로 만들지만 아무튼 '한 존재'로 만든다. 이것은 실로 물리적 체계의 파괴일 뿐 아니라 나아가 모든 의미 있는 신 관념의 파괴이기조차 하다. 이 것은 신화적 요소들과 이성적 요소들의 불순한 혼합이라고 하였다.[101]

틸리히의 이러한 주장은 성서 안에 신성이 존재한다는 사실을 거부하는 것처럼 보인다. 틸리히에게 있어서는 어떤 경우이든 신이 행하였고 행하고 또는 행할 것들에 대한 주장을 어떤 자연적 법칙이나 사건들에 관한 진술에 연결짓는 그런 문제는 없는데 그 이유는 단순히 그가 신의 대리인이란 없고 따라서 신적 행위란 없다고 생각하기 때문이다.

지적 설계도 내면은 종교적이나 외형은 과학과 종교를 별개의 영역에 두고 출발한다. 두 언어 이론에서는 연구의 결과와 방향에 과학과 종교 양쪽 모두에 아무런 긴장을 가지지 않는다.

비록 과학과 종교를 별개의 영역에 두기는 하나 지적 설계는 종교를 외면하는 것은 아니다. 종교를 의식한다. 분명 신학적 함축이 있다.

과학과 신학을 구분하는 자유주의적인 두 언어 이론은 근대적인 이론이다. 이를 두 권의 책에 관한 전근대적 개념과 혼동해서는 안 된다. 중세에는 신의 계시를 두 권의 책, 즉 자연의 책과 성서의 책을 통해 읽어 낼 수 있었다. 과학과 신학은 모두 신적인 것들에 대해 말할 수 있었다. 자연계시와 특별계시는 모두 우리에게 하나의 방향, 즉 신을 가리켜 보여준다. 이와 달리 두 언어 이론은 우리에게 두 개의 다른 방향을, 즉 한 편으로는 신을 다른 한편으로는 세계를 가리켜 보여 준다.[102]

테드 피터스가 주장하는 가설적 공명의 방법은 바로 이와 정반대의 전제를 갖고 있다. 즉 가설적 공명은 오직 하나의 실재가 있으며, 과학자들과 신학자들은 머지않아 이해의 공유 영역들을 발견할 수 있어야 한다고 전제한다. 다만 지금은 과학적 혼돈의 포스트모더니즘의 세상으로 보는 것이다.

3) 대화(conversation) 이론 속의 지적 설계

(1)가설적 공명(hypothetical consonance)

가설적 공명이란, 두 언어 전략 너머에서 나타나고 있는 듯 보이는 새로운 분야에 대해 테드 피터스가 부여한 이름이다.[103] '공명'이라는 용어는 에르난 맥멀린(Ernan McMullin)의 작업[104]에서 유래한 것이다. 이 용어는 우리가 찾고 있는 영역이, 자연 세계에 대해 과학적으로 말할 수 있는 것과 신의 창조에 대해 신학적으로 이해할 수 있는 것이 서로 상응하는 그런 영역이라는 점을 보여준다. 강한 의미의 '공명'은 일치와 조화를 의미한다.

용어는 맥멀린으로부터 왔는지 모르나 공명을 추구하는 대표적 학자로는 폴킹혼(Polkinghorne)이 있다. 폴킹혼은 현재 캠브리지에 있는 퀸즈 대학의 총장으로 재직 중인 사람으로 수리 물리학과 신학을 공부한 사람이다. 그는 신앙과 이성은 서로에게 속해 있다고 본다.[105] 즉 방법론적으로 폴킹혼은 이성과 신앙에서 출발한다.[106] 이런 그의 관심은 종말론적인 미래에까지 그 관심이 나아간다. 그러나 그가 보는 신앙이란 입증되지 않은 주장을 고상하게 표현하는 신앙을 말하는 것이 아니다. 그는 신앙을 신에 대한 믿음을 합리적 행위로 변명하는 것으로 보지 않는다. 다만 진리 추구에 있어 과학자와 신학자는 신앙과 이성을 서로 공유하고 공명하는 데 그는 집중한다.[107]

이것은 화이트헤드(Whitehead)의 만유재신론(萬有在神論)과도 구별된다. 화이트헤드에 의하면 우리는 신과 충분히 고통을 나눈다. 그러나 악이 극복되는 종말론적 미래에 대해서는 아무런 보장이 없다. 문제는 이들 견해가 과학과 진리를 그릇되게 전제할 때 포스트모던 경향을 띠게 된다는 점이다. 진리의 모호성이 만들어 내는 해체적 경향을 경계하지 않을 수 없다. 그런 점에서 폴킹혼이 과학과 신학의 공명을 추구하면서도 창조에 대한 신학적 성찰이 과학이 빅뱅과 진화에 대해 말하는 것과 공명해야 한다는 주장은 그가 포스트모던 경향으로 흐를 수 있는 입장을 보여 준다. 공명 자체가 문제가 아닐 어떤 이론이나 어떤 진리와의 공명인가가 중요하다.

지적 설계는 이 부분에 공헌할 수도 있다. 일치나 조화는 우리가 찾고자 하는 보물일 수도 있다. 그러나 우리는 아직 그것을 찾지 못했다. 공명을 염두에 둔 포스트모던 학자들은 과학과 신학 사이에 다리를 놓는 것을 과제로 여긴다.[108] 과학과 신학의 다리 놓기와 겸손이라는 열린 태도에서 공명과 지적 설계는 분명 서로 공명한다.

4) 통합(integration) 이론 속의 지적 설계

(1) 자연신학(Natural Theology)

성경은 특별 계시이다. 자연신학은 특별 계시에 호소하지 않고 하나님이 계시다는 믿음을 증명하거나 믿음을 정당화하려는 논증이다. 여기에는 근본적인 한계가 있다. 바로 창조주를 변증하는 수단이 될지언정 예수 그리스도를 변증하는 한계를 노출한다. 저명한 이론물리학자 존 폴킹혼(John Polkinghorne)은 복음과의 접촉점을 '이전에서 검토된 내용은 나로 하여금 유신론적 우주관을 받아들이도록 이끈다. 내가 이 검토만 가지고 이를 수 있는 결론이란 여기서 멈춘다. 그러나 내가 기독교공동체 안에서 몸담은 진짜 이유는 이천여 년 전 유대 땅에서 있었던 한 사건(예수 그리스도의 성육신) 때문' 임을 논증한다.[109]

19세기 동안 자연신학은 강력한 영향력을 유지하여 왔다.[110] 하지만 그 해석은 쉽게 단정을 내릴 수 없는 복잡한 양상을 지닌다. 사람들은 보통 자연신학이 하나님을 찾으려는 인간의 노력이라고 잘못 이해한다. 복음주의도 창조주의 질서의 흔적을 찾는 데 주저하지 않는다. 하지만 복음

주의는 성경을 전제하므로 자연신학과 전혀 다르다. 자연신학 사상의 출발점은 자신을 보이시고 구원하시는 하나님이 아니라, 타락한 인간이 된다. 지적 설계는 과학이 발달하면서 자연신학이 보다 세련된 형태로 나타난 것으로 보인다. 그래서 자연신학은 지적 설계와 별로 충돌하지 않는다. 지적 설계 삼총사 중의 한 사람인 마이클 베히가 가톨릭 신자인 것도 그때문이다.

앤토니 플루(Antony Flew)는 하나님의 존재에 대한 논쟁은 무신의 전제에서 출발해야 한다고 한다. 증명의 책임이 유신론자에게 있어야 한다는 전제이다.[111] 복음주의 과학관은 하나님이 계시다는 믿음을 변호해야 하는 책임이 있다.

통합 이론에 자연신학을 배치하기는 하나 자연신학은 기독교 신념들에 있어 사전 믿음에 대한 헌신이 없어도 이성에 기초하여 하나님에 대한 참된 지식에 이를 수 있다는 신념을 고수한다.[112] 자연이 은총의 영역보다 약간 낮은 영역이기는 하나 토마스 아퀴나스에 의하면 여전히 하나님이 주신 두 영역 중 하나이다.[113]

데이비드 흄(David Hume)은 하나님의 설계에 바탕을 둔 자연신학적 논증에 광범위한 비판을 제기한 대표적인 사람이다. 또한 그는 이 세상에 악이 존재하는 것이야말로 전통적인 하나님의 설계 논증을 악화시키는 것이라는 주장을 폈다.[114] 흄의 논증이 모두에게 환영받는 것는 아니다. 아인슈타인은 흄이나 버트란트 러셀의 비판에 동조하지 않는다.[115]

1990년대 촉발된 지적 설계는 과거의 자연신학과 다르다고 주장한다. 자신들은 완전히 과학적인 이론으로 만들어서 철학자들의 설계 논증이나 전통적으로 "자연신학"으로 불렸던 것과 구별하여 지적인 원인의 경험적 탐지 가능성을 열고자 의도한다고 역설한다.[116] 자연신학이 자연의 데이터로부터 직접 완벽함을 지닌 기독교의 삼위일체 하나님의 존재와 속성에 대한 논증을 함에 비해 지적 설계는 자연신학보다 더욱 조심스럽고 더욱 강력하다. 자연 설계의 관찰 가능한 특징들로부터 그런 특징들을 생기도록 작용한 지성을 추론한다. 자연신학의 논증이 소박하고 초라한 미숙한 철학적 직관이었다면 설계는 견고한 과학적 연구 프로그램으로 본다.

복음주의는 하나님이 인간을 찾아오신 복음의 계시에 기초를 둔다. 자연신학은 인간이 하나님을 찾아가는 데 초점을 맞춘다.[117] 인간이 하나님을 찾아가는 신학은 복음적이라 할 수 없다. 이것이 바로 복음주의가 지적 설계와 자연신학 모두에 동의하지 못하는 이유이다.

(2) 자연의 신학(Theology of Nature)

자연신학이 오로지 과학만을 바탕으로 말하려 한다면 자연의 신학은 자신들의 주장을 종교적 전통 안에서 과학을 통해 재확인하려 한다.[118]

몰트만은 생태학적 자연의 신학을 향하여 신학이 우주론으로부터 개인적인 창조신앙으로 퇴각하는 것을 비판하고 신학적 창조론의 생태학적 형태와 책임을 발견하려고 시도한다.[119]

지적설계와 자연의 신학은 모두 하나님의 특별계시와 일반계시 모두에 관심을 집중한다. 하나님의 세상 창조는 모든 창조 행위 중의 장엄하고도 중요한 한 측면이다. 하나님이 누구신지 알고 싶다면 하나님의 두 책,[120] 창조와 구속 양자를 통해 하나님을 알 필요가 있다.

판넨베르그는 신학과 자연과학의 대화를 통해서 창조와 보전과 지배라는 기독교의 전통적인 사명과 근대과학과 결합시킨 "자연의 신학"을 구성하려고 시도하고 있다.[121] 신학을 특성상 과학적인 것으로 간주하고 따라서 신학은 부분적으로 자연과학과 동일한 방법들과 영역들을 공유하고 있음을 주지시킴으로써 신학과 자연과학 사이에 상당한 지적 친족 관계가 있다고 주장했다. 더 나아가 신학은 자연과 역사를 포괄함으로써 자연의 규칙성에 관심 갖는 과학이 제시하는 의미를 심화하고 확대할 수 있다고 주장한다. 이와 같은 판넨베르그의 신학 작업은 과학혁명 이래 신학이 지속적으로 직면한 자연과학의 도전에 대해서 우회가 아닌 정면 돌파를 시도하고 있다. 오히려 그는 "우발성(偶發性)"과 "장(場, field)" 개념에 대한 자신의 해석을 가지고 자연과학에 질문하고 도전한다. 즉 판넨베르그는 창조의 존재를 우발적인 것으로 본다. 여기서 하나님은 피조물의 독립성을 존중하는 존재로 나타난다. 이것이 그가 과정신학자들에게 동의하는 점이다.[122] 또한 판넨베르그는 현대 물리학의 장 이론을 가지고 하나님의 임재의 원리로서의 성령을 설명한다.[123] 장 이론은 판넨베르그의 독창적 아이디어는 아니다. 여기에는 토렌스(T. F. Torrance)의 역할이 크다. 판넨베르그는 과학에 대해 적극적인 관심과 대화를 추구하면서 신학의 과학화를 주장한다. 신학이 과학의 이해를 확장하고 심화한다는 판넨베르그의 견해는 과학의 신학화를 지향하는 듯한 느낌을 줄 정도로 도전적이다. 이로 인해서 그의 신학 작업이 "학문의 여왕"으로서 신학이라는 주장을 현대화한 것이라고 지적을 받기도 한다.[124]

이러한 판넨베르그의 견해를 신학과 자연과학의 대화에 참여하는 사람들 사이에서 위치 지움으로서 그의 작업의 성격을 보다 명확히 규명할 수 있을 것이다. 오늘날 종교와 과학 또는 신학과 자연과학의 대화에는 신학자들 외에도 과학사, 교회사, 과학철학, 종교철학 분야의 학자들이나 생물학이나 천체물리학이나 유전학과 같은 자연과학들이 함께 참여하고 있다. 그런데 이 주제에 대한 판넨베르그의 작업은 그가 비록 신학적 배경을 가지고 자연과학과의 대화에 참여하는 신학자이지만 타 분야 전문가들은 물론 다른 신학자들의 작업과도 구별되는 특징을 지닌다.[125] 무엇보다도 판넨베르그는 신학과 자연과학과의 관계성을 철저히 신학을 중심으로 규정한다. 이 분야에 참여하는 대부분의 신학자나 과학자─신학자들이 현대과학의 성취를 수용하면서 전통적인 신학적 주제들을 다시 해석하고 구성하는 수동적 또는 일방적인 입장을 취하는데 반해서 그는 오히려 과학 작업 자체가 신학의 범주 안에 있음을 주장한다. 그는 오히려 자체의 고유한 관점에서 과학을 바라보고 규정하려고 시도한다. 다수의 신학자나 과학자-신학자들이 자연과학적 견해를 중시하는 것과 달리 신학과 자연과학의 대화를 매개로서 자연철학을 중요하게 이용하고 있다. 이러한 점에서 판넨베르그의 신학 작업은 자연과학자들로부터 많은 주목을 받으며 현재 신학자와 자연과학자들 사이에 이루어지는 대화를 보다 새로운 차원으로 이끌었다고 할 수 있다.[126]

둘째로 판넨베르그의 주된 관심사는 특정 주제나 분야에 있다기보다는 신학과 자연과학의 관계 자체에 새로운 빛을 던져 준다. 즉 판넨베르그는 신학과 자연과학의 관계 자체에 새로운 빛을 던져 준다. 판넨베르그는 신학과 자연과학의 대화를 통해서 자연신학이나 자연의 신학이라는 논의와 관련된 특정한 관점을 제시하는 데 주로 관심을 갖는 것이 아니다. 그는 주로 현대물리학의 관점에서 출발해서 "우발성"과 "장"개념을 중심으로 신학과 자연과학의 관계를 규정하고자 시도한다. 이러한 논의를 통해서 그는 현대 자연과학적 세계관과 모순되지 않는 신의 활동 영역과 그런 해석의 가능성을 확보하고자 한다. 특별히 "우발성"과 "장" 개념을 통해서 피조 세계 속에서 신의 활동을 해명하려는 시도는 신을 "정보의 제공자"로 이해하는 존 폴킹혼의 작업과 더불어서 과학적 현대 신론을 구성하는 데 많은 시사점을 제공하고 있다.

자연을 하나님의 계시의 빛 속에서 보려는 자연의 신학과 의도된 설계자를 보려는 지적 설계는 분명 서로 접촉점을 가지고 있다고 보인다. 복음주의는 이런 자연의 신학의 흐름에 대해 지속적으로 관심의 끈을 놓지 않고 있다. 이런 반면 판넨베르그에 대한 복음주의의 입장은 여전히 약간의 논란이 있다. 판넨베르그에 대한 복음주의 안의 여전한 의견 불일치가 존재한다. 로저 올손[127]과 존 오도넬[128], 알렌 갤러웨이[129]그리고 도널드 블러쉬[130]등은 판넨베르그의 신론을 일종의 만유재신론

(panentheism)으로 해석한다. 범신론(pantheism)이 "모든 것이 하나님 이다"고 주장하는 데 비해 만유재신론은 "모든 것은 하나님 안에 있다" 고 본다. 그럴 경우 그는 과정 신학자들과 같은 의견을 가진 경우가 된 다. 범신론과 더불어 만유재신론도 전혀 복음적 견해가 아니다. 그럴 경 우 판넨베르그는 복음주의자라고 보기 어려워지는 것이다. 판넨베르그 는 다윈이즘(Darwinism)에 대한 기독교의 공격은 과학과 신학의 관계 에 있어 중대한 실수였다고 주장한다.[131] 판넨베르그는 진화에 대한 이해 를 구약 성경에서 발견할 수 있다고까지 주장한다. 물론 판넨베르그가 현대 진화론을 그대로 수용하는 것은 아니다. 이것이 진화의 문제에 대 한 판넨베르그의 구체적 입장이 무엇인지그를 판단하는데 어려움을 느 끼게 만든다. 하지만 판넨베르그는 진화가 하나님의 창조의 도구로 간주 될 수 있다고 분명히 말하고 있다.[132]

　무로부터의 창조 교리나 이 세상 종말을 부정하는 과정 신학은 분명 복음주의와 많이 벗어나 있다. 하지만 판넨베르그 스스로는 화이트헤드 의 철학의 장점을 인정하지만 자신이 과정 신학자들과 구별되기를 원한 다. 실제로 판넨베르그를 만유재신론자가 아니라는 학자들도 많이 있다. 최근 고인이 된 스탠리 그렌츠[133]와 코넬리우스 블러[134], 필립 클레이튼[135] 등이 그들이다. 판넨베르그를 둘러싼 논란의 내용들을 볼 때 그가 전통 적 복음주의자가 아닌 것은 분명하다. 만유재신론자라는 비판에서도 여 전히 자유롭지 못하다. 그럼에도 불구하고 판넨베르그는 오늘날 무시할 수 없는 현대 신학자이다. 복음주의자가 아니라는 우려가 가시지 않는 현실 가운데서도 복음주의가 자연의 신학과 더불어 판넨베르그의 입장 에 대해서 관심의 끈을 놓을 수 없는 이유가 여기에 있다.

　(3) 과정 신학(Process Theology)
　과정 신학의 상징 인물 화이트헤드(Alfred North Whitehead)에게 있어 자연은 발전하는 여러 과정의 조직체이다. 실재는 과정이다. 붉은 색의 실재 여부를 묻는 것은 무의미하다. 자연의 실재들이란 자연에 있어서의 여러 파악태(把握態) 즉, 자연에 있어서의 여러 사건들이다.[136] 화이트헤드에게 있어 종교와 과학 사이에 분명한 두 가지는 종교와 과학이 대립과 양자간 발전을 함께 해 왔다는 사실이다.[137] 또한 화이트헤드에게 있어 종교와 과학의 대립은 사소한 반면[138] 양자 사이의 발전은 매우 역동적이다. 그중에서도 화이트헤드에게 있어 과학은 신학보다 훨씬 변하기 쉬운 도구이다. 어떤 과학자도 갈릴레이나 뉴턴의 신념이나 10년 전 자기가 품었던 과학적 신념에 무조건 동의하지 않는다.[139]

과정 신학자들은 이 세상이 하나님께 의존하고 있는 것처럼 하나님도 세상에 의존하고 있다고 말한다. 그러므로 과정 신학의 만유재신론(panentheism)은 전통적인 기독교의 무로부터의 창조(Creatio Ex Nihilo) 교리를 부정한다. 당연히 종말의 개념이 기독교와 판이하게 달라진다. 창조론은 세상이 하나님에게 의존하는 반면 하나님은 세상에 의존하지 않는다는 것을 의미하기 때문이다.[140]

"모든 것이 하나님이다(is)"라고 주장하는 범신론에 비하여 만유재신론은 모든 것이 하나님 안에(in) 있다고 본다. 노튼(E. R. Naughton)은 만유재신론이 하나님의 본성의 무한함을 고갈시키지 않고 모든 일을 하나님 안에 있는 존재로 본다.[141]

이런 특징 가운데 지적 설계의 도구들은 과정 신학의 자연스러운 도구가 될 수 있다. 그러나 과정 신학과 지적 설계는 때로 충돌의 여지도 있다. 지적 설계론자들에게 있어 자연에 있는 설계는 실재적이다. 그러므로 이들은 악의 문제도 먼저 설계를 받아들이면 자연히 해결의 실마리를 찾는다고 한다. 그러나 과정신학자들은 현대의 많은 종교철학자들처럼 전능하신 하나님에 대한 전통적인 해석을 거부함으로써 악의 문제를 해결하려 한다.[142] 그러므로 복음을 전제하는 복음주의 과학관은 이들 과정

신학을 받아들이지 않는다.

5) 범 기독교 속의 지적 설계 운동

(1) 프로테스탄트의 입장

개신교에서 아직 지적 설계에 대해 어떤 공통된 입장 표명은 없는 듯하다. 그러나 아직 적극적 동조에 나서는 신학자들도 그리 많은 것 같지는 않다. 그렇다고 적극적인 반대의 목소리를 내는 것도 아니다. 주로 신앙을 가진 자연과학자들이 이 운동에 동승하고 있다. 특별히 미국의 창조과학 진영이 지적설계에 조금은 조용한데 반하여, 한국의 경우에는 창조과학회와 창조과학 운동의 영향을 받은 젊은 과학도들이 이 운동에 흥미를 갖는 조금은 특이하고 재미있는 현상이 있다.[143] 하지만 이것이 창조과학 운동이 자연신학적임을 증거하는 것은 아니다. Ⅲ장에서 창조과학 운동을 다루면서 지적했듯이 순수 과학도들이 중심이 된 한국 창조과학 진영의 자연신학과 자연계시에 대한 신학적 구별의 부족에서 왔다고 본다. 즉 지적 설계의 신학적 함축에 대한 이해 부족 때문에 생긴 현상으로 보여 진다.

자연신학에 대해 그리 긍정적일 수 없는 복음주의 입장에서 지적 설계 논쟁의 유용성과 한계에 대해 분명히 선을 그을 필요성이 있다.

(2) 로마 가톨릭의 입장

로마 가톨릭이 취하는 전통적 입장은 과학과 과학주의의 위협에 대해 주로 방어적이다. 신적 계시에 근거한 교권이 과학보다 우월한 권위를 가짐을 주장하면서 가톨릭은 현대 과학의 이슈에 대해 선언적 발언으로 대처하고 있다. 1863년 교황 비오 9세는 오류표(The Syllabus of Errors)를 공표하는 데 제 57항에서 과학과 철학이 교회의 권위를 빼앗을 수 있다는 생각 자체가 오류라고 진술하고 있다. 1876년 제 1차 바티칸 공의회는 교황은 신앙과 도덕에 있어 오류가 없다고 선언하였다.[144] 그러나 한 세기 후 제 2차 공의회에서는 자연과학이 교회의 권위로부터 자유롭다는 선언을 통해 가톨릭은 신학과 자연과학 간의 적극적 대화를 시도하고 있다.

지적 설계론자 마이클 베히는 가톨릭 신자이다. 하지만 가톨릭 신자요 생화학자인 마이클 베히의 주장이 가톨릭을 대변하지 않는다. 그가 교황의 대변인은 아닌 것이다. 지적 설계에 대한 입장도 교황의 선포가 어느 쪽으로 기울어지느냐에 따라 판가름 날 것이다. 아직은 지적 설계가 가톨릭의 공식 입장을 끌어낼 만한 큰 이슈는 아니다. 하지만 지적 설계를 주도하는 상징적 인물 중 하나인 마이클 베히가 가톨릭 신자라는 점이 앞으로 지적 설계에 대해 가톨릭 배경을 가진 과학자들의 참여를 촉발하고 두고두고 관심을 유발할 수도 있다. 기원의 문제에 대한 관심은 종교를 가리지 않기 때문이다. 한국의 창조과학 운동 초기에도 가톨릭 신자들의 일부 참여가 있었다. 최근 가톨릭이 진화론을 수용하는 과정에 있다는 점이 진화론을 정면으로 부정하는 지적 설계 논쟁에 대해 바티칸을 당황스럽게 할 수도 있다. 하지만 근본적으로 아리스토텔레스 신학을 따르는 스콜라 자연신학의 입장에 서 있는 가톨릭과 자연신학의 발전된 부활을 내세우는 지적 설계는 대화 여지를 가지고 있다. 그렇다면 이 둘이 원리적으로는 굳이 충돌할 일은 별로 없을 듯하다.

6) 포스트모던 과학 속의 지적 설계 운동

(1) 패러다임과 지적 설계

과학사학자 토마스 쿤(Thomas Kuhn)[145]은 과학의 통일성을 부정한다. 그러면서 과학이 일직선으로 점진적 발전을 해 온 것이 아니고 한 시대의 과학의 틀이 한계에 봉착하면 다른 체계가 대체해 왔다는 패러다임 (paradigm)이론을 주장하였다.[146] 쿤에게 있어 과학혁명이란 하나의 패 러다임이 그것과는 양립할 수 없는 새로운 패러다임으로 대체(전체 또는 부분적으로)되는, 누적적이 아닌 변화의 에피소드를 가리킨다. 그리고 과학혁명들 사이에서 과학자들이 정상적으로 행하는 안정된 작업을 정 상 과학(normal science)이라고 하였다.[147] 즉, 쿤에 의하면 정상과학은 과거 하나 이상의 과학적 성취에 확고히 기반을 둔 연구 활동으로[148] 패 러다임 아래에서 이루어지게 된다. 정상과학은 이론과 실험 사이에서 정확성을 높이는 활동, 더 많은 현상들을 포괄하도록 패러다임을 확장하 는 활동, 보편적 상수의 값을 측정하는 활동, 패러다임을 분명하게 표현 해 줄 정량적·수학적 법칙을 만드는 활동, 어떤 분야가 가장 연구할 가 치가 있는 가를 모색하는 활동을 하게 된다. 다시 말하면 정상 과학의 상 태에서 확립된 패러다임에 따라 패러다임이 제공한 현상과 이론을 명료 화하는 것이 과학자들이 지향하는 길이라는 것이다.[149] 결국 패러다임을 연구하는 한 연구는 세계관과 미적 가치를 포함한 패러다임과 무관하지 않다는 점에서 가치 중립적이라 보기 힘들어진다.[150]

그러나 문제는 이 패러다임을 한마디로 정의한다는 것이 쉽지 않다는 점이다. 일반적으로 패러다임이란 한 공동체의 일원들에 의해 공유되는 이론, 법칙, 방법, 지식, 믿음, 가치, 전통, 기술 등의 전체적 집합이라 할 수 있다. 이는 과학의 기초가 궁극적으로 사회적이요 상대적인 것임을 보여 준다. 과학도 다양한 세계관에 의존한다는 일종의 상대주의의 길을 열어 놓고 있다.[151] 그래서 쿤은 자그마치 스물두 가지 의미로 패러다임을 사용했다는 비판을 받는다.[152]

오늘날 쿤의 생각은 자연과학 뿐 아니라 사회학, 과학사, 철학, 과학철 학, 경제학, 정치학, 심리학, 언어학 등에까지 영향을 미치는 현대적 고 전의 역할을 충실히 수행하고 있다. 과학의 포스트모던 화에 있어 쿤의 역할은 결코 과소평가되지 않는다.

지적 설계 운동은 쿤의 패러다임을 완전 긍정도 완전 부정도 하지 않을 듯 싶다. 아직 패러다임의 정의가 정확하지도 않다는 면에서 쿤의 이론은 다분히 포스트모던적이다. 지적 설계는 모호한 개념은 아니다. 그런 면에서 보면 지적 설계는 패러다임에 대해 조금은 부정적이다. 하지만 패러다임이 무언가 새로운 틀을 만들어낸다는 점에선 지적 설계 운동가들도 매력을 느끼지 않을 수 없다. 포퍼의 경우 과학의 발전은 점진적인데 비해 쿤이 말하는 과학의 발전은 패러다임이 변하면 대단히 급진적으로 일어난다.[153] 즉, 과학은 혁명이라고 부를 수 있을 만큼 과격하기까지 하다.[154] 지적 설계가 자연신학에 대한 재검토로부터 시작되었다고는 하나 기존 과학의 무신론적 틀에 대해서 볼 때는 대단히 혁명적인 면도 있다.

패러다임은 분명 과학도 유동적이고 혁명적 변이를 내포하고 있다는 점에서 진리에 수긍하지 않는 경향이 있다. 복음주의는 새로운 진리를 찾지는 않는다. 과학의 포스트모던 화에 공헌한 패러다임 이론은 과학 혁명의 흐름을 예견하기에는 유용한 이론이나 그 자체를 복음주의는 진리로 받아들이지는 않는다. 그렇다고 우리와 무관한 개념이라고 패러다임 이론에 무관심할 수는 없다. 정상적인 과학이 지속되면 과학자들의 모든 과학적 행위의 기준점이 되는 패러다임이 생긴다. 그리고 당연히 이 패러다임을 따르는 과학자 집단이 생겨난다. 이것을 쿤은 과학자 사회(scientific community)라고 불렀다.[155] 즉, 무신론적 윤리나 진화론적 윤리가 패러다임 화 한다면 그것이 과학자들의 과학적 행위의 기준점이 된다는 말과 같다. 복음주의는 복음과 복음 전파의 사명에 대한 관심을 늦추지 말아야 하는 동시에 반(反) 기독교적 과학자 사회가 조성되는 것을 늘 경계할 필요가 있는 것이다.

(2) 가설로서의 신학적 주장[156]

설명과 지시라는 과제가 신학을 그 자체로 과학적이게 만드는가? 이에 대해 판넨베르그(Wolfhart Pannenberg)는 그렇다고 답한다. 그는 신학을 신의 과학이라고 부르면서 모든 신학적 주장이 가설의 논리적 구조를 갖는다고 주장한다.[157] 이로 인해 신학은 자신이 설명하고자 하는 관련 사태의 상태에 반대되는 확증 아래 놓이게 된다.[158] 그런데 신학의 대상인 신 자체는 논란의 여지가 있으며 또 신은 재생 가능한 유한한 실체가 아니다.[159] 그렇다면 과연 우리가 신에 대한 주장을 확증하거나 부정할 수 있을까? 하지만 간접적인 확증은 가능하다. 판넨베르그는 칼 포퍼의 비판적 확증과 반증 절차에 따라 우리가 어떤 주장들을 그 함의를 통해 검증할 수 있다고 주장한다. 신적 생명과 행위에 대한 주장들은 그것이 유한한 실재 전체를 이해하는데, 즉 일상적인 의미 경험 안에서는 암묵적으로 예견되는 전체성을 이해하는 데 지니는 함의를 통해 검증될 수 있다.

유한한 세계에서는 끊임없이 변화하는 시간적 과정 때에 전제, 즉 모든 경험 목록이 명확한 의미를 갖게 되는데 핵심적인 틀이 되는 전체는 아직 전체형으로 존재하지 않는다. 만일 하나의 전제가 있다면, 그것은 미래여야만 할 것이다. 따라서 그것은 오직 상상되고 예견될 수만 있다. 그 예견으로서 시간적 전체를 설정하는 것 자체는 가설의 요소를 포함한다. 심지어 신의 실재도 이 범주에 들어맞는다. 신의 실재는 오직 유한한 실재의 전체성에 대한 주관적인 예견 안에서만 우리가 모든 특수한 경험 안에서 전제하는 전체적인 의미를 개념적 모델 안에서만 우리에게 현존한다. 기독교인들은 세계에 대해 시간적으로 그리고 종말론적으로 사고한다. 우리 역사 속의 종교 전통에서 생겨난 종말론적 신의 왕국에 대한 신학적 관념은 어떤 일이 벌어지느냐에 따라 앞으로 확증될 수도 반박될 수도 있다. 신학적 주장이 가설적이 되고 따라서 과학적이 되도록 만들어 주는 것은 바로 확증에 대한 이러한 개방성이다.

판넨베르그의 방법을 작동시켜 주는 핵심 요인은 평범한 인간 경험 안에서 의미의 전체성을 예견하는 것이다. 우리는 아직 충분히 현존하지 않는 의미의 전체성을 예견한다. 그리고 우리가 가정하는 그 전체성은 미래에 한 분이신 신의 종말론적 행위가 선사하는 선물로 다가오게 될 것이다. 이 가설에 대한 직접적인 확증은 이 종말론적 전체성이 실제로 도래하는지 여부에 달려 있다. 한편 우리가 종말론적 성취를 기다리는 동안, 미래에 대한 우리의 신앙은 우리가 경험하는 유한한 실재에 대한 이해를 제공함으로써 이해 가능성을 증가시키고, 따라서 간접적인 확증을 얻을 수 있는 가설의 형태를 띤다.

사실상 신이 모든 것을 결정하는 실재라면, 자연 세계를 포함해서 우리가 연구하는 다른 모든 것은 궁극적으로 이 실재에 의해 결정되는 것으로 간주해야만 한다. 모든 것을 결정하는 실재로서 신에 대한 가설을 제기하는 것이 우리가 다양한 과학들을 통해 연구하는 자연세계에 대한 이 가능성을 증가시켜 준다면, 그 가설 자체는 긍정적으로 평가될 수 있다. 판넨베르그가 과학자들과 대화를 하고 자연의 신학을 구축하려고 하는 것은 자연 세계를 신과 관련지어 고려함으로써 자연 세계에 대한 이해 가능성을 증가시키려는 이 전반적인 과업을 위해서이다.

그러나 판넨베르그가 진화론을 신학적 해석을 향하여 열려 있는 개념으로 보거나 창발적 진화(emergency evolution)를 진화 과정에 개입하시는 하나님의 창조 행위[160]로 간주함에 대해 복음주의는 여전히 의문을 갖고 있다.

(3) 과학과 종교 대 과학과 신학의 대립[161]

우리는 위에서 판넨베르그가 신학이 가설들을 만들고 이를 확증하려고 하기만 한다면 얼마든지 과학적이 될 수도 있다고 여긴다는 가설을 살펴보았다. 비슷한 시기 1952년부터 1979년까지 에든버러(Edinburgh) 대학에서 기독교 교의학을 가르치던 토렌스(T. F. Torrance)는 전혀 반대의 생각을 갖고 있었다. 그는 신학을 과학적으로 만드는 것은 신학이 지닌 객관성이라고 주장한다.[162]

토렌스가 취한 접근의 가장 우선적이고 두드러진 측면은 '과학과 종교'와 '과학과 신학'을 대립시키는 기본적인 구분이다. 이 둘은 동일하지 않다. 종교는 인간의 양심 및 행위와 관련된다. 신학은 신과 관련된다. "종교가 신을 대체할 때마다 우리가 종교에서 관심을 갖는 대상이 종교적인 사람들의 행동이라는 사실은 어느새 인간이 종교의 자리를 대체한다는 것을 의미한다."[163] 토렌스는 분명 신학을 과학적으로 규정함으로써 명확한 신학적 과제를 선호하는 입장을 취하고 그는 신학(종교철학)을 "신과의 직접적인 인지 관계에 대한 메타과학"이라고 서술한다. 그에 따르면 "과학과 메타과학이 요청되는 것은 문제되는 것이 신이 아니라 바로 우리이기 때문이다. 우리에게 과학적 신학이 반드시 필요한 까닭은 우리와 신의 관계에 문제가 생겼기 때문이다."[164] 여기서 토렌스는 신학의 대상을 종교적 의식 너머로까지 확장시키고 우리의 의식을 신학의 참된 대상인 신에 의해 형상화 되도록 하고 있는데 이는 그가 칼 바르트의 영향을 받았음을 보여 준다. 그는 이렇게 말한다. "과학적 신학이란 신의 실재와 자기희생에 대한 요구에 따라 신과의 이 인지적 관계에 능동적으로 참여하는 것이다."

토렌스가 강조하는 진정한 물음은 과학적인 동시에 신학적인 물음이다. 그는 우리가 무엇이 존재하는지, 무엇이 실제적인지, 무엇이 실재인지에 주목해야 한다고 주장한다. 이는 곧 우리가 실재에 선험(先驗, a priori)적이거나 관념론적인 틀을 덮어씌우지 않으려 조심해야 한다는 것을 의미한다.[165] 이런 목적 아래에서 우리는 우리의 물음이 그 대상에 의해 연구하는 대상의 실재성에 의해 인도되도록 할 수 있다. 뉴턴적 세계관으로부터 아인슈타인적 혁명으로 이행한 것은 오직 과학이 믿을 만했을 때 과학이 자연 스스로가 자연이 무엇인지를 우리에게 말해 주게끔했을 때뿐이다.

지적 설계는 신과 자연에 대한 물음을 가지고 접근하는 모든 종교적, 신학적, 과학적 물음을 포용한다. 특정 신을 지칭하지도 않는다. 토렌스적인 질문은 지적 설계에서 유용하게 결합할 수 있을 지도 모른다.

(4) 뉴 에이지 영성(New Age spirituality)과 신과학(新科學, New Science) 운동

뉴 에이지 영성은 '가설적 공명'이나 '윤리적 중첩'[166]과 마찬가지로 과학과 종교 간의 단절 위에 다리를 놓고자 한다. 뉴 에이지 사고의 핵심은 전체론이다. 다시 말해 과학과 영혼, 생각과 느낌, 남성과 여성, 부자와 빈자, 인간과 자연 등을 대립시키는 근대적 이원론을 극복하려는 시도다. 뉴 에이지의 동맥 안에는 세 가지의 폭발적인 일단의 사고가 흐른다. 그것은 20세기 물리학, 특히 양자 이론의 발견, 인간의 지식에서 상상력이 담당하는 역할의 중요성에 대한 인정, 그리고 우리의 지구를 환경 파괴로부터 지켜내야 한다는 윤리적 급선무에 대한 인식이다.

힌두 신비주의를 물리 이론과 결합하고 있는 프리초프 카프라(Fritjof Capra)와 데이빗 봄(D. Bohm)은 잘 알려진 뉴에이지 물리학자들이다.[167] 이들 뉴에이지 이론가들은 진화론을 물리학, 특히 빅뱅 우주론과 결합함으로써, 우주(우리 인간은 우주를 이루는 통합적이면서도 의식적인 부분이다)의 역사와 미래에 대한 거대 담론—신화—을 구축한다. 이 거대 신화의 토대 위에서 뉴에이지 윤리학자들은 생태학적 문제를 해결하는 데 적합한 행위를 이끌고 독려할 미래의 전망을 제시한다. 여기서 과학은 근본적인 종교적 계시를 위한 배경을 제공한다. 그러나 테드 피터스는 메타—종교적 자연주의를 인정하려 하지는 않는다.[168] 테드 피터스가 보기에 그것은 인위적이며 설득력이 없다. 이와 거의 동일하면서도 사회 정의를 훨씬 더 강조하는 생태 윤리가 기독교 종말론으로부터도 나올 수 있다고 주장한다.[169] 여기서 과학과 종교의 좀더 이론적인 연관으로 되돌아가고자 가까운 미래를 위한 가장 가능성 높은 대안으로 가설적 공명을 제안한다. 가설적 공명으로 자연과학이나 기독교 신학 간의 통합성을 해치지 않으면서 두 언어 이론의 한계를 넘어서려고 한다.[170]

이런 메타—종교적 자연주의는 지적 설계와 충돌한다. 그러나 지적 설계가 최소한 신학적 요구로 만족하고 지성을 탐구하되 지성의 본질에 대해 생각하지 않는다는 면에서 뉴에이지 운동가들의 구미를 당길 수도 있을 것이다.

신과학(New Science)이란 말은 바로 뉴에이지 과학(New Age Science)을 줄인 말이다. 이 말을 정의하기란 쉽지 않다. 일반적으로 기존 과학의 틀을 벗어난 새로운 과학을 추구하고자 하는 의미를 담고 있데카르트—뉴턴 패러다임을 말한다. 그러나 20세기에 들면서 과학기술이 발달할수록 자연의 파괴와 고갈, 인간 소외 그리고 핵무기 등 인명살상무기의 고도화 등 인류의 미래에 대한 불길한 예언들이 쏟아져 나오면서 기존의 과학 틀에 대한 반성으로 신과학 운동이 등장한다.[172]

그러므로 신과학 운동주의자들은 낡은 패러다임을 버리고 물리학과 생물학과 진화론을 융합한 새로운 패러다임을 적극적으로 구상한다. 기계적이고 합리적이고 객관적 실재에 매달리던 과거와 달리 객관성과 절대성이 사라진 과학의 공간에 뉴에이지 과학은 과학적 자유의 날개를 아주 넓게 펴고 있다. 그 범위가 어디까지 미칠지 아무도 예측 불가능한 형편이다.

신과학 운동은 이미 대체 기술(Alternative Technology)이나 대체 의학, UFO 연구 그리고 동양 종교와 전통 사상과 철학, 전래 풍습 등에서 유래한 기공(氣孔), 풍수 지리, 동양 종교 등에 대한 관심이 높다. 이런 잡탕화한 성격으로 인해 세속 과학계는 이미 많은 비판과 의심의 눈을 거

두지 않고 있다. 천문학자 칼 세이건(Carl Sagan)은 이런 소동을 '악령이 출몰하는 사회'라고 개탄하면서 대중들이 올바른 과학적 태도를 가질 것을 촉구하기도 했다.[173]

뉴에이지 운동은 다양한 종교를 하나로 융합하고 통합하려는 시도를 한다는 면에서는 다원주의 성향의 포스트모더니즘과 궤를 달리하기는 하나 그 본질상 탈 이성적이고 탈 과학적인 운동이라는 점에서 포스트모더니즘과 무관하다고 보기 어렵다.[174]

뉴에이지 운동과 신과학 운동은 포스트모던 적이란 면에서 지적 설계 운동을 기웃거릴 수 있다. 하지만 지적 설계가 보다 신학적이고 변증적이며 반 진화론적이라는 사실을 깨달으면서 이들은 지적 설계와 등을 돌릴 것이다.

복음주의 과학관이 적응 이론에 따라 유보적 성격이 있음은 사실이다. 하지만 뉴에이지나 신과학 운동이 성경과 너무 멀어진 만큼 결코 잠잠히 이 운동에 이해를 가지고 기다릴 만큼 수용적이지는 못하다. 즉 복음주의는 이들 뉴에이지와 신과학 운동을 수용하기보다 이들 이론들을 포스트모던 시대의 부산물로 보고 적극적인 탐색과 변혁의 도구로 삼아야 할 것이다.

(5) 카오스 이론[175]

카오스(chaos, 혼돈) 이론은 무질서 속에서 질서를 찾는 과학이다. 이 이론의 고전은 1963년 미 메사추세츠 공대(MTT) 기상학자 에드워드 로렌츠(Edward Lorenz)가 발표한 "결정론적 비주기적 흐름"(Deterministic Non-periodic Flow)이라는 논문에서 비롯된다.[176] 로렌츠는 대기의 유동(流動) 패턴에 대한 수학적 모델과 컴퓨터 모의 실험을 통해 "기상예보에 있어 까마득한 미래에 대한 예측은 어떤 방식으로도 불가능하다"는 결론을 내린다.[177] 여기서 "나비 효과"(betterfly system)

라는 개념이 나온다. '북경의 나비 한 마리가 팔랑거리면 뉴욕에 한달 후 폭풍이 일어날 수 있다' 는 이 말은 기상학에 있어 초기의 미세한 변화가 커다란 차이로 귀결될 수 있다는 예측에 대한 유명한 경구가 되었다. 초기 상태의 민감성은 큰 변화를 몰고 올 수 있다는 것이다. 단순한 물리학적 이론처럼 보이던 이 이론은 기상학 뿐 아니라 모든 학문 분야의 관심을 불러 일으키게 되었다. 1975년 생물학자 로버트 메이(Robert May)는 카오스 이론의 개념을 동물의 인구를 늘이는 데 적용한다.[178] 예측 불가능한 엉뚱한 인자까지 수학적으로 고려할 때 가축의 숫자 변동을 파악할 수 있다는 내용이었다.[179]

무한한 다양성은 자연의 본성이다. 그렇다고 다양성이 단순히 무질서를 의미하지는 않는다. 불규칙해 보이고 무질서해 보이나 실은 규칙 아래에 움직임에도 미세한 부분을 놓칠 수밖에 없는 인간의 한계로부터 기인한다. 카오스라는 말은 거기서 기인한다. 카오스는 자연의 복합 현상에 대한 인간의 인식부족에 기인할 수 있다.

아인슈타인(A. Einstein)은 하나님은 주사위 놀이를 하지 않는다고 하였다. 성경은 '사람이 제비를 뽑으나 일을 작정하기는 여호와께 있느니라' (잠 16:33)고 하였다.

지적 설계는 혼돈 속에 보이는 질서를 찾으려는 카오스 이론에 대해 우호적이다. 카오스 이론 안에는 신앙적 우호 그룹과 비우호 그룹으로 나뉠 수 있다. 앞으로 이 중 신앙적 우호 그룹은 그 성격상 지적 설계 운동과 강력한 융합이 일어날 가능성이 있다.

포스트모더니즘의 입장에서는 카오스가 단순한 카오스로 보일지 모르나 하나님의 주권과 섭리를 믿는 복음주의의 입장에서는 그저 간과하거나 버릴 수 없는 이론이다. 카오스도 분명 섭리이다. 다만 세상 사람들이 생각하는 우연의 카오스가 아니다. 섭리를 믿는 기독교적 관점에서는 미세한 질서를 추적하는 카오스 이론이 하나님의 자연 설계의 확률적 과정에 대한 정보를 제공하는 긍정적 분야가 될 수도 있다고 본다.

(6) 가이아(Gaia)와 온 생명 이론(Global Life Theory)

가이아[180]는 1970년대 초 러브록(J. E. Lovelock)이 제안한 가설[181]이요 온 생명 이론은 서울대 물리학과 장회익 교수가 주창한 가설이다.[182]

이들 가설은 생명 현상에 대한 기존의 틀에 대한 반성으로부터 시작된 이론이다. 종교적 이해 양식과 과학적 이해 양식 사이에서 생명관을 뒤집어 보자는 전형적인 포스트모던적인 생명관이다. 과학과 기존 생물학은 생명의 행동 양식(what it does)은 규정할 수 있으나 생명의 본질(what it is)에 대해서는 정의하지 못한다. 이런 가운데 러브록과 장 교수는 새로운 생명 해석을 시도한다. 이들은 지금까지 우주 안에서 오직 하나의 생명(가이아 또는 온 생명)이 알려져 있다고 주장한다. 바로 우주 또는 태양계라는 생명(가이아 또는 온 생명)이라는 것이다. 그렇다면 이들은 새 생명 개념은 엔트로피(entropy)의 증감과 관련지어 설명된다.[183] 장 교수는 자신의 아이디어가 슈뢰딩거(Erwin Schrödinger)의 책[184] 으로부터 시작되었다고 본 연구자도 참석했던 통계물리학회 모임에서 발표한 적이 있다.[185]

장 교수는 인간과 각 생명 개체 전체를 하나의 유기체적 실체로 파악함으로써 지금까지는 지니지 못했던 새로운 시각과 새로운 해석을 얻고자 시도한다.[186] 장 교수는 자신의 독창적 이론처럼 주장하나 사실 그 출발점과 본질에 있어서는 가이아(gaia) 이론과 큰 차이점이 없다고 본다. 샤르댕의 이론도 지구를 살아있는 유기체로 이해한다는 면에서 가이아 가설과 잘 맞는다.[187] 지구를 생명체로 보는 가이아 이론은 복음주의 과학관이 수용할 수 없는 이론이다. 즉 장 교수의 온 생명 가설은 독창적 이론이라기보다 신과학 운동이라는 큰 흐름에서 나온 지류로 볼 수 있다는 의미이다.

다만 온 생명 이론이 가이아 이론과 다른 점이 있다면 좀더 종교적 관점으로 보고자 함에 있어서 기독교의 틀을 보다 적극적으로 해체하려는 포스트모더니즘의 경향이 강화된 이론으로 보일 수도 있다. 온 생명 가설에 의하면 우리는 살아 있는 동시에 온 생명의 한 부분이다. 그렇다면 기존 윤리학과 생명관과 종교관, 신앙관은 마치 공산주의가 한 시대를 휩쓴 것처럼 그야말로 대변혁의 패러다임 속으로 들어갈 수도 있는 대담한 이론이라 할 수 있다.

온 생명 가설이 지적 설계와 만나면 어떻게 될까? 온 생명 자체가 설계를 내포하고 있음은 사실이다. 하지만 진화론을 노골적으로 거부하는 지적 설계 논쟁에 온 생명 가설을 가지고 접근할 것 같지는 않다. 다만 앞으로 온 생명 가설이 장 교수의 손을 떠날 때에 어떤 변형된 모습으로 나타날지 아무도 예측할 수 없다.

온 생명 가설은 한 이론은 될 수 있을지는 모르나 복음주의 과학관으로 보면 너무 멀리 나아간 모습이다. 적응의 방법을 동원하더라도 하나님이 자신을 이렇게까지 멀리 숨겨 놓으시는 분으로 보이지는 않는다.

5. 평가와 전망

지적 설계가 창조와 창조주를 내포한다는 점에서 기독교의 관심을 끄는 것은 사실이다. 또한 호기심 많은 다양한 사람들을 이 논쟁에 끌어들이고 있다. 그러므로 과학의 언어로도 복음의 적응에 나서야 되는 복음주의자들에게 포스트모던 시대에 등장한 이 색다른 이론에 눈길을 가게 만드는 요소들이 분명 있다. 포스트모더니즘은 근대 과학이 신앙의 언어보다 더 우월하고 때로는 절대적이라고 군림해 온 데 대해 큰 반성을 주었다는 면에서 그 공헌이 적지 않다. 모더니즘이 야기한 인간소외와 생태계 파괴, 빈부격차, 인명 살상의 증가 등에 대해 우리는 그 폐해를 똑똑히 보아 왔다. 지난 2001년 9.11 테러는 모더니즘의 종착역이 어디까지 갈 수 있는 가를 암묵적으로 보여 주었다. 이제 고도의 소비문화와 더불어 21세기 정보와 첨단 기술사회에 발을 들여놓은 우리들에게 모더니즘의 성과는 오히려 커다란 충격과 회의와 반성을 불러일으킨다. 즉 포스트모더니즘은 과학의 현실 세계에도 윤리적 각성을 촉구한다.

그러나 물론 이것이 다는 아니다. 과학의 발달 자체가 어떤 경우에는 인류에게 회의적일 수도 있다는 확인과 과학을 통해서도 어떤 공인된 실재를 찾을 수 없다는 인식이 오히려 보이지 않는 영적세계에 대한 회의로 이어질 수 있다. 이것이 기독교의 절대성에 대한 극단적인 부정이나 거부로 이어져 진리에 대한 외면으로 이어질 수 있는 위험성을 우리는 결코 간과할 수 없다. 그러므로 우리는 소망에 관한 이유를 묻는 자들에게 적극적으로 대답해야 하는 소명을 지닌[188] 그리스도인으로서, 과학과 신앙의 문제에 대해서도 눈을 돌리거나 감지 말고 끊임없는 모색이 필요함을 인정하지 않을 수 없다.

이런 시대적 배경을 가지고 나타난 지적 설계는 분명 신학적, 철학적 함축이 있는 운동이다. 특별히 지난 세기까지 자연주의의 도전에 조금은 방치되어 있던 신학에 큰 각성을 촉구한 면이 있다. 바르트(K. Barth)는 어떤 종류의 형이상학적 사고도 거부한다. 바르트는 아니오(Nein)에서 성령이 이루시는 것 외에 다른 접촉점을 요구하지 않는다. 성경의 세계관에 나타나는 영적 실재와 하늘의 하나님을 증거하는 말씀들과 자연 계시 및 자연신학은 물론 우주론적 논증조차 거부한다.[189] 이와 같은 바르트와 브룬너(E. Brunner)의 자연신학 논쟁 이래 신학은 특수 은총에 관심을 기울여 왔던 것이 사실이다.

또한 그동안 창조론 또는 창조과학 운동은 대중 중심이요 맹목적 프로파겐다(propaganda)적이라는 비판에 자유롭지 못하였다. 지성의 강요

적 측면이 강하였다. 그래서 자신의 영역 침범에 대해 매우 공격적으로
나서는 반지성적 경향이 강하였다. 이에 비해 지적 설계는 좀더 유연하
다. 종교와 지식인들을 이 토론의 광장에 끌어내고 있다. 이것을 통해 우
리는 피조 세계를 어떻게 바라보냐에 따라 한 이론이 얼마나 무궁무진한
해석과 신학적 변신이 가능한 가를 또 한번 알게 되었다. 그러나 이것이
복음주의에 우호적이 됨을 의미하는 것은 아니다. 지적 설계는 보다 포
스트모던적일 뿐이다. 지적 설계는 여전히 전제되지 않은 변증의 위험성
에 노출되어 있다. 오히려 복음의 진리를 훼손할 가능성이 있다. 복음은
아무리 포스트모던 시대라 해도 모든 종교 세력을 복음의 광장으로 부르
지는 않는다. 또한 자연이 하나님에 관한 지식에 관한 한 불완전하고 불
충분하며 칼빈에게 있어서도 늘 부정적이었던 것은 사실이다. 창조주를
알 수 있는 지식은 예수 그리스도 안에서 우리에게 제시하는 믿음과 결
합하지 않으면 아무 쓸모가 없다.[190]

하지만 하나님은 인간의 타락 이후에도 창조물 속에서 끊임없이 스스
로를 나타내심이 분명하다. 우리는 그것을 깨닫지 못하게 되었을 뿐이
다. 타락이 없었다면 자연도 사람들에게 하나님에 대한 유효한 지식을
주었을 것이다. 자연은 아직도 하나님의 피조세계요 섭리의 터전이다.
거듭난 자들의 거듭난 지식 안에서 일반 은총은 섭리와 하나님 지식을
끄집어 낼 수 있다.

해체를 통해 다시 질서를 찾아가고자 하는 인간의 보다 정교한 시도가
포스트모던 시대에 던져졌다. 이러한 포스트모던 시대에 일반계시의 영
광을 회복할 수 있는가는 큰 과제로 던져졌다. 지적 설계는 정교하고 과
학적이기는 하나 신학적 함축에 있어서는 여전히 불안하다. 왜냐 하면
복음주의는 자연 계시를 긍정하나 자연신학을 분명 부정하기 때문이다.
지적 설계가 창조와 창조주를 내포한다는 점에서 기독교의 관심을 끄는
것은 사실이다. 그러나 성경을 배제한 채 모든 종교와 과학자, 철학자를

대화의 장터로 끌어들였다는 점에서 복음주의는 지적 설계에 큰 기대는
걸지 않는다. 왜냐 하면 복음주의 입장에서 볼 때 지적 설계는 과학 시대
에 좀더 세련되게 나타난 자연신학의 재등장으로 비쳐지기 때문이다. 그
러나 신학과 과학은 분명 이 운동에 힘을 실어주고 있다.[191] 그러므로 이
제 출발을 시작한 이 운동에 대해 조금 더 여유와 인내심을 갖고 신앙의
눈으로 지켜볼 필요가 있다.

1. Minucius Felix와 Basil the Great(3-4세기) 같은 교부들로부터 Moses
   Maimonides 와 Thomas Aquinas(12-13세기) 같은 중세 스콜라 철학자들,
   Thomas Reid와 Charles Hodge(18-19세기) 같은 개신교 사상가들에 이르기까지
   신학자들은 설계 논증, 그리고 자연의 자료로부터 자연을 넘어선 지성이 작용한다
   는 결론을 이끌어 내는 논증을 해 왔다.

2. William Paley, *Natural Theology* (Boston: Gould & Lincoln, 1852).

3. Burril, *The Cosmological Argument*, 165-70.

4. Ibid., 184-91.

5. Ibid.

6. William A. Dembski, *Intelligent Design* (Downers Grove: IVP, 1999), 105-
   109.

7. Ibid.

8. Phillip E. Johnson, *Darwin on Trial* (Regnery Gateway, Inc, 1991).

9. 1970-1980년대 이미 C. Thaxton, W. Bradley, M. Denton, Dean Kenyon 등의
   작업이 있어 왔다. 이들은 꾸준히 다윈주의를 과학적, 철학적으로 비판하여 왔다.

10. *Mere Creation*, edited by W. A. Dembski, (Downers Grove: IVP, 1998).

11. P. Johnson 책이 나온 후 바로 이듬 해인 1992년 미 Southern Methodist
    University에서 "다윈주의 :과학인가 철학인가?"라는 주제의 대대적

Conference가 열리게 되었다.

12. P. Johnson은 하버드와 시카고 대학원을 나오고 미 UC 버클리 대에서 30여 년
간 법학을 가르쳐 왔고 미 대법원장 Earl Warren의 법률고문이었으며 형법 분
야에서 널리 사용되는 여러 교과서를 저술한 인물이다.

13. Johnson, *Darwin on Trial*, Chapter 10.

14. Daniel Dennett, *Darwin's Dangerous Idea* (New York: Simon & Schuster,
1995), 153.

15. Dembski, *Intelligent Design*, preface.

16. 1996년 11월 14-17일 미 Biola 대학에서 CCC 주최로 개최된 Christian
Leadership Ministry (CLM)의 intellectual event에 함께한 주요 학자들의 전
공과 직책을 보면 그 면면이 대단히 다양함을 할 수 있다. Johnson, Dembski,
Behe 외에도 Rich McGee(Philosophy, CLM Director), Walter
Bradley(Michanical Engineering, Texas A & M University), Sherwood
Lingenfelter(provost, Biola University), J. P. Moreland(Philosophy, Talvot
School of Theology), Paul Nelson(editor of Origin & Design), Pattle
Pun(Biology, Wheton College), J. M. Leynolds(Philosophy, Biola
University), Jeffrey Schloss(Biology, Westmont College), Henry F.
Schaefer Ⅲ, Nancy R. Pearcey, Del Ritzsch, Hugh Ross, Robert C.
Newman 등이 함께 하였다. 휴 로스나 로버트 뉴먼 같은 강력한 anti-
creationist들이 참석한 반면 창조과학자들이 전혀 눈에 띄지 않았다.

17. Dembski, 13.

18. Michael Behe, *Darwin's Black Box* (New York: Fress Press, 1966), 39-45.

19. Ibid.

20. 실제로 Journal of Molecular Evolution 같은 잡지에서는 이제까지 대략 천 편
가량의 논문이 발표되었는데 그중 100편 정도는 생명의 기원에서의 화학반응에
대해서, 50편 정도는 서열 분석을 위한 수학적 모델에 대해서, 800편 정도는 서
열 분석을 다루고 있다. 그러나 복잡한 생화학적 구조의 진화에서의 전이형태에
대한 모델 같은 것에 대해서는 단 한 편의 논문도 발표된 바 없다.

21. Dembski, *Intelligent Design*, 133-34.

22. Ibid.

23. Ibid.

24. Ibid., 127-29.

25. Ibid.

26. Ibid., 159-60.

27. 예를 들어 포커 게임에서 royal flush를 잡을 확률은 0.000002에 해당한다고 한
   다. 그러나 별 의미없는 카드를 잡았다고 해도 바로 그 카드를 잡을 확률은 명백
   히 0.000002에 해당한다. 그러나 royal flush의 경우만 특수(specified)하다고
   말할 수 있다.

28. Stephen C. Meyer, "The Explanatory Power of Design," *DNA and the
   Origin of Information, Mere Creation edited by W. A. Dembski* (Downers
   Grove: IVP, 1998), 113-47.

29. Dembski, 170-77.

30. Ibid.

31. Ibid., 179.

32. Ibid.

33. H. Richard. Niebuhr, *Christ and Culture* (New York: Harper Colophon
   Books, 1975).

34. John Hick, *God has Many Names* (Philadelphia: Westminster Press,
   1982); *An Interpretation of Religion* (New haven: Yale University Press,
   1988).

35. Ronald R. Nelson, *The Reality of Christian Learning* (Grand Rapids:
   Eerdmans, 1976).

36. C. G. Jung, *Psychology and Religion* (Yale University Press, 1938).

37. Rabbi Liebman, *Peace of Mind* (New York: Simon & Schuster, 1946).

38. Erich Fromm, *Psychoanalysis and Religion* (New Haven: Yale University,
   1950).

39. Robert K. Merton, "Science and Society in the Seventeenth Century,"
Osiris 4(1938), 360-632. 드래퍼(Draper)가 "현대 과학은 종교개혁의 적법한
자매-아니 쌍둥이 자매라고 할 수 있다."고 인정한 것은 흥미롭다.

40. Hooykass, *Religion and the Rise of Modern Science.*

41. R. Hooykass, "Science and Reformation," *Journal of World History 3*
(1956): 109-39와 "Puritanism and Science," *Science and Belief: From
Copernicus to Darwin*, Block 3 : *Scientific Progress and Religious Dissent*
(Milton Keynes: Open Univ. Press, 1974), 7-32를 볼 것.

42. R. Hooykass, *Philosophia Libera: Christian Faith and the Freedom of
Science* (London: Tyndale, 1957).

43. M. B. Foster, "The Christian Doctrine of Creation and the Rise of Modern
Natural Science," *Mind* (1934), 446-68; Thomas F. Torrance, *Theological
Science* (London: Oxford Univ. Press, 1969), 59-61; Christopher HIll,
Intellectual Origin of the English Revolution (London: Oxford Univ.
Press, 1965); Alfred North *Whitehead, Science and the Modern World*
(Cambridge: Cambridge Univ. Press, 1926), 13-14

44. 다음을 참고할 것. Ian G. Barbour, *Issues in Science and Religion* (New
York: Harper & Row 1971); John Dillenberger, *Protestant Thought and
Natural Science : A Historical Interpretation* (London: Collins, 1961) ;
Eugene M. Klaaren, *Religious Origins of Modern Science: Belief in
Creation in Seventeenth Century Thought* (Grand Rapids: Eerdmans,
1971); Peter Hodgson, "The Judaeo-Christian Oigin of Science. *The
Ampleforth Journal* (1974), 39-44; Richard Westfall *Science and Religion
in Seventeenth Century England* (New Haven: Yale Univ. Press, 1958);
Charles Webster, ed., *The Intellectual Revolution of the Seventeenth
Century* (London: Routledge & Kegan Paul, 1974); idem, *The Great
Instauration : Science, Medicine and Reform 1626-60* (London:
Duckworth, 1975).

45. Sinclair B. Ferguson, *New Dictionary of Theology* (Downers Grove: IVP, 1988), 625-27.

46. 테드 피터스는 Gilkey, van Huyssteen, Pannenberg, Torrance, Peacocke, Polkinghorne 그리고 Russell로부터 그 영향을 받았음을 고백한다. 그러면서 자기의 견해 중 ethical overlap과 결합한 hypothetical consonance에 관심이 많다. 이러한 입장이 테드 피터스에게 있어 지금까지 연구된 피조세계로 보여지는 우주의 결과를 를 바라보는 데 있어 신학과 과학이 상호 관련되고 있음을 허락한다

47. 테드 피터스(Ted Peters)는 미국 태평양 루터교 신학대학, 버클리 연합신학대학원(GTU) 교수이며 CTNS 강의 지원 프로그램 소장으로 *Science and Theology: A New Consonance*의 편저자이다.

48. Ford, *The Modern Theologians*, 650-54.

49. 물론 이안 바버(Ian Barbour)는 기포트 강연(Gifford Lectures)에서 갈등, 독립, 대화, 통합의 네 방식으로 제시한 적이 있고 여러 학자들이 종교와 과학의 문제에 대해 갈등과 화해와 융합 등으로 묶는 작업을 해왔다.

50. Dembski는 생화학자 Behe가 말하는 "irreducible complexity"나 물리학자 David Bohm이 말하는 "활동적인 정보(active information)"나 수학자 Marcel Schutzenberger의 "기능적 복잡성(functional complexity)"이나 자신의 "복잡 특수 정보(CSI;complex specified information)"를 결국 같은 실재에 대한 여러 표현으로 본다.

51. Niels Henrik Gregersen and J. Wentzel van Huyssteen *Rethinking Theology and Science* (Gradrapids: William B. Eerdmans Publishing Company, 1998).

52. 과학과 신학의 갈등과 공명을 넘어서는 post-foundationalism에 대해서는 J. Wentzel van Huyssteen이, 대화에 대한 critical Realist perspective에 대해서는 Kees van Kooten Niekerk, naturalist stance에서 본 과학 이미지의 중요성에 대해서는 Willem B. Drees, 종교와 과학에 대한 실용적 접근은 Eberhard Herrmann, complementary perspectives로서의 과학과 종교는

Fraser Watts, 그리고 과학과 종교의 대화를 위한 contextual Coherence에 대해서는 그레거슨(Niels Henrik Gregersen)이 각각 다루고 있다.

53. Ian G. Barbour, *Religion and Science*, (New York: Harper, 1997), 77-103.

54. Dembski, *Intelligent Design*, 187-205.

55. Richard F. Carlson ed., Science & Christianity Four Views (Downers Grove: IVP, 2000).

56. Ibid., 19-66.

57. Ibid., 67-126

58. Ibid., 127-94.

59. Ibid., 195-254.

60. Ford, *The Modern Theologians*, 650.

61. 앞서 소개한 종교와 과학의 치열한 충돌에 대해서 쓴 책, A. D. White의 두 권으로 된 *A History of the Warfare of Science with Theology in Christendom* (New York, 1896)과 *J. W. Draper*의 *History of the conflict between Religion and science* (New York, 1874)을 참고할 것.

62. Dembski, *Intelligent Design*, 212-14.

63. T. Peters는 유명인사들의 과학주의 경향을 다음과 같이 설명한다. B. 러셀은 BBC 방송에서 "과학이 우리에게 말해줄 수 없는 것을 인류는 알 수 없다."고 말했음을 인용하고, 천문학자 F. Hoyle이 현대 과학으로 인해 유대교나 기독교 같은 종교들이 구시대에 유물이 되어버렸다고 주장했음을 소개한다. 그는 종교적 행동이 도피주의이며, 우주의 신비로부터 공상적인 안전을 추구하는 사람들이 추종하는 것이라고 설명한다. 이들에 이어서 자크 모노는 "오직 객관적 지식만이 진리의 진정한 원천"이며 이제는 현대 과학이 과거의 종교적 설명들을 대체하고 있다고 주장하곤 했다. 물리학자 스티븐 호킹과 칼 세이건은 한 목소리로 우주는 존재하는 또는 존재했던 또는 앞으로도 존재할 모든 것이라고 주장했다. 또한 그들은 빅뱅의 시초에는 그 어떤 절대적 시작도 없었다고 주장한다. 만일 하나의 절대적 시작이 있었다면 시간은 경계를 가진다. 그리고 이 경계 너머에서 우리는 창조주 신과 같은 초월적 실재를 어렴풋이 보게 된다. 그러나 그것은 과학주의가

받아들이기 힘든 일이다. 따라서 세이건은 호킹의 시간의 역사에 붙인 서문을 통해 우주가 시간적으로 자기 충족적이라고 서술하고, 그리하여 "창조주가 할 일은 아무것도 없다"라는 주장을 토대로 "신의 부재"를 자신있게 주장한다.

64. Ford, *The Modern Theologians*, 650-51.

65. P. Davis는 "새로운 물리학 덕분에 과학이 이제는 실제로 예전까지 종교적인 것에 속했던 물음들을 진지하게 다룰 수 있는 위치에 이르게 되었다."라고 쓰고 있다. 물리학자 프랭크 티플러는 빅뱅과 열역학을 결합한 양자 이론이 미래에 있을 죽은 자의 부활에 대해 기독교보다 더 뛰어난 설명을 제공할 수 있다고 주장하면서 신학이 물리학의 한 분야가 되어야 한다고까지 주장한다. 마가렛 버트하임의 해석에 따르면, 스티븐 호킹은 이 두 번째 범주에 속한다고 할 수 있다. 비록 그가 신이 할 일이 아무것도 없다고 주장하기는 하지만, 그는 물리학에 대한 자신의 견해를 제시하기 위해 신적인 이미지나 신학적 용어를 계속해서 사용한다. "그는 두가지를 동시에 원하는 듯 하다. 그는 신을 우주 바깥으로 완전히 추방해 버리면서 동시에 신을 자신의 작업을 위한 지속적인 하위 맥락으로서 불러들인다. "다시 말해, 그는 과학자가 자연법칙을 할게 됨으로써 신의 마음을 알수 있다고 보는 것이다. "그는 신에 대해 쓸 때 마치 독자에게 똑똑한 형에 대해, 그가 존경하면서 동시에 그가 그 업적에 대해 충분히 이해하고 있는 그런 대상에 대해 말하는 것처럼 쓴다……호킹과 그의 신은 거의 같은 차원에 서 있다."

66. 이 말은 미국 창조과학 운동을 주도한 헨리 모리스의 저서 *Scientific Creationism*으로부터 기인한다.

67. Ford, *The Modern Theologians*, 651.

68. '단절의 하나님'(「아가페 신학사전」), '간격의 하나님'(창조과학회 초기 뉴스레터 「창조」 1-5호 참조), '빈틈의 하나님'(「지적 설계」) 등으로 번역되고 있으나 필자는 '틈새를 메우는 하나님'이 더 자연스러운 번역으로 생각된다.

69. 이 부분의 논쟁에 대해서는 Dembski가 편집한 *Mere Creation* (Downers Grove: IVP, 1998) 139, 314-16, 321-28, 381을 볼 것.

70. Del Ratzsch, *Science and Its Limits* (Downers Grove: IVP, 2000), 114.

71. Dembski, *Intelligent Design*, 247.

72. 「지적 설계」, 「다윈의 블랙박스」, 「심판대 위의 다윈」등 핵심적인 지적설계 운동
    에 관한 책들이 모두 창조과학 또는 관련 측근들에 의하여 번역이 되었다.

73. D. T. Gish와 H. M. Morris의 일련의 책. 특히 Gish의 *Evolution: The Fossils
    Say No!* 와 Morris의 *Scientific Creationism*을 참고할 것.

74. Ronald Numbers, *The Creationists* (New York: Knopf, 1992), x.

75. H. M. Morris, *The Remarkable Birth of Planet Earth* (Minneapolis:
    Bethany Fellowship, 1978), vi; D. T. Gish, *Evolution : The Fossils Say No!*
    (Sandiago: CLP, 1973), 24.

76. 미국 ICR (Institute for Creation Research)의 영향을 받은 한국의 창조과학회
    의 기본 입장도 과학적 창조론과 큰 차이가 없다. 다만 한국의 창조론 운동(한국
    창조과학회; KACR)은 구체적인 신앙적 교리 선언이 없을 뿐이다.

77. Ford, *The Modern Theologians*, 651.

78. 조덕영, 「기독교와 과학」의 부록을 참조할 것.

79. Johnson, *Darwin on Trial*, 1-14.

80. P. Johnson은 "주된 문제는 편견이다. 왜냐 하면 과학 지도자들은 자신들이 종
    교적 근본주의자들과 처절한 전투를 벌이고 있다고 여기기 때문이다. 여기서 근
    본주의자란, 세상의 일들 속에서 능동적인 역할을 하는 창조자의 존재를 믿는 사
    람 모두에게 과학자들이 붙이는 꼬리표다." 하지만 억지주장을 하는 쪽이 어느
    쪽인지를 수사적으로 물으면서, 존슨은 다윈주의자들이 종교적인 태도와 편협한
    교조주의를 갖고 있으며 그들의 소중한 이론에 도전을 제기할 수 있는 증거를 검
    토하기를 꺼린다고 고발한다. "과학 기구들은 다윈주의를 검증하려 하기보다는
    이를 비호하는 데 전념한다. 그리고 과학적 검증의 규칙들은 이들의 성공을 돕는
    방향으로 형성되어 왔다."고 본다.

81. Dembski, *Intelligent Design*, 247.

82. Ibid.

83. Ibid., 248.

84. 한국에서도 한국창조과학회 뿐 아니라 주요 기독교 교단들이 이단시하는 만민중
    앙교회가 운영하는 창조과학을 표방한 단체까지 관심을 가지고 뛰어들고 있다.

85. Michael Ruse, *Can Darwinian Be a Christian* (Cambridge: Cambridge University Press, 2000).

86. Ibid., 6장을 참조할 것.

87. Ibid.

88. Michael Denton, *Evolution: A Theory in Crisis* (Bethesda: Adler & Adler, 1985), 87, 345.

89. Niles Eldredge and Stephen Jay Gould, "Punctuated Equilibria: An Alternative to Phyletic Gradualism," T.J.M. Schopf, ed., *Models in Paleobiology* (San Francisco: Freeman, Cooper & Co., 1972), 82–115.

90. Tim Berra, *Evolution and the Myth of Creationism* (Stanford: Stanford University Press, 1990), 117–9.

91. 로마서 1:20–23.

92. Pierre Teilhard de Chardin, *The Phenomenon of Man* (New York: Harper & Brothers, 1959).

93. Ibid., 133–39.

94. Alfred North Whitehead, *Process and Reality: An Essay in Cosmology* (New York: Macmillan, 1929), 519–33.

95. R. Dawkins, *The Blind Watchmaker* (London: Norton & Company, 1992), 6.

96. Ford, *The Modern Theologians*, 651.

97. 그는 프린스턴에서 열린 한 강연회에서 다음과 같이 말한 적이 있다. "과학은 오직 이것이 무엇인지에 대해서만 확증할 수 있을 뿐, 이것이 무엇이어야 하는지에 대해서는 확증할 수 없다. 반면 종교는 오직 인간의 사고와 행위에 대한 가치평가만을 다룬다." 여기서 '오직' 이라는 말에 주목하자. 각각의 언어는 나름의 독자적인 영역에 국한된다.

98. R. Bultmann, *Jesus Christ and Mythology* (New York: Charles Scribner's Sons, 1958), 69.

99. Paul Tillich, *Systematic Theology 1* (London: Nisbet, 1953), 280–1.

100. Paul Tillich, *Theology of Culture*, ed. Robert Kimball (New York: Oxford

University Press, 1964), 129.

101. Ibid., 132.

102. T. Peters는 두 언어 이론에는 문제가 있다고 본다. 그것은 분리를 통해서, 다시 말해 소통을 방해하는 비무장 지대를 설정함으로써 평화를 얻는다. 과학자가 신적인 것들에 대해 말하고 싶어 할 수도 있고 또 신학자가 신이 창조한 실제 세계에 대해 말하고 싶어 할 수도 있다. 이런 경우에 , 두 진영은 이해의 공유가 불가능하다는 전제 아래 서로 대화를 피하면서 말을 할 수 있게 된다.

103. Ford, *The Modern Theologians*, 652.

104. Ernan McMullin, "How Should Cosmology Relate to Theology?" ed., Arthur Peacocke, *The Science and Theology in The 20C* (Notre Dame, 1981), 39.

105. John Polkinghorne, *Faith of Physicist* (Princeton; Princeton University Press, 1994), 193.

106. Ibid.

107. Ibid.

108. T. Peters와 궤를 같이 하는 학자로 Robert John Russel이 있다. 버클리 신학과 자연과학 센터(CTNS)의 창립자인 러셀은 미국과 유럽에서 종교와 과학간 대화의 흐름을 주도하고 있는 대표적인 학자 중 하나이다. 물리학자이자 동시에 신학자로서 두 분야 모두의 균형 잡힌 입장에서 대화를 시도한다. 특히 양자역학, 상대성원리, 불확정성의 원리 등과 같은 현대 물리학의 핵심 이슈들을 토대로 이러한 과학적 성과들이 어떻게 신에 대해 생각하는 새로운 방식을 열어주는지를 증명해 보인다. 그는 플랑크 상수 시대에서 시작되어 지금까지 이어지는 뜨거운 빅뱅 우주 모델이 호일(Hoyle)의 정적인 우주 모델의 도전을 거의 완전히 극복한 현재의 과학적 우주론이 신학적 성찰을 위한 새로운 자원이 될 수 있다고 주장한다. 이러한 우주론 안에서는 이제 지구의 출현과 생명 진화 역사 그리고 인간의 출현과 인류 문명의 역사까지 전 우주적 과정 안에서 신의 계속적인 창조 활동에 대해 생각할 수 있는 길이 열린다고 주장한다.

109. Polkinghorne, *The Way the World Is* (London: SPCK, 1983), 33.

110. 예를 들어서 Robert M. Young, "Natural Theology, Victorian Periodicals and the Fragmentation of a Common Context," *Darwin to Einstein: Historical Studies on Science and Belief ed. Colin Chant and John Fauvel* (Harlow : Longmen,1980), 69-107; John Hedley Brooke, "The Natural Theology of th Geologists: Some Theological Strata," *Images of the Earth: Essays in the History of the Environmental Sciences, ed. L. J. Jordanova and Roy Porter* (Chalfont St. Giles: British Society for the History of Science, 1979), 39-64; Dov Ospovat, "Perfect Adaptation Teleological Explanation: Approaches to the problem of the History of Life in th Mid-Nineteenth Century," *Studies in the History of Biology* 14 (1981): 193-230, idem, *The Development of Darwins Theory: Natural History, Natural Theology, and Natural selection* 1838-1859 (Cambridge: Cambridge University Press, 1981).

111. Antony Flew, *The Presumption of Atheism* (London: Pemberton, 1976), 14.

112. Millard J. Erickson, *Christian Theology* (Michigan: Baker Books, 1998), 180-81.

113. Ibid., 181.

114. David Hume, *Dialogue Concerning Natural Riligion* (New York: Social Science Publishers, 1948).

115. J. P. Moreland, *The Creation Hypothesis* (Downers Grove: IVP, 1994), 243.

116. Dembski, *Mere Creation*, 16-17.

117. Thomas C. Oden, *The Living God* (New York: Harper & Row Publishers, 1987), 6.

118. Ian G. Barbour, *Religion and Science* (New York: Harper SanFracisco, 1997), 서론 부분.

119. J. Moltmann, 김균진 역, 「창조 안에 계신 하나님」 (서울: 한국신학연구소, 1996). 49-51.

120. 정통적으로 신앙을 고백하는 갈릴레이와 케플러 등 탁월한 과학자들은 자연과
성경을 하나님이 주신 두 권의 책으로 인식하고 있었다. 이 "두 책 이론"의 출발
은 Sir Francis Bacon (1561-1626) *The Advancement of Learning* (1605),
1.1.3, 1.6.16을 참고할 것.

121. Ford, *The Modern Theologians*, 657-59.

122. W. Pannenberg, *Systematic Theology*, vol. 2, trans. G. W. Bromiley
(Grand Rapids: Eerdmans, 1991), 16.

123. Pannenberg, *Systematic Theology*, vol 2, 82.

124. Ford, *The Modern Theologians*, 657-9.

125. Ibid.

126. Ibid.

127. Roger Olson, "Wolfhart Pannenberg's Doctrine of Trinity," *Scottish
Journal of Theology* 43/2 (1990): 197-202.

128. John J. O' Donell, "Pannenberg's Doctrine of God," *Gregorium* 72/1
(1991): 84-91.

129. Allan D. Galloway, *Wolfhart Pannenberg* (London: George Allan &
Unwin Ltd., 1973), 99-115.

130. Donald G. Bloesh, *God the Almighty: Power, Wisdom, Holiness, Love*
(Downers Grove: IVP, 1995), 18.

131. Pannenberg, *Systematic Theology*, vol. 2, 119.

132. Pannenberg, "Theology and Science," *Princeton Seminary Bulletin 13*
No. 3, 1992.

133. Stanley J. Grentz, *Reason for Hope: The Systematic Theology of
Wolfhart Pannenberg* (New York: Oxford University Press, 1990), 201 이하.

134. Cornelius A. Buller, *The Unity of Nature and History in Pannenberg's
Theology* (Lanham, MO: Rowman & Little Field, 1996), 52.

135. Philip D. Claton, "The God of History and the Presense of the Future,"
Journal of Religion 65 (Jan, 1985): 105.

136. A. N. Whitehead, *Science and the Modern World* (Toronto: The Mcmillan Company, 1950), 115–16.

137. Ibid., 260–61.

138. Ibid., 264–65.

139. Ibid., 262.

140. Ronald Nash, "Process Theology and Classical Theology," *Process Theology, ed. Ronald Nash* (Grand Rapids: Baker, 1987): 15.

141. E. R. Naughton, "Panentheism," *New Catholic Encyclopedia*, vol. X (Washington: The Catholic University of America, 1967): 943.

142. William Hasker, *God, Time and Knowledge* (New York: Cornell University Press, 1989).

143. 뎀스키가 자신의 책 「지적설계」에서 자신의 작업에 공헌한 50여명의 학자들 이름을 거명하는 가운데 정통 창조과학 그룹(ICR, CRS 등)의 학자는 단 한사람도 거명치 않고 있음은 주목된다. 오히려 창조과학그룹과 정면으로 갈등 관계에 있는 로버트 뉴먼(R. Newman)이나 휴 로스(H. Ross)같은 사람의 이름이 눈에 띤다. 그럼에도 국내에서는 뜻밖에도 지적 설계 논쟁 관련 서적 번역에 한국의 창조과학 운동(KACR)의 영향을 받은 한국과학기슬원(KAIST) 창조연구팀(RACS)과 서울대 창조과학연구팀(NOAH와 SCR)들이 대거 참여하고 있다. 이것은 한국의 창조과학 운동의 주된 멤버들이 지적 설계 운동에 대한 신학적, 과학적, 철학적 이해가 대단히 미숙하고 부족함을 나타낸다. Newman이나 Ross 등이 관여 된 것을 알았다면 창조과학과 전혀 견해가 다른 이 운동에 대해 한국창조과학회는 지적 설계 운동가들과 친구가 되려 하지 않았을 것이기 때문이다. 그만큼 창조과학과 다른 견해에 대해 창조과학 운동은 대단히 전투적이다.

144. Denzinger, *Sources of Catholic Dogma*, (1839), 457.

145. 쿤은 1922년 생으로 1943년 물리학 전공으로 하버드대 최우수 졸업을 하였고, 캘리포니아 버클리대와 프린스턴 과학사 및 과학철학과 교수를 거쳐 MIT에서 언어학 및 철학과 교수를 재직하였다.

146. Kunn, *The Structure of Scientific Revolution*, 10.

147. Ibid., 24-34.

148. Ibid., 31.

149. Ibid., 49.

150. Kuhn, "Objectivity, Value Judgement and Theory Choice," *The Essential Tention* (Chicago: University of Chicago Press, 1977), 320-29.

151. 신국원, 「포스트모더니즘」(서울: IVP, 2000), 110.

152. Kuhn, *The Structure of Scientific Revolution*, 1-3.

153. Ibid., 146-47.

154. Ibid., 92-98.

155. Ibid., 72, 167-79.

156. Ford, *The Modern Theologians*, 657.

157. Ibid.

158. Ibid.

159. 판넨베르그는 신을 모든 것을 결정하는 실재라고 정의한다.

160. W. Pannenberg, "창조와 진화는 대립적인가" 「현대 문화 속에서의 과학」 (서울: 아카넷, 2001), 123.

161. Ford, *The Modern Theologians*, 658-59.

162. Ibid.

163. Ibid.

164. Ibid.

165. Ibid.

166. T. Peters의 8 가지 구분에 들어있는 방식 중 하나이다. 여기서는 유사성에 따라 공명의 영역에 통합하였다.

167. 예를 들어, Bohm은 우리가 자연세계라고 받아들이고 있고 실험실에서 연구되는 사물들의 명시적인 질서가 근본적인 실재가 아니며, 그 아래와 그 너머에는 함축적인 질서 즉 나누어 질 수 없는 전체성의 영역이 있다고 주장한다. 이 전체성은 홀로그램과 마찬가지로 명시적인 부분들 각각 안에 온전히 현존한다. Bohm에 따르면 실재는 궁극적으로, "유동하는 움직임 속의 나눌 수 없는 전체"이다.

우리가 객관적 지식이나 주관적 감정에 초점을 맞출 때, 우리는 이들을 묶는 통일성을 일시적으로 망각한다. 뉴에이지 영성은 근본적이고 지속적으로 변화하는 이 통일성에 대한 인식을 계발하고자한다.

168. Ford, *The Modern Theologians*, 653-54.

169. Ibid.

170. Ibid.

171. John P. Newport, *The New Age Movement and Biblical Worldview* (Grand rapids: William B. Eerdmans Publishing Company, 1998), 1-3.

172. Ibid.

173. Carl Sagan, *The Demon-Haunted World*, 이상헌 역, 「악령이 출몰하는 세상」 (서울: 김영사, 2001).

174. 뉴 에이지는 1875년 러시아 태생의 헬레나 페트로브나 블라바츠키가 창설한 신지학 협회에 기인한다. 60년대에 미국에서 번져간 이 운동은 1973년 마릴린 퍼거슨에 의해 널리 알려졌다. 영매술, 접신, 가이아 설, 투시, 잠재력 개발, 신체이탈, 요가, 명상, 마인드 컨트롤, 심령과학과 치료, 최면술 등이 대표적인 활동이다.

175. 입문서로 James Crutchfield et al., "Chaos," *Scientific American* 255, no. 6 (December 1986): 38; 수학이 동원 되지 않는 입문서로는 J. T. Houghton, "New Ideas of Chaos in Physics," *Science and Christian Belief* 1 (1989), 4장; 전문적 논의를 위해서는 A. J. Lichtenberg and M. A. *Lieberman, Regular and Stochastic Motion* (New York: Soringer Verlag, 1983), 특히 7장을 볼 것.

176. Edward N. Lorenz, "Deterministic Non-periodic Flow," *Journal of the Atmorspheric Science* 20 (1963), 130-41.

177. Ibid., 141.

178. Robert M. May, "Simple Mathematical Models with Very Complicated Dynamics," *Nature* 261 (1976), 459-67.

179. Ibid.

180. Gaia란 고대 그리스 신화에 등장하는 대지(大地)의 여신를 일컫는 말로, 지구의

생물들을 어머니처럼 보살펴 주는 자비로운 신이다. 즉 지구를 그 자체로 최적의 생존 조건을 유지하도록 항상 자가 조정이 가능하고 스스로 변화하는 거대한 생명체로 본 것이다.

181. J. E. Lovelock, *Gaia: A New Look at Life on Earth* (Oxford: Oxford University Press, 1995).

182. 장회익, 「삶과 온 생명」 (서울: 솔 출판사, 1998).

183. 본 필자는 통계물리학회(1990년) 세미나에 참석하여 장교수의 온생명 개념이 엔트로피와 관련하여 시도되고 있음을 확인할 수 있었다.

184. Erwin Schrödinger, *What is Life?* (New York: Doubleday & Campany, 1956).

185. 장회익, 「과학과 메타과학」 (서울: 지식산업사, 1990), 189-208.

186. Ibid.

187. James Lovelock. Gaia: *A New Look at Life on Earth* (*New York: Oxford University Press, 1979*); *The Ages of Gaia: Biography of Our Living Earth* (New York: Norton, 1988)을 볼 것.

188. 벧전 3:15.

189. Karl Barth and Emil Brunner, *Natural Theology, trans. Peter* (London: The Centenary Press, 1946), 71; CD Ⅱ/1.

190. Calvin, Inst., 1. 6. 1.

191. 1996년 출판된 Behe의 책은 과학지(誌)인 Science와 Nature, 그리고 *New York Times*나 *Wall Street Journal* 같은 저명한 저널에서 비평되었다. *Christianity Today*는 "올해의 책"으로 선정하였다.

제 6 장

과제와 전망

　지금까지 논의를 통해 밝혀진 사실은 다음과 같다. 먼저 과학과 신학의 현대적 논쟁점들을 바라보는 전망으로서 복음주의는 기본적으로 다음과 같은 세 가지 주요한 요소가 있었다.

　첫째, 성경과 그에 따른 역사적 정통 교리는 과학과 신학의 문제에 대한 복음주의 해석의 뿌리가 된다는 점이다. 타종교인이나 무신론자들도 그 나름의 전제와 해석의 토대가 있다. 성경은 복음주의 과학관을 세우는데 유일한 토대였다.

　둘째, 비록 작은 불빛과 같을 지라도 여전히 자연 계시는 유효하다는 점이었다. 특별히 과학이 발달하면서 자연 계시는 또 다른 모습으로 나타났다. 즉 자연 계시는 가만히 머무르는 것이 아니었다. 자연 계시는 과학의 발달과 더불어 해석의 점진적 확장 가운데 일반 은총 이상이었음을 확인할 수 있었다. 즉 과학의 발달은 자연 계시가 단순히 일신론(一神論)적인 창조주를 증거 하는 수준을 뛰어넘어 성경에 나타난 삼위일체 하나님의 흔적을 보여주는 계시로 확장될 수 있음을 보여주었다.

　셋째, 수시로 변화하는 현대의 가변적 상황 안의 이슈에 있어서 칼빈의 적응 이론이 여전히 유효하다는 것이었다. 즉 이것이 오늘날 포스트모던 시대의 과학과 신학 사이의 논점들을 해석하는 데 있어 여전히 설득력을 가지고 있다는 점이었다. 마치 성경이 주로 과거 팔레스틴과 소아시아와 유럽을 배경으로 한 다양한 저자들의 책임에도 오늘날 복음을 전하는 데 여전히 유효한 것과 상통한다.

　기독교적으로 볼 때 과학도 엄연한 피조 영역의 일부이다. 그러므로 과학은 창조(자연 계시)와 구속(특별 계시)과 이에 대한 해석의 방법으로서의 적응의 방법을 가지고 끊임없이 해석되어져야 한다. 이 세 가지는 삼위 일체적으로 역사의 모든 상황에 대해 해석의 도구가 되어야 하는 것이다.

　이러한 복음주의 과학관의 특성에 비추어 볼 때 최근 제기되는 과학과 신학의 주요 논쟁점들은 다음과 같이 해석될 수 있었다.

첫째, 생명과 우주의 기원 문제에 있어 현대 진화론은 받아들일 수 없는 이론이었다. 진화론은 명료하게 무신론적이요 반성경적이며 창조론과 기독론을 모두 훼손시키는 이론이다. 복음주의 과학관은 명료하게 진화론을 반대한다. 창조과학 운동은 진화론에 대해 전투적이며 성경을 신뢰하는 점에서 근본주의적인 동시에 분명 복음적이었다. 하지만 창조과학 운동이 젊은 지구에 대한 강력한 주장과 주관적 성서주의(biblicism)에 대한 왜곡된 애착으로 인해, 다른 견해를 가진 수많은 복음주의자들과 친구 되기를 포기 하거나 때론 적대적으로 만든 점은 아쉬운 감이 있다. 성경과 과학은 연대 문제에 대해 아직까지 명확한 답을 우리 인류에게 전해주지 않고 있다. 필자는 개인적으로 젊은 지구에 대해 좀 더 동정적이기는 하다. 하지만 적응의 이론으로 볼 때 이 문제는 조금 더 겸손과 기다림이 필요하다. 아직 다수를 설득할 수 있는 탁월한 정답을 제시할 만한 성서학자나 과학자가 없기 때문이다. 그러므로 창조과학의 입장에서도 조금 견해가 다른 복음의 친구들을 수용하는 관용이 필요하다. 우리의 적은 복음의 친구들이 아니기 때문이다. 신학적 관점에서의 외계 생명체 논쟁은 진화론과 연관 지어 조심스럽게 풀어갈 수 있었다. 외계 생명체의 존재 여부가 진화론과 그에 따른 우주의 연대 문제와 끊을 수 없는 밀접한 관련이 있는 이상 이 이슈는 앞으로 21세기에 끊임없이 기원 논쟁의 한복판에 나타날 것이다. 적응의 이론으로 볼 때, 설령 외계 생명체의 존재가 있다고 밝혀지더라도 성경의 권위가 손상되는 것은 결코 아니다. 하지만 외계 생명체 논쟁이 진화론과 관련 되어 해석되는 한 복음주의는 분명 외계 생명체에 대해 부정적인 편이다.

둘째 과학과 윤리 문제이다. 그중에서도 주로 생명 윤리의 이슈를 다루었다. 복음주의는 생명과 인간 복제 시도가 무신론적 종교 운동으로까지 파급되고 있는 데 대해 크게 우려한다. 성경은 분명 생명을 파괴하면서까지 생명을 치유하려는 시도를 허락하지는 않는다. 하지만 이 문제는 단순하지가 않았다. 생명의 연장과 치유를 간절히 바라면서 고통 가운데 투병 중인 많은 사람들이 새로운 치유법으로서의 생명 공학의 성과에 목말라 하고 있다. 이런 상황 아래에서 과연 어디까지 생명이며 생명의 존엄성은 어디부터 인지, 생명 공학은 우리들에게 명료한 판단을 요구하고 있다. 본 연구는 이 문제에 대해 보다 구체적인 접근과 판단은 유보하였다. 그 기술적 판단을 위한 해석적 토대와 기초적인 자리를 제공하는 데 목적이 있기 때문이다. 또한 이 생명 공학 연구를 선도하고 있는 선두 주자 가운데 한 사람인 황우석 교수도 인간 복제에 대해서는 일관되게 반대하고 있다. 그럼에도 불구하고 황우석 교수는 종교계의 큰 반대에 부딪혀 있다. 분명 대화가 필요한 부분이 있음을 말해준다. 그의 연구 과정에 어떤 기독교 윤리적 문제가 있는 가에 대해서는 무조건 반대가 아닌 허심 탄회한 대화가 필요하다. 그런 다음 명확한 성경적 마지노선(한계)에 대한 규명이 필요한 시점이다. 적응은 모호함이 아니라 명료함을 요구한다. 지금까지 이 부분에 대한 복음주의의 명료성은 생명(여기서는 일반적으로 인간 생명을 말함)을 파괴하여 생명을 치료할 수는 없다는 입장이 전부이다. 그렇다면 과학적 방법과 기술의 세부적인 내용들에 대해서는 과학과 신학의 대화가 가능해진다. 생명을 폐기하면서까지 생명을 연구할 과학자는 거의 없기 때문이다. 명료함에도 지평이 있다면 이렇게 해서 그 부분을 하나하나 넓혀가야 할 것이다.

셋째, 최근의 지적 설계 운동에 대한 입장이다. 복음주의는 자연 계시는 긍정하나 하나님을 배제한 채 창조주에 접근하는 자연신학은 부정한다. 지적 설계가 창조와 창조주를 내포한다는 점에서 기독교의 관심을 끄는 것은 사실이다. 그러나 지적 설계는 포스트모던의 시대적 상황에 편승하여 성경을 배제한 채 모든 종교와 과학자, 철학자들을 대화의 장터로 끌어들였다. 지적 설계 운동이 지닌 이 같은 포스트모던적 경향은 본 논문을 진행하는 데 있어, 최근의 과학과 신학의 모든 주요 논쟁점들을 대화와 분석의 장으로 이끌어내는 데는 매우 유효하였다. 하지만 복음주의는 지적 설계 자체에 그리 큰 기대는 걸지 않는다. 왜냐하면 복음주의의 눈으로 볼 때 지적 설계는 과학 기술 시대에 좀더 세련되게 나타난 자연신학의 재등장으로 비쳐지기 때문이다.

포스트모던 시대는 신학과 과학 모두에서 복음에 대한 도전이 세찬 시대이다. 포스트모던 시대의 특징 상 다양한 형태로 성경은 외면당하고 공격받고 있다. 그런 마당에 복음을 유효하게 만드는 작은 불빛에 불과한 과학이라는 도구에 대해 그리 애착을 가질 필요가 있는지 회의(懷疑)를 가질 수도 있다. 하지만 복음은 창조와 구속에 있어 통전적이다. 모두의 복음이요 모든 것에 적용되는 복음이어야 한다. 뜻은 하늘에서 이루어진 것 같이 땅에서도 이루어진다. 예수 그리스도는 작은 불빛을 작다고 보지 않았다. 오히려 예수는 모든 사람 중에 가장 작은 그 이가 큰 자[1]인 것처럼 작은 것이 구원의 핵심 요소가 될 수 있다[2]고 하였다. 생물 복제 소동을 보라! 세상은 여전히 과학이라는 도구에 대해 열광하고 있지 않은가! 그러면 하나님도 함께 시대에 동참하여 열광하시는가. 반드시 그렇지는 않다는 것이다. 때로 하나님은 묵묵히 입을 다물고 계신 듯하다. 우리는 그런 하나님의 침묵을 하나님이 사람과 유사한 존재이기 때문이라고 혼동하거나 오해하지 말아야 한다.[3] 복음주의는 해답이 세상과 전혀 다른 쪽에 있을 수 있음을 늘 명심해야 한다.[4] 열광하는 세속 과학 안에서 복음주의는 여전히 생물처럼 움직이는 과학이라는 점진적 도구에 대해 질문하고 대답해야 하는 책임을 진다.

성경은 세상 모든 것을 창조하신 하나님의 책이요 세상은 그분의 영광이 선포되는 자리이다. 칼빈은 그분의 낮아지심은 자기가 낮은 분이 아니요 인간에 적응하고자 인간을 위해 눈높이를 낮추신 분으로 보았다. 그렇다면 복음주의는 고상하게 외롭게 서서 죄 된 세상을 탄식만하며 바라볼 것이 아니라 포스트모던 세상에 뛰어들어 적응(適應)할 필요가 생긴다. 포스트모더니즘이 매력적이어서가 아니라 포스트모던 상황에서 복음은 적응해야 하기 때문이다.

이런 가운데 본 논증은 오늘날 복음주의 과학관을 형성한 세 가지 요소가 기원 문제와 윤리적 논쟁점에 이정표를 제시할 수 있는 중요한 도구임을 찾아내었다. 또한 이 세 요소가 포스트모던 시대의 신학과 과학의 가장 큰 이슈 가운데 하나인 지적 설계 논쟁의 한 복판에서 모든 현대 과학 이론의 도구들을 지적 설계와 더불어 통합적으로 살펴 볼 수 있는 유용한 도구임을 논증하였다.

과학은 여전히 과학자와 기술자의 손을 떠나면 신앙과 무관하게 흘러간다. 그런 과정에서 우주와 생명의 기원에 대한 희의(懷疑)는 불쑥 불쑥 솟아나고 윤리 논쟁은 끊이지 않는다. 포스트모던 시대에는 지적 설계와 뉴 에이지(New age), 카오스(Chaos), 가이아(Gaia), 온 생명(Global life) 이론 이상 가는 또 어떤 기발한 이론들이 등장할는지 모른다. 복음은 적응할 이론이 아니다. 하지만 복음주의는 세상에 복음을 전하기 위해서 세상 속에 적응해야 한다. 더욱이 복음주의 과학관의 도구는 변해가는 포스트모던 시대의 과학 흐름에 적응해야 한다. 복음주의 과학관은 본질적으로 하나님의 나라를 이루고 장애물을 걷어내서 복음을 전하는 데 참여하는 과학이 되어야 한다. 물론 그런 가운데 복음주의는 포스트모던적 대화는 인정하나 다원주의적 입장은 분명히 거부해야 한다.

복음주의 과학관을 이루는 세 가지 요소들은, 대표적 이슈들을 다룬 본 논문에서 유용하게 적용되었다. 하지만 앞으로의 세상은 더 많은 새로운 과학 이슈들이 등장할 것이다. 현대의 세속주의는 문화를 빠르게 변화시키고 기술 과학의 진보를 앞세우며 방향을 모른 채 어디론가 늘 돌진해가고 있다. 빠른 변혁을 겪고 있는 과학과 과학 기술 진영을 향한 신학의 혼돈(theological confusion)도 계속되고 있다. 때론 그 세찬 도

전과 위협이 기독교 신학과 신앙의 방향을 뒤흔드는 모습처럼 보이기도
한다. 복음주의는 늘 거기에 적응해야 할 필요성이 있다. 복음주의 과학
관은 참여하고 행동하는 데서 의미를 찾을 수 있기 때문이다. 이것은 단
순한 다원주의나 신앙주의적 접근이 아니다. 복음주의는 늘 진리를 가지
고 당당하고 적극적으로 세상을 향해 다가가야 한다. 그리고 그 적응의
중심에는 늘 성경이 있다. 어떤 도전도 오직 성경 중심의 대응만이 바르
고 유일한 답변이라는 신념을 가져야 한다. 복음의 전제 없는 접근은 자
연주의와 자연신학의 오류에 빠질 위험성이 있음을 늘 경계해야 하는 것
이다. 복음주의 과학관은 바로 여기로부터 출발한다.

1. 눅 9:48.
2. 마 25:31–45.
3. 시 50:21.
4. 사 55:8–9.

참고문헌

1. 외국 서적

Ahn, Myung Jun. Brevitas et Facilitas: *A Study of a Vital Aspect in the Theological Hermeneutics of John Calvin*. Universiteit van Pretoria, 1998.

Anderson, Ray S. "The Modern Theologians," Evangelical Theology, vol. 2, ed. d. Ford. 133. Oxford: Basil Blackwell, 1989.

Augustine, *Confessions*, I.i.1. Oxford: Oxford University Press, 1991.

Bacon, Francis. *Essays*. New York: Odyssey, 1937.

Baker, Eileen. "Thus Spake the Scientist: A Comparative Account of the New Priesthood and Its Organizational Bases," *Annual Review of the Social Sciences of Religion* 3 (1979): 79–103.

Barbour, Ian G. "Ethics in An Age of Technology," *The Gifford Lectures*. San Francisco: Harper, 1993.

Barbour, Ian G. *Religion and Science*. New York: Harper San Francisco, 1997.

________. *Religion in an Age of Science*. San Francisco: Harper, 1990.

Barrow John D. and Silk, Joseph. *The Left Hand Creation – The Origin and Evolution of The Expanding Universe*. New York: Basic Books, 1983.

Barth, Karl and Brunner, Emil. *Natural Theology*, trans. Peter. London: The
　　　Centenary Press, 71; *CD* Ⅱ/1. 1946.

________. *Church Dogmatics* Ⅱ, 2, ed. and trans. G. W. Bromiley and T. F.
　　　Torrence. Edinburgh : T & T. Clark, 1957.

Behe, Michael. *Darwin's Black Box*. New York: Fress Press, 1966.

Belonga, E. A. "An Investigation of the cause of the eosinophilia-myalgia
　　　syndrome associated with tryptophan use," *New England Journal of
　　　Medicine* 323. 1990: 347-65.

Berra, Tim. *Evolution and the Myth of Creationism*. Stanford: Stanford
　　　University Press, 1990.

Bliss, Richard B. *Creation* or Evolution. El Cajon: Master Books, 1988.

Bloesh, Donald G. *God the Almighty: Power, Wisdom, Holiness, Love*.
　　　Downers Grove: IVP, 1995.

Buller, Cornelius A. *The Unity of Nature and History in Pannenberg's
　　　Theology*. Lanham, MO: Rowman & Little Field, 1996.

Butterfield, H. *Origin of Modern Science*. London: G. Bell & Sons Ltd, 1957.

Calvin, John. *Calvin's Old Testament Commentaries*. *Grand Rapids:
　　　Eerdmans*.

________. *Institutes of the Christian Religion*. translated by F. L. Battles.
　　　Philadelphia: Westminster Press, 1977.

Carlson, Richard F. ed., *Science & Christianity Four Views*. Downers Grove:
　　　IVP, 2000.

Charmers, Alan. *What is This Thing Called Science?* Brisbane: Queensland
　　　University Press, 1999.

Claton, Philip D. "The God of History and the Presense of the Future,"
　　　Journal of Religion 65. Jan, 1985: 105.

Cohn, Jeremy. "Be Fertile and Increase, Fill the Earth and Master It," 15-18.
　　　The Ancient and Medieval Career of a Biblical Text. Ithca: Cornell
　　　University Press, 1989.

Cox, Harvey. *The Secular City*. New York: Macmillan, 1965.

Dawkins, R. *The Blind Watchmaker*. London: Norton & Company, 1992.

__________. "Review of Donald Johanson & Maitland Edey's Blueprint," *The New York Times*. April 9, 1989, sec. VII: 34.

__________. *The Selfish Gene*. Oxford: Oxford University Press, 1976.

Dembski, *W. A. Mere Creation*, Downers Grove: IVP, 1998.

__________. *Intelligent Design*. Downers Grove: IVP, 1999.

Dennett, Daniel. Darwin's *Dangerous Idea*. New York: Simon & Schuster, 1995.

Denton, Michael. *Evolution: A Theory in Crisis*. Bethesda: Adler & Adler, 1985.

Dillenberger, John. *Protestant thought and Natural Science: A Historical Interpretation*. London: Collins Clear-Type Press, 1961.

Draper, John William. *History of the Conflict between Riligion and Science*. London : Henry S. King & Co., 1875.

Dunn, Richard S. *The Age of Riligious Wars*: 1559-1689, ed., Felis Gilbert, *the Norton History of Modern Europe*. New York, 1970.

Eldredge Niles and Gould, Stephen Jay. "Punctuated Equilibria: An Alternative to Phyletic Gradualism," 82-115. T.J.M. Schopf, ed., *Models in Paleobiology*. San Francisco: Freeman, Cooper & Co., 1972.

Ellul, Jaque. *The Technological Society*, trans. John Wilkinson. New York: Knoph, 1965.

Erickson, Millard J. *Christian Theology*. Michigan: Baker Books, 1998.

Evans, C. Stephen. *The Quest for Faith*. Downers Grove: IVP, 1986.

Ferguson, Sinclair B. *New Dictionary of Theology*. Downers Grove: IVP, 1988.

Flew, Antony. *The Presumption of Atheism*. London: Pemberton, 1976.

Ford, David F. *The Modern Theologians*. Oxford: Blackwell Publisher, 1997.

Foster, M. B. "The Christian Doctrine of Creation and the Rise of Modern

Natural Science," 446-68. *Mind*. 1934.

Fromm, Erich. *Psychoanalysis and Religion*. New Haven: Yale University, 1950.

Galloway, Allan D. *Wofhart Pannenberg*. London: George Allan & Unwin Ltd., 1973.

Geisler, Norman. *Christian Apologetics*. Michigan: Baker Book House, 1976.

Gentry, Robert V. *Creation's Tiny Mystery*. Tennessee: Earth Science Associates, 1988.

Gish, D. T. Evolution: *The Fossils Say No!* San Diego: CLP, 1973.

Gordon, A. J. *The Ministry of Healing: Miracles of Cure in All Ages*. Harrisburg, 1894.

Green, Clifford. *Karl* Barth. Glasgow: Collins Publishers, 1989.

Gregersen Niels Henrik. Rethinking *Theology and Science*. Grand Rapids: William B. Eerdmans Publishing Company, 1998.

Grentz, Stanley J. *Reason for Hope: The Systematic Theology of Wolfhart Pannenberg*. New York: Oxford University Press, 1990.

________. *A Primer on Postmodernism*. Grand Rapids: Eerdmans, 1996.

________. *Revisioning Evangelical Theology*. Downers Grove: IVP, 1993.

Ham Ken. & Snelling,A. *The Answer Book*. El Cajon: Master Book House, 1997.

Harrison, Everett F. ed., *Baker's Dictionary of Theology*. Michigan: Baker Book House, 1986.

Hasker, William. *God, Time and Knowledge*. New York: Cornell University Press, 1989.

HaughtJohn F. *Science and Religion: From Conflict to Conversation*. New York: Paulist Press, 1995.

Hawking, Stephen. *Masters of Time-Cosmology at the End of Innocence*. New York: Adison-Wesley Publishing Company, 1992.

Heim, Karl. *Christian Faith and Natural Science*. London: SCM Press, 1953.

Henry, C. F. H. "Evolutionary Ethics," *Baker's Dictionary of Christian Ethics*. *Grand Rapids*: Baker Book House, 1971.

__________. "American Evangelicals in a Turning Time," *The Christian Century, How My Mind has Changed Series*. 1980: 1060.

Heron. Alasdair I. C. *A Century of Protestant Theology*. London: Lutterworth Press, 1980.

Hick, John. *God has Many Names*. Philadelphia: Westminster Press, 1982.

Hodge, Charles. *What is Darwinism*, eds. Mark A. Noll & David N. Livingstone. Michigan : Baker Books, 1994.

Hooykaas, R. *Religion and the Rise of Modern Science*. Grand Rapids: Eerdmans Publishing, 1972.

__________. "Thomas Digges, Puritanism," 151. *Arch, Internat. Hist. Sciences* 8. 1955.

__________. *Philosophia Libera: Christian Faith and the Freedom of Science*. London: Tyndale, 1957.

Hoyle Fred and Wickramasinghe, Chandra. *Evolution From Space*. London: J. M. Dent and Sons, 1981.

__________. *The Intelligent Universe*. New York: Holl, Rinehart and Winston, 1983.

Hume D. "Of Suicide," 581. *Essays Moral, Political and Literary*, ed. E. F. Miller. Indianapolis: Liverty Classics Pub., 1985.

__________. *Dialogue Concerning Natural Riligion*. New York: Social Science Publishers, 1948.

Huse, Scott M. *The Collapse of Evolution*. Michigan: Baker Book House, 1986.

__________. *The Collapse of Evolution*, 3rd ed. Michigan: Baker Book House, 1993.

Huygens, Christianus. *New Conjectures Concerning the Planetary Wards Their Inhabitants and Productions*. 1670.

Jenkins, John E. *Basic Science*. South California: Bob Jones University Press, 1983.

Jenkins, Vernon. "The Ultimate Assertion: Evidence of Supernatural Design in the Divine Prologue," 184–96. *Creation Technical Journal* vol. 7(2), Sunnybank, Australia: CSF Ltd., 1993.

Johnson, Phillip E. *Darwin on Trial*. Regnery Gateway, Inc, 1991.

Johnston, Robert. "American Evangelicalism: An Extended Family," 253. *The Variety of American Evangelicalism*. 1992.

Jung, C. G. *Psychology and Religion*. Yale University Press, 1938.

Kimbrell, A. *The Human Body Shop*: The Engineering and Marketing of Life. Penang: Third world Network, 1993.

Koyre. Alexandre. The Astronomical Revolution. Ithaca: Cornell University Press, 1973.

Kuhn, T. S. *The Copernican Revolution : Planetary Astronomy in the Development of Western Thought*. Cambridge: Harvard University Press, 1973.

________. *The Structure of Scientific Revolution*. Chicago : University of Chicago Press, 1970.

________. "Objectivity, Value Judgement and Theory Choice," 320–29. *The Essential Tention*. Chicago: University of Chicago Press, 1977.

Kuyper, Abraham. *Lectures on Calvinism*. Michigan: Eerdmans Publishing Company, 1931.

Lawrance, William W. *Modern Science and Human Values*. New York: Oxford University Press, 1986.

Liebman, Rabbi. *Peace of Mind*. New York: Simon & Schuster, 1946.

Livingstone, David L. "Evolution as Myth and Metaphor," 111–25. *Christian Scholor's Review* 12/2. 1983.

Livingstone, David N. "The Idea of Design : The Vicissitudes of a Key Concept in the Princeton Response to Darwin, "*Scottish Journal of*

Theology 37. 1984: 329–57.

Lloyd-Jones, D. Martyn. *What is an Evangelical*. Edinburgh: The Banner of Truth Trust, 1992.

Lorenz, Edward N. "Deterministic Nonperiodic Flow," *Journal of the Atmorspheric Science* 20. 1963: 130–41.

Lovelock, J. E. Gaia: *A New Look at Life on Earth*. Oxford: Oxford University Press, 1995.

Marsden, George. "The Evangelical Denomination," ix. *Evangelicalism and Modern America*, ed., George Marsden. Grand Rapids: Eerdmans Publishing, 1984.

Mason, Stephen F. *A History of the Science*. New York : Collier Books, 1962.

May, Robert M. "Simple Mathematical Models with Very Complicated Dynamics," *Nature* 261. 1976: 459–67.

McGrath, A. E. *The Christian Theology Reader*. Melden: Blackwell Publisher, 2001.

________. *A Passion for Truth*. London: IVP, 1996.

________. *Evangelicalism and the Future of Christianity*. Downers Grover: IVP, 1995.

________. *Reformation Thought*, Oxford UK & Cambridge USA: Blackwell, 1994.

________. *Science and Religion*: An Introduction. Oxford: Blackwell Publisher, 1999.

________. *The Blackwell Encyclopedia of Modern Christian Thought* edited by A. E. McGrath. Oxford: Blackwell Publishers Ltd, 1993.

McMullin, Ernan. "How Should Cosmology Relate to Theology?" 39. ed., Arthur Peacocke, *The Science and Theology in The 20C*. Notre Dame, 1981.

Meadows, Jack *The History of Scientific Discovery*. Oxford, 1987.

Meister I. and Mayer, S. *Genetically Engineered Plants: Release and Impacts* on *Less Developed Countries: A Greenpeace Inventory*. Greenpeace International, 1994.

Merton, Robert K. "Science, Technology, and Society in Seventeenth Century England," 360-632. *Osiris* 4. 1938.

Meyer, Stephen C. "The Explanatory Power of Design," 113-47. *DNA and the Origin of Information, Mere Creation edited by W. A. Dembski*. Downers Grove: IVP, 1998.

Miller, Stanley L. "A Production of Amino Acids Under Possible Primitive Earth Conditions," *Science* 117/3046. 1953: 528-29.

Monod, Jacques. *The Eighth Day of Creation*. New York: Simon & Schuster, 1979.

Moore, John N. *How to Teach Origins*. Milford: Mott Media, 1983.

Moreland, J. P. *Christianity and the Nature of Science*. Grand Rapids: Baker Book House, 1989.

________. *The Creation Hypothesis*. Downers Grove: IVP, 1994.

Morris, H. M. & Whitcomb, John C. *The Genesis Flood*. Philadelphia: Presbyterian and Reformed Publishing Co., 1961.

________. *A History of Modern Creationism*. Sandiego: Master Book Publishers, 1984.

________. *Scientific Creationism*. El Cajon: Creation-Life Publishers, 1985.

________. *The Remarkable Birth of Planet Earth*. Minneapolis: Bethany Fellowship, 1978.

________. *Men of Science-Men of God*. El Cajon: Master book House, 1988.

________. *The Biblical Basis for Modern Science*. Michigan: Baker Book House, 1984.

Mulfinger, George. Donald E. Snyder, *Earth Science*. South Carolina: Bob Jones University, 1995.

Nash, Ronald. "Process Theology and Classical Theology," *Process Theology*, ed. Ronald Nash. Grand Rapids: Baker, 1987: 15.

Naughton, E. R. "Panentheism," *New Catholic Encyclopedia*, vol. X. Washington: The Catholic University of America, 1967: 943.

Nelson, Ronald R. *The Reality of Christian Learning*. Grand Rapids: Eerdmans, 1976.

Nethaway, Rowland. "Life on Mars may Confound Religions," *Duluth News-Tribune*. Aug. 11. 1996: 14.

Newport, John P. *The New Age Movement and Biblical Worldview*. Grand rapids: William B. Eerdmans Publishing Company, 1998.

Niebuhr, H. Richard. *Christ and Culture*. New York: Harper Colophon Books, 1975.

Numbers, Ronald L. "Creationism in 20th-Century America," *Science* 218/5. November, 1982: 540.

________. *The Creationist*. Berkeley: University of California Press, 1993.

________. *The Creationists*. New York: Knopf, 1992.

O'Donell, John J. "Pannenberg's Doctrine of God," *Gregorium* 72/1. 1991: 84-91.

Oden, Thomas C. *The Living God*. New York: Harper & Row Publishers, 1987.

Olson, Roger. "Wolfhart Pannenberg's Doctrine of Trinity," *Scottish Journal of Theology* 43/2. 1990: 197-202.

Paley, William. *Natural Theology*. Boston: Gould & Lincoln, 1852.

Pannenberg, Wolfhart. "Theology and Science," *Princeton Seminary Bulletin* 13 No. 3, 1992.

________. *Systematic Theology*, vol. 2, trans. G. W. Bromiley. Grand Rapids: Eerdmans, 1991.

________. *Systematic Theology*, vol. I. trans. Geoffrey W. Bromiley, Grand Rapids: Eerdmans Publishing Company, 1988.

Parker T. H. L. *Calvin's New Testament Commentaries*. Edinburgh: T & T. Clark, 1971.

Passmore, John. *Man's Responsibility for Nature*. London: Duckworth, 1974.

Pearcey Nancy R. and Thaxton, Charles B. *The Soul of Science*. Illinois: Good News Publishers, 1994.

Pierre Teilhard de Chardin, *The Phenomenon of Man*. New York: Harper & Brothers, 1959.

Pinnock, Clark H. *A Wilderness in God's Mercy: The Finality of Jesus Christ in World of Religious*. Grand Rapids, Michigan: Zondervan Publishing House, 1992.

Polkinghorne, John. *Faith of Physicist*. Princeton; Princeton University Press, 1994.

Popper, Karl. *Objective Knowledge*. Oxford: Oxford Univ. Press, 1972.

________. *Conjectures and Refutations*. London : Routledge and Kegan Paul, 1969.

________. *The Logic of Scientific Discovery*. London: Hutchinson, 1968.

Ramm, Bernard. *Protestant Biblical Interprtation*. Boston: W. A. Wilde Company Publisher, 1956.

________. *The Evangelical Heritage*. Grand Rapids: Baker Book House, 1973.

Ratzsch, Del. *Science and Its Limits*. Downers Grove: IVP, 2000.

Resnik, David. "Social Epistemology and the Ethics of Research," 565–86. *Studies in the History and Philosophy of Science* 27. 1996.

Rosen, E. "Calvin's Attitude toward Copernicus," *Journal of the History of Ideas*, 21. 1960.

Ruse, Michael. *Can Darwinian Be a Christian*. Cambridge: Cambridge University Press, 2000.

Sagan, Carl. *UFO'S: The ET and Other Hypothesis*. New York: Cornell University Press, 1975.

Schaeffer, Francis A. *Polution and the Death of Man, The Christian View of Ecology*. Wheaton: Tyndale House Publishers, 1970.

Schr·dinger, Erwin. *What is Life?* New York: Doubleday & Campany, 1956.

Setterfield, B. "The Atomic Constants, Light and Time," *Technical Report.* Flinders University of South Australia School of Mathematical Sciences, 1987.

Siefken, Hugh. "faith in the Physics Lab," *Greenville College Record.* Spring 1996.

Song, Chun In. *A Theological-Erhical Study of The Relationship Between Eco-Justice and Economic Growth in the Context of the Social Transformation of Modern Korea.* University of Stellenbosch, 1999.

Spener, Philip Jacob. *Pia Desideria, Theodore G. Tappert.* Philadelphia: Fortress Press, 1982.

Spykman, G. *Spectacles: Biblical Perspectives on Christian Scholarship. Potchefstroom Studies in Christian Scholarship.* Potchestroom: PU vir CHE, 1985.

Taylor, Paul S. *Origins Answer Books.* Arizona: Eden, 1990.

Taylor. Charles V. "Dinosaurs in the Bible," *Creation Ex Nihilo Technical Journal.* Vol. 7(2), Brisbane: CSF, 1993: 169-72.

Tillich, Paul "Man and Earth," 66-78. *The Eternal Now* (New York: Charles Scribner's Sons, 1963.

Van Til, Cornelius. *The Reformed Pastor and Modern Thought.* Phillipsburg: Presbyterian and Reformed Pub. Co., 1971.

Van Till, Howard J. Young Davis. and Mennings, Clarence. *Science Held Hostage - Whats Wrong With Creation Science and Evolutionism.* Downers Grove: IVP, 1988.

Warfield, B. B. "Calvin's Doctrine of the Creation," 190-225. *Princeton Theological Review* 13. 1915.

________. *Calvin and Calvinism.* New York: Oxford University Press, 1931.

________. "Darwin's Arguments Against Christianity and Against Religion." *Selected Writings,* II, 137, 1889.

________. "The Question of Miracles," *Selected Writings,* II. 1903: 176, 181.

__________. Evolution, Science, and *Scripture* ed., Mark A. Noll & David N. Livingstone. Michigan : Baker Books, 2000.

Wendel, F. *Calvin: Origen and Development of His Religious Thought.* Durham: The Labyrianth Pess, 1963.

Westmann, C. "Der Frieden (Shalom) im Alten Testament," in *Studien zur Friedensforschung*, G. Picht/H. E. Todt eds, Vol. 1. Stuttgart, 1969: 144-77.

Whewell, William. *Plurality of Worlds*. London, 1854.

White, Andrew Dickson. A History of *The Warfare of Science with Theology*. New York: The Free Press, 1965.

Whitehead, A. N. *Religion and Science*, Martin Gardner ed., *Great Essays in Science*. (New York: Washington Squire Press, 1961.

Whitehead, A. N. *Science and the Modern World*. Toronto: The Mcmillan Company, 1950.

Whitehead, Alfred North. *Process and Reality: An Essay in Cosmology*. New York: Macmillan, 1929.

Wilkinson, Loren. ed., *Earth Keeping*. Grad Rapids: Eerdmans, 1980.

Wilson, Clifford. *UFOs and Their Mission Impossible*. New York: Word of Truth Productions Incorporated, 1974.

Wurmbrand, R. *Marx & Satan*. Illinois: Crossway Books, 1988.

Wysong, R. L. *Creation-Evolution The Controversy*. Michigan: Inquiry Press, 1976.

Yang Seung Hun, *Radiocarbon Dating and Evangelical Christians*. University of Wisconsin-Madison, M.A. Thesis, 1991.

Young, Davis A. *Christianity and the Age of the Earth*. Grand Rapids: Wm. B. Eerdmans, 1982.

__________. *The Biblical Flood*. Grand Rapids: Eerdmans Publishing Company, 1995.

2. 번역 도서

Augustinus, 「삼위일체론」, 김종흡 역. 서울: 크리스챤 다이제스트, 1993.

Berkhof, Louis.「조직신학」, 권수경 · 이상원 역. 서울: 크리스챤다이제스트사, 1996.

Calvin, John. 「칼빈의 점성술에 대한 경고」 김동현 역, 서울: 솔로몬 말씀사, 1993.

Ferm, Deane William. *Contemporary American Theologies*: A Critical Survey. 「현대 신학의 흐름」, 서울: 전망사, 1992.

Moltmann, J. 김균진 역, 「창조 안에 계신 하나님」, 서울: 한국신학연구소, 1996.

Morris, H. 「과학과 성경」, 안효석 역. 서울: 크리스챤 월드, 1992.

Noll, Mark A. 「복음주의 지성의 스캔들」(*The Scandal of the Evangelical Mind*), 이승학 옮김, 서울: 엠마오, 1996.

Pannenberg, W. "창조와 진화는 대립적인가"「현대 문화 속에서의 과학」, 서울: 아카넷, 2001.

Rael, 「진실의 서」, 배귀숙 역. 서울: 도서출판 메신저, 1988.

Sagan, Carl. *The Demon-Haunted World*, 이상헌 역, 「악령이 출몰하는 세상」, 서울: 김영사, 2001.

Wright, Richard T. 「신앙의 눈으로 본 생물학」, 권오식 역. 서울: IVP, 1995.

매스턴, T. B.「성서 윤리」, 高在植 역. 서울, 대한기독교 출판사, 1993.

미즈타니 히토시(水谷仁), 「우주인은 있을까」, 김두희 역. 서울: 도서출판 화계, 1992.

3. 국내 도서

권진혁, 「통합연구 6호-기독교적 세계관에 입각한 학문 연구」, 1.

김광식, 「조직신학(Ⅰ)」, 서울: 대한기독교서회, 1988.

김문기, "Ph. J. Spener의 설교를 통한 17 세기 독일 루터 교회의 개혁," 167-70.

「복음과 신학」, 서울: 바울 서신, 2000.

김석환,「교부들의 삼위일체론」, 서울: 기독교문서선교회, 2001.

김성봉, "성경이 진술하는 '창조'에 대한 칼빈의 이해와 그것이 가지는 목회적 관심"
(*Calvin's Understanding on the Creation in the Bible and It's Pastoral
Concern*),「안양대학교 신학대학원 논문집 제 3집, 조직신학편」, 안양: 안양
대학교 신학대학원, 1998.

김영한,「포스트모더니즘 신학과 종교다원주의」, 대구: 통합연구학회, 1994.

김용준,「과학이란 무엇인가」, 서울: 해동문화사, 1990.

맹성렬,「UFO 신드롬」, 서울: 넥서스, 1995.

박봉랑,「교의학 방법론(Ⅱ)」, 서울: 대한 기독교 출판사, 1987.

박윤선,「구약 주석 시편 上」, 서울: 영음사, 1991.

박은진,「현대 과학 철학의 문제들」, 서울: 아르케, 1999.

손봉호,「고통 받는 인간」, 서울: 서울대학교 출판부, 1996.

신국원,「포스트모더니즘」, 서울: IVP, 2000.

신현수, "*Spiritual Renewal*,"「제 7회 피어선 학술 대회」, 평택대 피어선 성경 연구
원, 2003.

안명준, *Postmodern Theology*, 미간행물, 평택대 신학 전문 대학원, 2003.

양명수,「해석학과 윤리」, 광주: 호남신학대학 해석학 연구소, 1999.

양승훈, "외계 생명체와 창조론", 21.「창조」, 서울: 한국창조과학회, 1997. 9-10월호.

양승훈,「과학자와 물리 교육」, 서울: 크리, 1997.

양승훈,「창조론 대강좌」, 대구: CUP, 1996.

이장식,「기독교사상사(Ⅰ)」, 서울: 대한기독교서회, 1963.

장회익,「과학과 메타과학」, 서울: 지식산업사, 1990.

장회익,「삶과 온 생명」, 서울: 솔 출판사, 1998.

장회익,「과학과 메타과학」, 서울: 지식산업사, 1990.

조덕영,「기독교와 과학」, 서울: 두루마리, 1997.

조덕영,「성서와 과학자들」, 서울: 두루마리, 1996.

조덕영,「이슈」, 서울: 처음, 2002.

조덕영,「한국의 창조과학 운동 연구」, 안양: 성결교 신학 대학원, 1997.

조성노, 「최근신학개관」, 서울: 현대신학연구소, 1993.

조인래 외, 「현대 과학 철학의 문제들」, 서울: 아르케, 1999.

지명수, 「이미와 아직? 현대 종말론에 관한 교의학적 연구」, 미간행도서,
Potchefstrom: Potchefstrom 대학교 신학대학원 Th. M. Thesis, 2001.

4. 인터넷, 신문, 편지, 기타

Arand, Charles P. "Luther's Thought on Creation," 「2004 Luther 강좌」. 루터
　　　　중앙 교회, 2004.

help@clonaid.com

www.clonaid.com

www.kacr.or.kr

국민일보, 2000년 8월 3일 목요일, 7면.

조선일보, 2000년 4월 9일, 9면.

한국창조과학회, 「창조」 19호 (서울: 창조과학회 출판부, 1985), 11-12.

Taylor, Paul S. *Letter*," concerned by the continuing anti-young-earth-
　　　　creationist offensive launched by Dr. Hugh Ross to KACR, June 9,
　　　　1994.